高等职业教育高素质技术技能型人才培养
"双高计划"国家级示范专业物流管理类精品教材

编委会

总主编
许建领　深圳职业技术大学

副总主编（以姓氏拼音为序）
姜　洪　深圳职业技术大学
聂　华　浙江经济职业技术学院
王桂花　南京工业职业技术大学
张　龙　昆明工业职业技术学院
张润卓　辽宁经济职业技术学院

编　委（以姓氏拼音为序）

冯进展	江西外语外贸职业学院	邱春龙	漳州职业技术学院
葛启文	武汉城市职业学院	邱浩然	青岛职业技术学院
郭秀颖	广东机电职业技术学院	涂建军	广东交通职业技术学院
何波波	吉安职业技术学院	万义国	江西交通职业技术学院
黄红如	惠州城市职业学院	王超维	陕西能源职业技术学院
黄焕宗	黎明职业大学	吴春涛	湖北三峡职业技术学院
贾广敏	广州工程技术职业学院	吴庆念	浙江经济职业技术学院
黎　聪	广西物流职业技术学院	吴砚峰	广西职业技术学院
李道胜	宁夏工商职业技术学院	杨　晋	武汉交通职业学院
李　锋	岳阳职业技术学院	袁德臻	贵州职业技术学院
刘　琳	河北交通职业技术学院	袁世军	湖南现代物流职业技术学院
刘　明	济南职业学院	周昌红	嘉兴职业技术学院
孟军齐	深圳职业技术大学	周　芳	江门职业学院
明振东	杭州自动化技术研究院	周　蓉	武汉职业技术学院
彭　敏	南宁职业技术大学		

新形态一体化教材

高等职业教育高素质技术技能型人才培养
"双高计划"国家级示范专业物流管理类精品教材

总主编 许建领

采购与供应管理

（第4版）

Purchasing and Supply Management

主　编　赵艳俐　张晓丹　盛　鑫
副主编　肖祥伟　田黎莉　陈静静
　　　　韩燕玲　张　跃

华中科技大学出版社
http://press.hust.edu.cn
中国·武汉

图书在版编目(CIP)数据

采购与供应管理:第4版/赵艳俐,张晓丹,盛鑫主编. -- 武汉:华中科技大学出版社,2024.10. --(高等职业教育高素质技术技能型人才培养"双高计划"国家级示范专业物流管理类精品教材). -- ISBN 978-7-5772-1032-2

Ⅰ.F252

中国国家版本馆CIP数据核字第2024PW2140号

采购与供应管理（第4版）   赵艳俐   张晓丹   盛 鑫   主编

Caigou yu Gongying Guanli (Di 4 Ban)

策划编辑：周晓方 宋焱 庹北麟
责任编辑：林珍珍
封面设计：原色设计
责任校对：张汇娟
责任监印：周治超

出版发行：华中科技大学出版社（中国·武汉）   电话：(027)81321913
    武汉市东湖新技术开发区华工科技园   邮编：430223

录　　排：华中科技大学惠友文印中心
印　　刷：湖北新华印务有限公司
开　　本：787mm×1092mm　1/16
印　　张：19.75　插页：2
字　　数：482千字
版　　次：2024年10月第1版第1次印刷
定　　价：58.00元

本书若有印装质量问题,请向出版社营销中心调换
全国免费服务热线：400-6679-118   竭诚为您服务
版权所有   侵权必究

内容简介

在全球经济一体化加速的背景下,采购与供应管理日益成为企业降本增效、快速响应市场变化、加强风险防控及实施相关战略的重要支柱。本教材紧密围绕职业能力培养这一核心路径,以实战为导向,嵌入供应链安全、新质生产力及高质量发展要求,通过模拟真实的工作流程,将理论知识与实际操作深度融合,形成"教学做合一"的新形态教学模式。

本教材遵循学生职业能力培养的基本规律,以采购与供应工作流程为主线,以职业素质培养为目标,以项目任务为载体,精心规划八个项目,即走进采购与供应管理、明确与分析采购需求、分析供应市场、制定供应战略、选择与管理供应商、获取报价与商务谈判、拟订与管理采购合同、控制采购绩效。每个项目都配套设置项目任务板块,全面对接行业前沿,致力于强化学生的实战技能与策略思维。

本教材不仅适配高等职业院校物流管理专业教学,也可作为物流从业者及技术人员提升自我、紧跟行业新趋势的权威参考资料,助力培养兼具国际视野与本土实践能力的高素质采购管理人才。

网络增值服务

使用说明

欢迎使用华中科技大学出版社人文社科分社资源网

1 教师使用流程

（1）登录网址：https://bookcenter.hustp.com/index.html（注册时请选择教师身份）

注册 → 登录 → 完善个人信息 → 等待审核

（2）审核通过后，您可以在网站使用以下功能：

浏览教学资源　建立课程　管理学生　布置作业　查询学生学习记录等

教师

2 学员使用流程

（建议学员在PC端完成注册、登录、完善个人信息的操作）

（1）PC端学员操作步骤

① 登录网址：https://bookcenter.hustp.com/index.html（注册时请选择学生身份）

注册 → 完善个人信息 → 登录

② 查看课程资源：（如有学习码，请在"个人中心—学习码验证"中先验证，再进行操作）

首页课程 → 课程详情页（选择课程）→ 查看课程资源

（2）手机端扫码操作步骤

手机扫码 → 登录 / 注册 → 查看课程资源

需要获取本书数字资源，可联系编辑宋焱：15827068411

总 序

  物流业是国民经济和社会发展的先导性、基础性、战略性产业,加快发展现代物流业对于促进产业结构调整和提高企业市场竞争力都具有非常重要的作用。党的二十大报告指出,要"加快发展物联网,建设高效顺畅的流通体系,降低物流成本"。现代物流业已经从经济辅助产业转变成了具有战略意义的基础产业,对保障产业链供应链稳定、增强国民经济韧性、促进产业优化升级具有重要意义。2020年9月,习近平总书记在中央财经委员会第八次会议上强调,流通体系在国民经济中发挥着基础性作用,构建新发展格局,必须把建设现代流通体系作为一项重要战略任务来抓。要贯彻新发展理念,推动高质量发展,深化供给侧结构性改革,充分发挥市场在资源配置中的决定性作用,更好发挥政府作用,统筹推进现代流通体系硬件和软件建设,发展流通新技术新业态新模式,完善流通领域制度规范和标准,培育和壮大具有国际竞争力的现代物流企业,为构建以国内大循环为主体、国内国际双循环相互促进的新发展格局提供有力支撑。

  2022年,国务院办公厅发布了我国现代物流领域第一份国家级五年规划《"十四五"现代物流发展规划》,该规划对构建现代物流体系的基础、挑战、目标和要求等做出了全面、系统的阐释,提出到2025年,基本建成供需适配、内外联通、安全高效、智慧绿色的现代物流体系;到2035年,现代物流体系更加完善,具有国际竞争力的一流物流企业成长壮大,通达全球的物流服务网络更加健全,对区域协调发展和实体经济高质量发展的支撑引领更加有力,为基本实现社会主义现代化提供坚实保障。《"十四五"现代物流发展规划》描绘了我国现代物流高质量发展的"新蓝图"。为落实习近平总书记关于物流发展的系列指示精神,将我国现代物流高质量发展"新蓝图"变为现实,需要加强物流业供给侧结构性改革,并统筹解决我国产业结构失衡、资源分布不均衡的问题,其关键在于要培养和输送大量的高素质物流技能人才。各高校亟须加强物流学科专业建设,提升专业设置的针对性,培育复合型高端物流人才,助力现代化物流业的持续发展。

  高等职业(高职)教育是培养大国工匠的重要途径,是高素质物流技能人才的第一来源。近年来,我国高等职业教育取得了长足的发展:《中华人民共和国职业教育法》的颁布在法理意义上明确了我国职业教育是与普通教育具有同等重要地位的教育

类型，《国家职业教育改革实施方案》的出台为职业教育的创新发展搭建了全面的工作框架，《职业教育提质培优行动计划（2020—2023年）》等则进一步落实了职业教育高质量发展要求。在这样的大背景下，我国物流职业教育同样取得了巨大发展，具体表现在专业目录和教学标准实现了大升级，职业技能大赛和职业技能证书渗透率大幅提升，一大批一流课程和规划教材涌现出来，实训条件得到很大改善等诸多方面。高等职业教育必须始终面向现代物流发展实际，有效推进产教融合、校企合作，更好反映物流产业的成功经验和现实需求，更好发挥职业教育在人才培养和技术攻关方面的优势，让教学内容和实训内容更真实、更务实、更扎实，使学生拥有合格的物流职业技能和素质，具有卓越发展的潜力。

在职业院校专业人才培养体系中，教材建设是极其重要的基础工程。本套教材由华中科技大学出版社和深圳职业技术大学联合策划。为了凝聚物流职业教育已经取得的有益经验，进一步丰富优质教学产品供给，更好满足学生成长成才的需求，我们在全国范围内集合了一批物流专业优质院校的资深教师来编写这套全新的高等职业教育物流管理类精品教材，期待以教材这一载体来展示优秀的教学改革成果，推进教学形式的创新和教师能力的提升，为培养卓越的物流技能人才提供有力支撑。

本套教材坚持以学生为中心，力求让高等职业教育满足学生成长成才的需求和对未来美好生活的向往，将学生成长成才需求与经济社会发展需求结合起来，使他们能够在未来的职业生涯中发现自己的优势和价值，同时体现我国现代物流发展的经验和成果。与物流新技术新模式新业态快速涌现形成鲜明对比的是，物流教材建设的进度相对滞后，对物流新趋势的反映不够全面和成熟，本套教材力争具有探索性和先导性，为现代物流业人才培养提供高质量教学素材，在业界发挥引领作用。

基于此，本套教材的主要特点如下。

（1）以课程思政为引领。本套教材以习近平新时代中国特色社会主义思想为指导，坚持落实立德树人根本任务，围绕现代物流高素质技能人才培养要求，将教学目标分解为素养、知识、能力三维目标，精选教学案例和材料，突出家国情怀、诚信服务、工匠精神、国际视野，努力培养更多让党放心、爱国奉献、能担当民族复兴重任的时代新人。

（2）以专业教学标准为指导。标准化建设是统领职业教育发展的突破口，教学标准和毕业学生质量标准是标准化建设的两个重要关口。2022年，国家对职业教育物流类专业目录做出了重大调整，一些新的专业被引入进来，还有一些专业通过更名和调整归属被赋予了新的内涵，以更好反映现代物流对未来技能人才的需求。以新专业目录为基础的专业教学标准为具体开展物流职业教育教学提供了基本指南。

（3）科学构建知识技能体系。产教融合、校企合作是职业教育高质量发展的基本路径。本套教材在组建编写团队时注重"校企行"三方力量的协同参与，将行业的标准、企业的需求和学校的教学有机结合，系统梳理每门课程的"知识技能树"，合理取舍，突出重点和难点，注重知识技能培养的循序渐进。

（4）突出智慧物流特征。随着贸易规模的扩大和智能技术的加速迭代，物流业和供应链管理进入"智慧时代"。一方面，与低空经济、无人驾驶等结合起来的物流新技术新模式新业态持续涌现；另一方面，传统物流模式也在推进内涵升级、结构优化。

本套教材在书目的设置和材料的选择方面都充分体现了智慧物流的特征。

（5）突出基础性和前瞻性，与职教本科教学体系适度衔接。高职教育是培养大国工匠的重要途径，职教本科有助于完善职业教育学历认证体系。本套教材从整个职业教育体系的高度出发，以高职教育人才培养为基础，致力于加强高职教育与职教本科课程体系的衔接，尤其是为未来职教本科物流专业教材的编写打下基础，贯通职业教育人才培养"立交桥"，为学生发展创造"立体通道"。

（6）打造丰富实用的数字资源库。教材是教学的基础材料，但教学也离不开其他辅助教学材料。本套教材配备电子教案、拓展案例、练习与解析等基础数字材料，同时积极开发微课视频、动画视频、仿真视频等音视频资源，部分教材还有知识图谱等互动资源，可以最大限度方便教师教学。在教材后续使用过程中，我们还将及时更新"岗课赛证"一体化的培训资料，以便为学生的学习提供全周期辅助。

本套教材分为基础课、核心课和拓展课三个模块。基础课教材包含《智慧物流与供应链基础》《供应链数字化运营》《数字化物流商业运营》《物流法律法规》《智慧物流信息技术》《物流专业英语》等。核心课包含《智慧仓配实务》《国际货运代理》《物流运输技术与实务》《物流项目运营》《采购与供应管理（第4版）》《区块链与供应链金融》《物流成本与绩效管理》《智慧集装箱港口运营》《供应链管理实务》《冷链物流管理实务》《物流系统规划与设计》《智能物流装备运维管理》等。拓展课教材包含《物流企业模拟经营》《物流安全管理实务》《物流企业数字化管理》《跨境电商物流》《进出境通关实务》《企业经营创新》《电子商务实务》《物流机器人流程自动化）》《物流包装》等。同时，丛书编委会将依据我国物流业发展变化趋势及其对普通高等学校、高职高专院校物流专业人才培养的新要求及时更新教材书目，不断丰富和完善教学内容。

微光成炬，我们期待以编写这套高等职业教育物流管理类精品教材为契机，将物流职业教育的优秀经验汇聚起来，加强物流职业教育共同体的建设，为师生之间、校企之间的沟通和对话提供一个公益平台。我们也诚挚地期待有更多优秀的校园教师、企业导师加入。应该指出的是，编撰一套高质量的教材是一项十分艰巨的任务。尽管编者们认真尽责，但由于理论水平和实践能力有限，本套教材中难免存在一些疏漏与不足之处，真诚希望广大读者批评指正，以期在教材修订再版时补充和完善。

全国物流职业教育教学指导委员会副主任委员
深圳职业技术大学党委副书记、校长

2024年3月于深圳

前言

近年来，我国正以开放自信之姿，加快建设制造强国。2020年，党的十九届五中全会提出了"十四五"规划及2035年的远景目标，强调了推进产业基础高级化、产业链现代化，提高经济质量效益和核心竞争力。2022年，党的二十大再次明确指出，高质量发展是全面建设社会主义现代化国家的首要任务，强调把发展经济的着力点放在实体经济上。

在当前全球经济具有不确定性、供应链安全受到国际政治因素影响的背景下，采购与供应管理的职能实现了从企业运营辅助到战略核心的质变，成为企业融入现代化产业生态、推动技术创新与绿色可持续发展的关键力量。

本教材的修订正是基于对新质生产力时代需求的深刻洞察，经过广泛的调研、学术研究与企业实践案例的整合，为读者呈现与时俱进、深度贴合行业发展的内容。本次修订的主要亮点如下。

一是强化立德树人、铸魂育人，彰显时代特色。修订后的教材积极响应党的二十大精神，紧密跟随《国家职业教育改革实施方案》的指导，在"项目导学"中融入课程思政元素，不仅明确学习内容，更强调学习的深远意义，以培育兼具专业技能和高尚品德的人才。

二是优化框架、刷新内容，聚焦能力培养。修订后的教材紧跟现代物流管理、电子商务、市场营销等领域的新趋势，重构了课程体系，将其精简为八个更具针对性的项目，全面更新知识内容，注重知识向实践能力的转化。通过项目任务设计，引导学习者在解决实际问题的过程中成长，实现知识与能力的无缝对接。

三是数字化融合，促进终身学习。修订后的教材借助现代化信息技术，集成丰富的教学资源，如文档、视频等，为学习者搭建个性化、智能化、高效的数字学习平台，培养其终身学习的能力与习惯。

本教材由赵艳俐（深圳职业技术大学）、张晓丹（深圳信息职业技术学院）、盛鑫（江苏开放大学）担任主编，肖祥伟、陈静静（广东理工职业学院）、田黎莉（重庆青年职业技术学院）、韩燕玲（新疆生产建设兵团兴新职业技术学院）、张跃（深圳职业技术大学）作为副主编。同时，李远平（中铁物贸集团深圳有限公司）、刘婷婷（中兴通讯）、李文平（深圳火车站服务有限公司）等专家参与了本教材的编写工

作，并对书稿内容提出了宝贵意见。此外，众多学者的研究成果为本教材增添了深度与广度。

本教材具体分工为：赵艳俐负责全书的筹划，与李远平、刘婷婷、李文平、韩燕玲、张跃一起完成全书的统稿工作，并参与部分项目内容的编写；张晓丹负责项目一和项目六的编写；盛鑫负责项目二和项目八的编写；田黎莉负责项目三和项目五的编写；肖祥伟负责项目四的编写；陈静静负责项目七的编写。

尽管我们力求完美，但由于时间和能力有限，书中可能仍然存在一些疏漏，恳请各位专家、读者不吝赐教，共助本书日臻完善。

本书编者

2024年5月

目 录

项目一　走进采购与供应管理 ·······001
　任务1　认识采购与供应 ·······004
　任务2　认识采购与供应管理 ·······011
　任务3　认清采购组织环境 ·······019

项目二　明确与分析采购需求 ·······033
　任务1　明确规格 ·······036
　任务2　明确采购数量 ·······043
　任务3　明确交付方式 ·······060
　任务4　明确供应商服务与响应 ·······067
　任务5　掌握请购流程 ·······072

项目三　分析供应市场 ·······079
　任务1　认识供应市场中的五种力量 ·······082
　任务2　认识PEST分析与SWOT分析 ·······087
　任务3　了解可能的市场竞争组合 ·······094
　任务4　分析产品生命周期 ·······100
　任务5　供应市场评价 ·······104

项目四　制定供应战略 ·······109
　任务1　认识供应战略与企业战略的关系 ·······112
　任务2　掌握供应定位模型 ·······116
　任务3　确立供应商关系 ·······125
　任务4　选择供应战略 ·······129

项目五　选择与管理供应商 ·······135
　任务1　了解供应商评估流程 ·······138
　任务2　确定潜在供应商评价标准 ·······144
　任务3　识别与调查供应商 ·······152
　任务4　供应商分类、激励与控制 ·······159

项目六　获取报价与商务谈判 ······167
任务1　获取与选择报价的方法 ······170
任务2　掌握并选择评估报价的标准 ······175
任务3　确定供应商数量 ······180
任务4　认识采购谈判 ······184
任务5　获取谈判前准备信息 ······188
任务6　确定谈判目标及策略 ······197
任务7　进入谈判阶段 ······207

项目七　拟订与管理采购合同 ······215
任务1　认识采购合同 ······218
任务2　准备采购合同 ······221
任务3　掌握不同类型的采购合同 ······233
任务4　识别与规避合同违约 ······235

项目八　控制采购绩效 ······243
任务1　控制采购成本 ······246
任务2　提升准时交货率 ······266
任务3　提升库存周转率 ······277
任务4　控制采购质量 ······285
任务5　提升供应商服务水平 ······297

参考文献 ······305

项目一 走进采购与供应管理

任务1　认识采购与供应

任务2　认识采购与供应管理

任务3　认清采购组织环境

项目导学

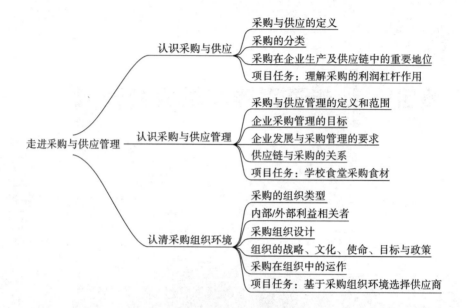

  本项目将带您深入探索采购与供应管理的关键领域。在任务1中，我们将认识采购与供应的定义以及采购的分类。同时，我们将了解采购在企业生产及供应链中的重要地位，以便更好地理解采购的利润杠杆作用。在任务2中，我们将进一步认识采购与供应管理，明确其定义和范围，并探讨企业采购管理的目标以及企业发展与采购管理的要求。此外，我们还将研究供应链对采购的影响以及采购在供应链中的功能，以便全面理解供应链与采购的关系。在任务3中，我们将认清采购组织环境，包括采购的组织类型、内部/外部利益相关者，以及组织的战略、文化、使命、目标与政策对采购的影响。同时，我们还将深入研究采购在组织中的运作，以便更好地运用采购管理的知识和技能。

思政导航

本项目旨在让大家了解采购与供应管理及其在组织环境中的重要性。

首先,采购与供应管理在企业社会责任方面至关重要。负责任的企业应在采购中考虑社会和环境影响。例如,中国的"绿色采购"政策鼓励企业优先选择环保产品,以减少环境负担。这体现了企业的社会责任,通过这些实践,企业能积极参与可持续发展。

其次,公平竞争是采购与供应管理的重要原则。我国高度重视反腐败和反不正当竞争,要求在选择供应商时遵循公正、透明的原则。《中华人民共和国政府采购法》规定了公开招标程序,以确保采购过程的公平性。这种公平竞争的实践强调诚信和公正的重要性,有助于人们培养道德意识和法治观念。

最后,采购与供应管理与可持续发展密切相关。通过优化供应链结构和推动绿色供应链建设,采购与供应管理能够促进可持续发展。例如,中国移动通信集团在采购中注重节能减排和资源循环利用,为低碳经济和绿色发展做出贡献。这种实践有助于学生树立环保意识,培养对可持续发展的责任感。

任务1　认识采购与供应

任务目标

◆ **素养目标**

· 深化诚信意识，融入道德规范与职业操守，提升在复杂情境中的问题解决和决策能力，有效应对行业挑战。

· 树立全面、协调、可持续的科学发展观，重视环保与企业责任，激发创新思维，能够为供应链优化与创新提供新颖的解决方案。

· 认识到团队精神的核心价值以及采购活动中协调沟通的重要性，通过高效的沟通技巧促进与供应商及跨部门的无缝合作。

· 提升自我学习能力，能够紧跟采购与供应领域的最新动态，持续适应行业发展需求。

◆ **知识目标**

· 了解采购与供应的基本概念、流程和策略。

· 了解采购与供应领域的前沿发展趋势。

◆ **能力目标**

· 培养运用数字化工具进行采购与供应管理的能力。

· 培养运用采购的利润杠杆作用节约成本的能力。

一、采购与供应的定义

（一）采购的定义

1. 狭义的采购

狭义的采购主要指企业（或组织）为了满足自身生产、运营或项目需求，向外部供应商购买产品或服务的过程。

狭义的采购强调购买具体的产品或服务，以满足企业特定的需求。它通常关注采购流程的效率和成本效益，以及与供应商的交易和合同管理。然而，在实际情况中，采购活动可能涉及更广泛的领域，如供应商管理、供应链管理、质量控制等，这就涉及更广义的采购概念。

需要注意的是，采购的狭义和广义定义可能会因组织规模、行业、业务模式等的不同而有所不同。在一些组织中，采购可能仅限于特定的职能部门，而在其他组织中，采购可能与其他职能密切相关，并涵盖更广泛的职责和活动。

2. 广义的采购

广义的采购并不局限于购买物品或服务的具体交易过程，还包括与采购活动相关的多个方面和领域。采购的根本目的是获取资源，即获取企业所需要的货物、服务或工程，以支持其运营和开展业务活动。获取资源的方式有多种，如物物交换、货币交换、租赁、借贷等。这里的资源包含供应链运作过程中所需要的所有有形或无形的物资、服务活动等。资源采购过程涉及选择供应商、谈判与合同管理、成本控制和价值创造、供应商关系管理、风险管理、质量管理、战略规划、市场调研和情报收集等。广义的采购强调的是采购活动与企业整体运营的紧密结合，注重战略层面的思考和管理。它不仅关注具体的采购交易过程，还考虑供应商关系、供应链协同、成本效益、质量控制等多个方面，以提升企业的长期竞争力和价值创造力。

（二）供应

1. 供应的定义

当前学术界比较公认的对供应的定义为：供应商或生产者向市场提供产品或服务的过程，以满足消费者或其他需求方的需求。它包括供应商的生产、储存、运输、分配等活动，以及与需求方之间的交互和协调。供应涉及供应链中的各个环节，包括原材料采购、生产加工、物流配送等。有效的供应管理能够确保产品或服务的可用性、质量和及时性，以满足市场的需求，并与采购方建立良好的合作关系。此外，供应还与市场供求关系、供应商竞争、成本效益等因素密切相关。在学术研究中，供应的概念常常与供应链管理、采购策略、供应商关系管理等领域关联，旨在优化供应过程，提高效率，满足客户需求。

2. 采购和供应的关系

采购和供应是企业运营管理中密切相关的两个环节。采购是企业从外部市场获取所需产品或服务的过程，旨在以最低成本、最高质量和最佳服务水平满足生产需求。采购活动包括寻找供应商、价格谈判、签订合同、下订单和跟踪交货等。供应则是供应商向企业提供产品或服务的过程，目标是确保按时、按质、按量地交付。

采购与供应之间关系密切。采购是供应的前提，企业通过采购获取所需产品，确保正常运营；而供应是采购的结果，供应能力和质量直接影响企业的生产和客户满意度。研究表明，采购与供应的有效整合能够提升企业生产效率和竞争力，通过良好的关系实现供应链协同，优化流程，降低成本，提高质量和服务水平。

总之，采购和供应是企业运营管理中不可或缺的环节，它们的有效整合对企业成功至关重要，因此研究人员正在探讨如何提升供应链效率和竞争力。

3. 供应和采购的活动焦点

①决定所需购买的产品或服务的规范（品质及数量等）。

②选择最合适的供货商。
③准备及执行与供货商议价以建立协议。
④下订单给选定的供货商。
⑤监视及管控（跟催）订单。
⑥追踪及评估（如处理投诉信息、维持产品及供货商档案更新、对供货商进行评分等）。

二、采购的分类

（一）按采购方法分类

1. 传统采购

在传统采购模式中，采购的目的很简单，就是补充库存，即为库存而采购。一方面，实现商品生产的大批量进行，使得规模经济的作用日益显著；另一方面，使企业能够及时交货。因此，采购部门并不关心企业的生产过程，也不了解生产的进度和产品需求的变化，采购过程缺乏主动性，制订的采购计划很难适应制造需求的变化。

传统采购的具体方法为订货点采购。订货点采购是根据需求的变化和订货提前期的长短，精确确定订货点、订货批量或订货周期、最高库存水准等，建立连续的订货启动、操作机制和库存控制机制，达到既满足需求又使库存总成本最小的目的。但是由于市场的随机因素多，该方法具有库存量大、市场响应不灵敏等缺陷。

2. 现代采购

现代采购可分为MRP采购、JIT采购、供应链采购和电子商务采购等几种类型。

MRP采购主要适用于生产型企业，其依据主生产计划、产品结构和库存情况逐步推导出所需零部件和原材料的采购计划。该采购计划规定了品种、数量和时间，相较于传统采购，具备更高的市场响应灵敏度和库存管理水平。

JIT采购（准时化采购）完全以需求为依据，要求供应商在用户需要时，及时送达合适的产品和数量。此模式使库存趋近于零，灵敏响应市场需求，是一种科学理想的采购方式。

供应链采购在供应链机制下进行，采购者将需求和库存信息及时传递给供应商，后者根据消耗情况小批量补充库存，确保库存能满足需求且总量最小。这对信息系统和供应商操作要求较高。

电子商务采购是在电子商务环境下的网络采购模式，其特点是线上寻找供应商、洽谈和订货，但线下配送。其优点在于扩大市场范围、缩短供需距离、简化手续和降低成本；其缺点在于过于依赖电子商务和物流配送的发展。

（二）按采购物料与产品或服务的关系分类

1. 生产主物料采购

生产主物料是产品的关键组成部分，对产品的性能、质量和功能起着决定性作

用。生产主物料具有需求量大、对供应商依赖性强、成本占比较大、质量要求严格等特征，因此生产主物料采购决策对企业影响大，需要进行详细的市场调研和供应商评估。

2. 生产辅料采购

生产辅料不直接构成产品，但对生产过程的顺利进行起到辅助作用，因此需要确保其及时供应。生产辅料采购具有种类繁多、采购量相对较小、成本影响相对较小等特征，企业在生产过程中需要根据自身生产需求选择合适的辅料。

（三）按需求量大小和对企业的影响程度分类

根据供应定位模型（在本书项目四中进行详细阐述），可以根据需求量大小和对企业的影响程度，将采购物料分为以下四种：常规型采购；杠杆型采购；瓶颈型采购；关键型采购。

（四）按采购区域分类

1. 国内采购

国内采购是指在本国范围内进行的采购活动。国内采购具有以下特点和优势。

①了解市场：对国内市场如供应商、产品特点和市场动态等，更为熟悉。
②沟通便利：没有语言和文化障碍，便于与供应商进行有效的沟通和合作。
③物流成本较低：国内运输通常更便捷，物流成本相对较低。
④较短交货期：减少了跨境运输和清关等环节，能够更快地获得所需物品。
⑤政策支持：可以享受本国政府的相关政策支持和优惠。
⑥法律法规熟悉：更容易遵守和适应国内的法律法规。
⑦支持国内产业：促进本国经济的发展和人员就业。

在进行国内采购时，需要注意以下几点。

①充分进行市场调研：了解国内供应商的情况，确保选择合适的供应商。
②质量控制：确保所采购的产品符合相关质量标准。
③成本考量：综合考虑价格、质量和其他因素，实现成本效益最大化。
④合同管理：明确双方的权利和义务，避免纠纷。
⑤建立长期合作关系：与可靠的供应商建立稳定的合作关系，以确保供应的稳定性和质量的一致性。
⑥关注政策变化：及时了解国内政策的变化，以便及时调整采购策略。

2. 国际采购

国际采购是指从其他国家或地区购买产品或服务的采购活动。国际采购具有以下特点和优势。

①资源丰富：可以拥有更广泛的供应商和产品选择。
②成本优势：可能找到价格更低的货源，降低采购成本。
③优质产品：有机会获取高质量的原材料或先进的技术。
④满足特殊需求：能够满足特定的产品或服务需求。

⑤促进竞争：为企业提供更多的竞争机会。
相较于国内采购，国际采购面临如下挑战。
①语言和文化障碍：可能导致沟通困难和误解。
②运输和物流问题：包括运输时间长、成本高和较强的复杂性等。
③货币汇率波动：影响采购成本和盈利能力。
④法律和法规差异：增加合规风险。
⑤信用风险：对供应商的信用情况了解有限。
为了成功进行国际采购，企业可以采取以下措施。
①深入进行市场调研，了解供应商和市场情况。
②选择可靠的物流合作伙伴，优化运输方案。
③关注货币汇率，采取套期保值等措施降低风险。
④建立健全合同和法律框架，维护自身权益。
⑤加强与供应商的沟通与合作，建立长期伙伴关系。
⑥培养专业的国际采购团队，提高采购效率。

三、采购在企业生产及供应链中的重要地位

采购对企业至关重要，主要体现在以下几个方面。

首先，采购成本是企业成本控制的核心。在制造型企业中，采购成本（包括原材料和零部件）通常占产品总成本的60%，在汽车行业甚至可达80%。高采购价格会提高产品成本，影响销售和利润；低采购价格可能导致材料品质差，影响产品竞争力。因此，合理的采购能直接增加企业利润，提升市场竞争优势。

其次，合理采购有助于提高企业竞争力和降低经营风险。它能够确保资金的有效使用，避免延期交货，减少库存，从而降低资金积压。同时，采购部门通过收集市场信息，能够识别市场变化，采用新材料替代旧材料，以提高品质和降低成本。

再次，供应商的选择对企业合作至关重要。顺畅的物料供应保证生产不受影响，稳定的物料品质确保成品质量，准确的交货数量保障生产计划的执行。优秀的供应商能够促进企业各项工作的协调和顺利进行。

最后，合理采购有助于提升供应链竞争力。随着全球化和信息技术的发展，企业采购模式不断演变，从单一企业采购转向供应链采购，增强了各节点间的联系与依赖。这对于企业降低供应链运作成本和提高竞争力起着越来越重要的作用。

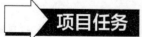

理解采购的利润杠杆作用

「任务情境」 采购的利润杠杆作用是指当采购成本降低一个百分点时，企业的

利润率将会上升至更高的比例。这是因为采购成本在企业的总成本中占有较大的比例，一般在50%以上，而这个比例远高于税前利润率。例如，某公司的销售收入为5000万元，假设其税前利润率为4%，采购成本为销售收入的50%，那么采购成本减少1%，就将带来25万元的成本节约，也就是利润上升到了225万元，利润率提高了12.5%。可见，利润杠杆作用十分显著。有一些可量化的利益被归功于高绩效的采购管理组织。这些利益包括更低的运营成本、更高的投资回报率（ROI）和资产回报率（ROA），以及对利润的直接而正面的影响。此外，还存在其他一些无形的利益（本书后面章节将进一步讨论一些有形和无形的利益）。投资回报率为年营业收入占企业投入资本总额的比例。资产回报率是用来衡量每单位资产创造多少净利润的指标。资产回报率的计算方法为税后净利润除以总资产。

「任务要求」 在表1-1所示的案例中，如果将采购成本降低5%，企业盈利能力可对应提高多少？资产回报率可提高多少？根据这个案例，说明降低采购成本的好处。（注意：总成本中包含采购成本，假设采购成本占销售额的50%。）

表1-1 案例1

	2017年（美元）	投资周转率	减少5%
销售额	1300000	销售额	销售额
库存	200000	库存	10000
总资产	650000	2.0*	10000

*1300000/650000=2.0

任务实施

「步骤1」 教师布置实训项目需要完成的任务。

「步骤2」 本着自愿原则，学生5~6人为一组，每组选出一名小组长，由小组长进行人员分工、协调成员实训任务，并带领成员完成实训任务。

「步骤3」 用销售额除以总资产来计算投资周转率。在这个案例中，如果库存减少5%，投资周转率就会提高到2.03，如表1-2所示。

表1-2 计算投资周转率

	2017年（美元）	投资周转率	减少5%		2018年（美元）	投资周转率
销售额	1300000	销售额	销售额		1300000	—
库存	200000	库存	10000		190000	—
总资产	650000	2.0*	10000		640000	2.03

*1300000/650000=2.0

「步骤4」 用利润除以销售额来计算利润率。由于采购成本降低了5%，2018年的利润率数值提高2.5%，利润率提高50%，如表1-3所示。由于总成本中包含采购成本，采购成本占销售额的50%，即1300000/2＝650000（美元）。可以得到：65000/1300000×100%＝5%；总成本＝1235000－(650000×5%)＝1202500（美元）。

表1-3　计算利润率

	2017年（美元）	利润率	2018年（美元）	利润率
销售额	1300000	—	1300000	—
总成本	1235000	—	1202500	—
利润	65000	5%	97500	7.5%

「步骤5」 利用投资周转率和利润率计算资产回报率。如表1-4所示，2018年，资产回报率提高了5个百分点以上。

表1-4　计算资产回报率

	2017年	2018年
投资周转率	2.0	2.03
利润率	5%	7.5%
资产回报率	2.0×5%＝10%	2.03×7.5%＝15.225%

由以上案例可以看出，采购成本降低了5%，使得利润率提高了2.5个百分点，利润率的增加率达50%，这就是利润杠杆作用的直接体现。2010年，一项由A集团和B集团主持的对采购实践的深入研究发现，一流的采购管理操作在组织内部产生的投资回报率高于由其他部门产生的投资回报率，高出比例达176%。一流的组织在与采购相关的开支上也明显低于自己的同行，这使得他们可以将更多的员工分配到高价值的活动中。

由于采购管理与市场信息源（如采购商、外部研究报告和贸易展览会等）有着密切的联系，因此它可以为组织内的其他人员提供有价值的信息。比如，商品和服务的可获得性、新的采购源、部件的替代品和新兴技术等信息。这对于生产运营、市场营销、新产品设计等部门的人员来说非常重要。

从对战略目标的贡献度来看，采购管理部门的表现是企业实现其战略目标的关键因素。很大一部分的销售收入（通常为30%～70%）都花在了采购商身上，因此任何采购管理方面的有效提升，都可以转化为企业绩效的提高，比如，降低材料成本、确保采购商达到企业对物料和服务的交付要求与质量规范、提高采购管理职能的内部操作效率等。

任务评价

层级	评价内容	满分	得分	自我评价
1	能够正确对利润率的贡献进行计算	30		
2	充分理解采购的利润杠杆作用的机理和应用	30		
3	科学地利用采购的利润杠杆作用	40		

任务2 认识采购与供应管理

任务目标

◆ **素养目标**

· 强化采购管理的经济推动作用认知，培养责任感、职业道德，坚持公平诚信实践原则。

· 提升复杂供应链分析能力，掌握需求分析及合同管理技能，能够灵活优化流程。

· 促进多元环境下的高效团队工作，优化沟通策略，强化项目管理，保障采购活动顺畅进行。

· 激发创新思维，培养市场应变与持续学习能力，推动行业创新。

◆ **知识目标**

· 了解采购与供应管理的基本概念、范围和作用。

· 掌握采购与供应管理的主要流程和方法。

· 认识采购与供应管理中的各种角色及其职责。

◆ **能力目标**

· 培养分析和解决采购与供应管理问题的能力。

· 掌握采购与供应管理中的基本技能，如需求分析、供应商选择、合同管理等。

· 能够运用适当的工具和技术进行采购与供应管理。

一、采购与供应管理的定义和范围

(一) 采购与供应管理的概念

采购与供应管理是指对企业采购和供应活动进行规划、组织、协调和控制的过程,以确保获取满足企业需求的产品或服务,并实现供应链的高效运作。具体来说,采购与供应管理包括以下几个方面:一是需求管理,即明确企业的需求,确保采购活动与之相匹配;二是供应商管理,即寻找、评估和选择合适的供应商,与其建立并维护良好的合作关系;三是采购流程管理,即优化采购流程,具体包括采购计划、订单处理、合同管理等;四是成本控制,即降低采购成本,通过谈判、优化供应链等方式实现成本效益最大化;五是质量管理,即确保所采购的产品或服务达到规定的质量标准;六是风险管理,即识别管理和采购与供应相关的风险,如供应商风险、市场价格波动风险等;七是供应链协调,即与内部各部门及供应商协同合作,确保供应链的顺畅运作。

采购与供应管理的目标是在满足企业业务需求的前提下,实现成本效益、质量保障、风险控制和供应链效率的优化。采购与供应管理不仅关注单次采购交易过程,更注重与供应商建立长期的战略伙伴关系,以实现双方共赢和可持续发展。这一概念体现了采购与供应管理在现代企业运营中的重要性,强调了其对组织竞争力和绩效的积极影响。不同行业和组织可能会根据自身特点和需求,对采购与供应管理的概念进行具体的诠释和应用。

(二) 采购与供应管理的范围和活动

采购活动、采购管理、供应活动和供应管理的区别如表1-5所示。

表1-5　采购、采购管理、供应和供应管理的区别

概念	采购活动	采购管理	供应活动	供应管理
活动重点	购买行为	采购策略和流程管理	提供产品或服务	供应商关系和供应链的管理
范围广度	具体的购买行为	采购策略的制订、成本的控制等	提供产品或服务的过程	供应商评估与选择、供应链协调与优化、库存管理、质量控制等
长期视角	—	强调与供应商建立长期合作关系,以实现持续的价值	—	注重供应链的稳定性和可持续性
决策层面	—	涉及更高层次的决策,如采购战略	—	需要做出关于供应商选择、库存水平等方面的决策

采购活动主要聚焦于具体的购买行为，如寻找供应商、下订单和跟进交货，而采购管理则侧重于策略层面，包括制订采购计划、选择供应商、合同谈判和管理采购流程。因此，采购管理的范围更广，涵盖整个采购过程的规划与控制。

供应活动则指提供产品或服务的过程，而供应管理包括供应商评估与选择、供应链协调与优化、库存管理和质量控制等，重点在于与供应商的合作关系，以确保供应的稳定性和可靠性。

具体差异体现在以下几个方面：首先，采购活动关注购买行为，而采购管理涉及更全面的采购策略和流程管理；其次，采购管理的范围包括采购策略的制定和成本的控制等，而供应管理涵盖包括供应商评估与选择、供应链协调与优化、库存管理和质量控制在内的整个供应链的协调与优化；再次，采购管理强调与供应商建立长期合作关系，供应管理则注重供应链的稳定性和可持续性；最后，采购管理涉及更高层次的决策，而供应管理需要做出关于供应商选择、库存水平等方面的决策。

总的来说，采购管理和供应管理都旨在满足企业需求，并在效率、成本和质量上实现最优，尽管它们的活动和侧重点有所不同。

二、企业采购管理的目标

企业采购管理的总体目标是获得满足质量方面要求的货真价实的物料，将其以适当的数量、适当的价格，在准确的时间发送至正确的地点。具体而言，包括以下几点：一是提供不间断的物料流，以便使整个流程正常运转；二是使存货投资和损失保持最小；三是保持和提高质量；四是寻找并维持有竞争力的供应商；五是在条件允许时，将所购物料标准化；六是以最低的总成本获得所需要的产品或服务；七是提高企业的竞争地位；八是在企业内部与其他职能部门建立和谐高效的工作关系；九是以可能的最低水平的管理费用来完成采购目标。

三、企业发展与采购管理的要求

随着市场竞争的加剧，企业竞争力受到多种因素影响，特别是交货期和敏捷性。进入21世纪后，敏捷性成为关键因素。它指企业快速响应市场需求的能力。因此，企业在采购管理方面要达到更高的要求：首先，确保产品质量，通过优化采购管理将质量控制延伸至供应商生产过程；其次，缩短交货期以提升顾客服务水平、增强竞争力；最后，提升敏捷性，以便快速应对顾客需求的变化。

传统采购管理模式存在信息不对称、质量控制难和供需关系不稳定等问题。采购商和供应商之间缺乏有效沟通，导致信息保留和非对称信息博弈，使得控制产品质量变得困难，同时供需关系不稳定，对市场变化做出反应的能力受限。相比之下，现代采购管理模式强调合作关系、信息透明和流程整合，采购部门的角色愈发重要，不再仅是成本控制工具，而是提升企业核心竞争力的关键。

现代采购管理的发展趋势主要体现在协同采购、物流整合以及与生产计划的结

合等方面。协同采购能合并共同需求以实现最大优势，物流整合要求生产、库存和质量控制紧密联系，实现有效的供应链管理。同时，采购管理的集中化增强了企业市场影响力并优化了资源配置。随着采购职能的独立和专业化，采购人员需具备市场分析、谈判和项目管理等多样化技能，以适应复杂的市场环境，推动可持续发展。

四、供应链与采购的关系

（一）供应链对采购的影响

供应链管理的基本思想对采购产生了深远的影响，主要表现在以下几个方面。

1. 合作伙伴关系

供应链管理的基本思想强调采购商与供应商建立长期的合作伙伴关系，通过双方共同努力来提高供应链的效率和效益。采购部门不再仅仅关注价格，而是注重与供应商的合作，双方共同解决问题，实现共赢。

2. 需求管理

供应链管理的基本思想强调对需求进行准确预测和管理。采购部门需要与销售、生产等部门密切合作，了解市场需求和生产计划，以便及时调整采购计划，确保物资的及时准确供应。

3. 流程优化

供应链管理的基本思想强调对采购流程的优化，以提高效率、降低成本。采购部门需要对采购流程进行分析，找出其中的瓶颈和浪费点，通过信息化技术等手段进行优化，提高采购效率。

4. 库存管理

供应链管理的基本思想强调对库存进行有效管理。采购部门需要与生产、销售等部门共同制订合理的库存策略，以降低库存成本、提高库存周转率。

5. 供应商管理

供应链管理的基本思想强调对供应商进行全面管理，包括供应商的选择、评估、绩效管理等。采购部门需要建立完善的供应商管理体系，确保供应商的高质量和可靠性。

6. 信息化建设

供应链管理的基本思想强调信息化建设，以实现信息的共享和快速传递。采购部门需要建立与供应商之间的信息共享平台，及时获取供应商信息，以便快速响应市场需求。

总之，供应链管理的基本思想对采购的影响是全方位的，它要求采购部门从单纯的物资采购向供应链管理转变，更加注重与供应商的合作，优化采购流程，提高库存管理水平，实现供应链的整体优化。

（二）采购在供应链中的作用

采购在供应链中扮演着至关重要的角色，其主要功能和作用如下。

1. 确保物资供应

采购的首要任务是确保供应链中所需的产品或服务得到及时准确的供应。通过与供应商建立良好的合作关系，采购部门可以确保产品或服务的质量、数量和交付时间符合要求，从而支持企业的生产和运营。

2. 控制成本

采购部门通过与供应商谈判、招标等方式，争取最有利的价格和合同条款，以降低采购成本。合理的采购策略和成本控制能够直接影响企业的利润水平。

3. 管理供应商

采购部门负责筛选、评估和管理供应商，确保其能够满足企业的需求。采购部门通过与供应商建立长期的合作关系，提高供应链的效率和灵活性。

4. 风险管理

采购部门需要识别和评估供应链中的各种风险，如供应商的信用风险、交付风险等，并采取相应的措施来降低风险。此外，采购部门还需要留意市场价格波动、供应中断等风险，及时调整采购策略。

5. 支持产品创新

采购部门可以与研发部门合作，寻找新的原材料、零部件或技术，为产品创新提供支持。同时，采购部门还可以通过与供应商合作，推动供应商进行技术创新，提高供应链的整体竞争力。

6. 提升供应链效率

通过优化采购流程、采用信息化技术等手段，采购部门可以提高供应链的效率，缩短采购周期，降低库存水平，提高资金周转率。

综上所述，采购在供应链中具有重要的作用，它不仅直接影响企业的成本和利润，还关系到供应链的稳定性和竞争力。因此，企业应重视采购管理，不断优化采购策略和流程，以提高供应链的整体绩效。

学校食堂采购食材

📋 任务描述

「任务情境」学校食堂每天要为数百名师生提供营养丰富的饭菜，为了确保食品安全和质量，同时控制成本，学校决定开展一次食材采购实训。学生们被分成若干小组，每个小组负责不同的食材品类，如蔬菜、水果、肉类、粮油等。

「任务要求」 本任务要求学生通过任务实施步骤，了解采购和供应管理过程和体系。

任务实施

「步骤1」 教师布置实训项目需要完成的任务。

「步骤2」 本着自愿原则，学生5~6人为一组，每组选出一名小组长，由组长进行任务分工、协调成员实训任务，并带领成员完成实训任务。

「步骤3」 需求分析。

与学校食堂负责人沟通，了解食堂的日常食材需求、质量标准和预算限制，输出需求分析表（见表1-6）。

表1-6 需求分析表

采购物品名称	数量	规格型号	用途	质量要求	预算	供应商信息
大米	1000千克	一级	主食	无杂质、无异味、无虫害	5000元	供应商A
食用油	500升	一级	烹饪	色泽金黄、无异味、无杂质	5000元	供应商B
肉类	500千克	新鲜	炒菜、炖汤	新鲜、无异味、无注水	10000元	供应商C
蔬菜	1000千克	新鲜	配菜	新鲜、无虫害、无农药残留	5000元	供应商D
调料	50千克	多种规格	调味	符合国家标准	1000元	供应商E

「步骤4」 供应商调研。

通过网络搜索、咨询其他学校或供应商推荐等方式，收集潜在供应商的信息，并进行初步评估（见表1-7）。

表1-7 收集潜在供应商的信息

供应商	供应商A	供应商B	供应商C	供应商D	供应商E
名称					
地址					
联系方式					
营业执照	有/无	有/无	有/无	有/无	有/无
生产许可证	有/无	有/无	有/无	有/无	有/无
食品经营许可证	有/无	有/无	有/无	有/无	有/无

续表

供应商	供应商 A	供应商 B	供应商 C	供应商 D	供应商 E
产品质量					
价格					
交货时间					
售后服务					
信誉					
其他学校或供应商推荐情况	有无推荐	有无推荐	有无推荐	有无推荐	有无推荐

「步骤5」 实地考察。

选择几家潜在供应商进行实地考察，了解它们的生产能力、质量控制、物流配送等情况（见表1-8）。

表1-8 对潜在供应商进行实地考察

供应商	供应商 A	供应商 B	供应商 C	供应商 D	供应商 E
名称					
联系地址					
生产能力					
质量控制					
物流配送					
环境卫生					
储存设施					
员工素质					
产品种类					
价格					
服务态度					

「步骤6」 供应商评估。

根据考察结果，对供应商进行综合评估，包括产品质量、产品价格、交货能力、售后服务等（见表1-9）。

表1-9 供应商评估

供应商	供应商 A	供应商 B	供应商 C	供应商 D	供应商 E
名称					
地址					

续表

供应商	供应商 A	供应商 B	供应商 C	供应商 D	供应商 E
联系方式					
营业执照					
生产许可证					
食品经营许可证					
产品质量					
产品价格					
交货能力					
售后服务					
信誉					
其他学校或供应商推荐情况					

「步骤7」 采购计划制订。

根据供应商评估结果和食堂需求，制订详细的采购计划（见表1-11），包括食材种类、数量、采购时间和预算分配。

表1-10　采购计划制订

食材种类	数量（千克）	采购时间	预算分配（元）	供应商
大米		每月＿＿日		
食用油		每月＿＿日		
肉类		每月＿＿日		
蔬菜		每月＿＿日		
调料		每月＿＿日		

「步骤8」 谈判与签约。

输出简要的谈判计划，与选定的供应商进行价格谈判，争取更好的合作条件，并签订采购合同。

「步骤9」 采购执行与监控。

按照采购计划进行食材采购，并及时跟踪供应商的交货情况，确保按时送达；同时输出供应保障计划。

「步骤10」 质量检查。

对送达的食材进行质量检查，确保其符合食堂的质量标准。

「步骤11」 问题处理。

如遇到供应方面的问题（如缺货、质量问题等），及时与供应商沟通解决。

「步骤12」 总结与反馈。

整个采购过程进行总结，分析成功与不足之处，并向学校食堂负责人反馈。

任务评价

层级	评价内容	满分	得分	自我评价
1	对流程先后顺序的理解	30		
2	对各流程目标的理解	30		
3	对采购管理与供应管理的理解	40		

任务3　认清采购组织环境

◆ 素养目标

· 形成社会责任感和高尚的职业道德，深谙采购对社会经济环境的多重影响，内化公平、正义、诚信价值观，推动采购实现可持续发展。

· 增强系统性视角，明确采购在企业战略中的核心作用，理解不同采购模式，依据环境分析优化组织架构，促进跨部门协作和有效沟通，携手承担企业责任，实现企业目标。

◆ 知识目标

· 了解采购组织的类型和结构，以及采购部门在企业中的角色和职责。
· 掌握采购组织的内部和外部环境因素，以及它们对采购活动的影响。
· 认识采购组织面临的挑战和机遇，了解应对策略。

◆ 能力目标

· 能够分析不同采购组织结构的优缺点，并选择合适的结构形式。
· 能够识别并评估内部和外部环境因素对采购活动的影响，并采取相应的措施。
· 能够制定应对采购挑战和机遇的策略，并有效实施。

一、采购的组织类型

营利性组织的核心目标是利润最大化，通过提供产品或服务满足市场需求。在采购过程中，关键因素包括成本控制、供应商选择与管理以及风险管理。营利性组织应通过合理的采购策略和谈判技巧确保优价和合同条款，同时考虑总成本（如运输和质量成本）。选择可靠的供应商至关重要，组织需要综合评估价格、质量、交货期及服务，并建立有效的供应商管理机制。此外，组织还需要识别并应对市场价格波动、供应商违约及物流中断等风险，以确保采购活动顺利进行。

非营利性组织则追求社会效益最大化，采购决策需要与其使命和价值观一致。由于预算限制，非营利组织需要寻找成本效益高的解决方案，确保采购产品或服务的质量与功能。同时，透明度与合规性也非常重要，组织需要保持采购过程公开，遵循法律法规以防止出现腐败现象。此外，非营利组织还应考虑社区利益，支持本地供应商以促进社区发展。

公共组织的目标是实现公众利益，提供公共产品和服务。在采购时，公共组织需严格遵守法律法规，确保合规性与透明度，公开招标和评标标准以避免出现腐败现象。公共组织的采购决策应关注公共利益，考虑社会、环境和可持续发展等因素。同时，建立绩效评估与问责机制以监测采购效果并纠正不当行为，与供应商建立长期合作关系以推动创新和改进，提升公共服务质量与效率。总之，公共组织的采购应以服务公众利益为核心，确保资源有效利用和提供高质量公共服务。

二、内部/外部利益相关者

在采购管理中，与内部利益相关者的合作至关重要。内部利益相关者包括内部客户和高层管理团队成员，前者需要资源以满足其业务需求，而后者则对资源获取和组织绩效负责。有效的采购管理决策能够支持组织整体目标，但有时内部客户可能对采购决策产生负面看法，尽管这些决策对整体绩效是有利的。因此，采购管理专业人员需具备解释和支持组织战略的能力，主动了解内部利益相关者的短期和长期需求，并将其纳入采购策略中。通过定期沟通、风险管理和建立长期合作关系，采购管理可以更好地为内部利益相关者创造价值。

此外，外部利益相关者同样对采购管理决策有重要影响。采购商是关键的外部利益相关者，采购管理专业人员需与其紧密合作，了解其愿景和能力，确保其能够满足内部利益相关者的需求。最终客户及其他采购链成员（如物流供应商）也应被纳入考虑范围，以确保他们的需求得到满足。法律法规及社区成员等外部利益相关者同样不可忽视，采购管理专业人员需充分了解这些利益相关者的需求与影响，并进行有效沟通，以确保采购决策的顺利实施和组织的整体成功。

三、采购组织设计

1. 采购组织设计时要考虑的因素

对于集中采购，采购组织设计时需要考虑以下方面：各工厂的地理分布、距离远近；将集中的采购量转化为价格上的优势；"上情足以下达"，提高采购的透明度；减少各子公司的工作量，提高效率。

2. 集中采购组织体系设计

集中采购组织体系如图1-1所示。

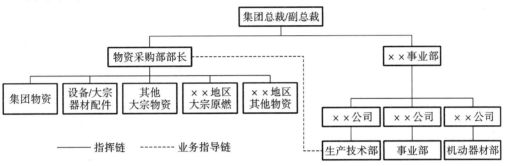

图1-1　集中采购组织体系

具体而言，集中采购组织体系设计时有以下几个要点：一是下级采购部门直接对所属的经营单位负责人汇报，接受其指令；二是上级采购部门从方法、内容和时间等方面对下级采购部门进行指导；三是集团的物资采购部承担采购程序与制度的维护、更新与修改等工作。

3. 采购管理组织基本类型

（1）直线制

直线制是一个上级直接命令指挥多个下级的组织结构形式，如图1-2所示。

图1-2　直线制

这种组织结构形式简单，也是各种管理组织结构形式的基本单元。该组织结构形式优越性的根源就在于"直接命令"。它可以做到以下几点：加强管理控制的强度；加强管理责任的强度；实现交流，使管理更贴近现实；实现个性化管理。

直线制这一组织结构形式可以达到直接有效的效果、提高管理效率，但管理的效果受管理者个人因素影响较大，一般适用于管理范围不大、不太复杂的情况。

（2）直线职能制

直线职能制就是在直线制的基础上加上职能制，如图1-3所示。

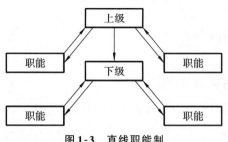

图1-3 直线职能制

这种组织结构形式与直线制相比,多了一些职能机构以帮助上级管理下级。

直线职能制是在直线制的基础上加上职能制,相当于直线制能力的扩大,能够克服直线制管理者受个人能力限制而管理面不宽、管理力度不大、管理内容不深入的缺点。

(3) 事业部制

事业部制就是以某项事业为核心组成的一个从决策到执行全过程都齐全、精悍、便捷、高效的管理系统。事业部制的基本特点是以事业为核心,管理决策程序小而全,因此运行效率高。在事业部制里可以根据事业部的具体情况采用直线制、直线职能制等进行管理。

4.采购组织模式

(1) 隶属于生产部的采购组织模式

如图1-4所示,采购部门归生产部(或称制造部)副总经理管理,其主要职责是协助生产顺利进行,采购的重点是提供足够多的物料以满足生产需求,至于议价的功能则退居次位。这类采购组织模式适用于企业为生产导向、采购功能比较单纯、物料价格比较稳定的情况。

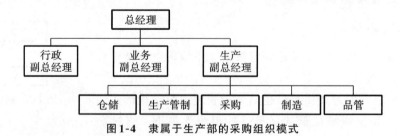

图1-4 隶属于生产部的采购组织模式

(2) 隶属于行政部的采购组织模式

如图1-5所示,采购部门归行政部(或称管理部)副总经理管理,其主要职责是获得良好的价格与付款方式,以实现财务上的目标。这类采购组织模式适用于生产规模大、物料种类繁多、价格经常需要调整、采购工作必须兼顾企业整体产销利益均衡的情况。

(3) 隶属于高阶管理层的采购组织模式

如图1-6所示,采购部门归总经理直接管理,提升了采购部门的地位与执行能

力。此时采购部门的主要职能在于降低成本,使自身成为企业创造利润的另一种来源。这类采购组织模式体现了直线制管理的特点。

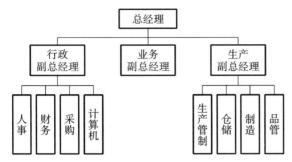

图 1-5　隶属于行政部的采购组织模式

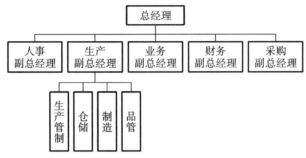

图 1-6　隶属于高阶管理层的采购组织模式

(4) 隶属于资材部的采购组织模式

如图 1-7 所示,采购部门归资材部(或物料管理部)副总经理管理,其主要职能在于配合生产制造和仓储部门,达成物料整体的补给作业。在这种情况下,采购部门无法凸显自身角色与职责,甚至可能成为其他部门的附属。这类采购组织模式比较适用于物料需求管制不易、需要采购部门经常与其他相关部门沟通协调的情况。

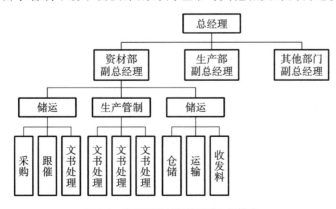

图 1-7　隶属于资材部的采购组织模式

(5) 按物品类别设立的采购组织模式

如图 1-8 所示,这种采购组织模式可以使采购人员对其经办的项目专精,能够达

到"熟能生巧""触类旁通"的效果。这种采购组织模式是最常用的,尤其适用于物品种类繁多的企业与机构。

(6)按采购地区设立的采购组织模式

如图 1-9 所示,按采购地区设立的采购组织模式包括外购科和内购科。由于国内采购与国外采购的手续及交易对象有显著差异,所以对采购人员的要求不同。由于外购科和内购科工作人员之间缺乏有效的沟通,因此容易产生国内采购和国外采购无法比较成本或品质方面的不足等问题。

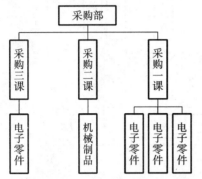

图 1-8 按物品类别设立的采购组织模式

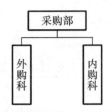

图 1-9 按采购地区设立的采购组织模式

四、组织的战略、文化、使命、目标与政策

在采购环境中,组织的战略、文化、使命、目标和政策与采购活动密切相关、彼此影响,它们共同决定采购的方向和决策。组织的战略为采购决策提供指导,如果组织的战略目标是提升产品质量,则采购需关注高质量供应商。文化价值观影响采购人员的行为,强调创新与合作的文化可能促使采购人员与供应商建立长期合作关系。组织的使命决定其存在的意义,采购应与之对应。例如,具有环保使命的组织会优先选择环保供应商。同时,组织的目标(如降低成本、提高质量)应指导采购策略和供应商选择。最后,组织的政策为采购活动提供明确的指导,确保其合法性、公正性和透明度,采购人员须遵循相关程序和道德规范。在采购过程中,为了确保采购活动和组织的战略、文化、使命、目标与政策相一致,采购人员可以采取如表 1-11 所示的具体操作。

表1-11 采购人员可以采取的具体操作

操作	具体内容
战略 一致性	1.采购应与组织的整体战略保持一致。 2.采购人员应了解组织的战略方向,包括市场定位、产品或服务的差异化、增长目标等。 3.根据这些信息,制定相应的采购战略,如选择与战略目标相匹配的供应商、建立战略合作伙伴关系、参与供应链创新等。

续表

操作	具体内容
文化适应性	1.采购活动应与组织的文化价值观相适应。 2.采购人员应了解组织的文化特点，如开放创新、合作共赢、社会责任等。 3.在采购过程中，选择与组织文化相契合的供应商，鼓励供应商参与社会责任项目，与供应商建立长期稳定的合作关系，以体现组织的文化价值观。
使命导向	1.采购应以实现组织的使命为导向。 2.采购人员应明确组织的使命，如提供优质产品或服务、推动可持续发展等。 3.在采购决策中，优先考虑那些能够支持组织实现使命的供应商，如选择环保型供应商、支持本地经济发展的供应商等。
目标导向	1.采购应有助于实现组织的具体目标。 2.采购人员应了解组织的目标，如降低成本、提高质量、缩短交货时间等。 3.通过制订相应的采购策略如集中采购、优化供应链、与供应商合作改进等实现目标。
政策合规性	1.采购活动必须执行组织的政策。 2.采购人员应熟悉组织的采购政策，包括采购程序、道德规范、反腐败政策等。 3.在采购过程中，严格按照政策要求进行操作，确保采购活动的合法性、公正性和透明度。

总之，采购活动应在战略、文化、使命、目标与政策上和组织保持一致，并通过具体的操作来实施。这需要采购人员深入了解组织的需求，并与其他部门密切合作，以确保采购活动能够为组织的发展提供有力支持。

四、采购在组织中的运作

采购在组织中是一个复杂且关键的过程，涉及确定需求、选择供应商、签订合同、供应商管理、库存管理、成本控制和风险管理等环节。首先，采购部门需与内部客户沟通，明确产品或服务的质量、数量、交付时间和预算等需求，并考虑组织的战略目标和市场趋势，以确保采购决策与整体目标一致。

确定需求后，采购部门开始寻找合适的供应商，进行市场研究、发送请求报价（RFQ）或需求建议书（RFP），并评估供应商的能力、价格和信誉。选择供应商后，需签订合同，明确产品规格、价格和交付时间等条款，并监督合同执行，确保供应商按时交付符合质量要求的产品或服务。

采购部门还需与供应商建立良好的合作关系，定期沟通、解决问题并跟踪供应商绩效情况。同时，负责库存管理，确保库存在满足需求的同时避免过多积压，利用库存管理系统实时跟踪库存情况。控制采购成本也是重要的目标，一般通过谈判、优化流程和利用批量采购折扣来实现，并确保符合预算限制。

此外，采购还面临供应商违约、市场价格波动和供应链中断等风险，采购部门需要识别和评估这些风险，并制定相应的管理策略，如选择多个供应商和建立应急

计划。总之，采购过程涉及多个环节，采购部门要与其他部门密切合作，以确保与组织战略和目标一致，推动组织发展。

（一）采购的基本业务工作

采购的一般业务流程如图1-10所示。

明确需求 → 制订采购计划表 → 选择供应商 → 洽谈磋商 → 安排采购订单 → 跟踪订单 → 货物接收与检验 → 货款结算 → 购后工作

图1-10 采购的一般业务流程

1. 明确需求

明确需求即在采购之前，先确定买哪些物料、买多少、何时买、由谁决定等。对需求的细节，如品质、包装、售后服务、运输及检验方式等，也要加以明确说明，以便来源选择、价格谈判等作业顺利进行。

2. 制订采购计划表

制单按序发放到采购员手中之后，采购员要及时制订采购计划表，确定适宜的采购时间，按时完成采购计划。

3. 选择供应商

从原有供应厂商中，选择实绩良好的厂商，通知其报价。对供应商进行考察和评估，建立供应商档案，确定进行合作的供应商。

4. 洽谈磋商

洽谈磋商即确定供应商之后，双方就价格、交货期、运输方式及费用、交货地点、保险等进行谈判，并签订采购合同。

5. 安排采购订单

根据生产需求，向供应商下达采购订单。

6. 跟踪订单

在下单之后，及时与供货商沟通确认是否能够准时交货。如果不能，双方及时协调，以确定合适的交货期。如果供货商确定无法准时供货，采购员应及时采取相应的措施，比如与供货商协调得到确定的供货时间、将此情况及时反映给采购经理、检查仓库是否有可以替代的辅料等。

7. 货物接收与检验

货物运到仓库后，由仓库收发员清点数量，并与采购员一起验收品质。收发员在规定时间内通知采购员数量是否与采购计划表有差异，以及是否存在货物品质等方面的问题。凡供应商所交货品与合约规定不符、验收不合格者，应依据合约规定退货，并立即办理重购。

8. 货款结算

常见的货款结算有两种方式，即COD和月结。

不是经常合作的以及非常规品种的供货商通常采用COD货款结算方式。使用此方式时，须注明币种。选择人民币付款方式时，由供货商提供发票，采购员填写申请表，附总经理签订的订购合同、发票、采购单和经采购经理、营业部经理、总经理签字后的申请现金表，交由财务相关人员核对后转交财务经理签字。

9. 购后工作

购后工作主要包括结案、记录与档案维护等工作。验收合格付款，或验收不合格退货，均须办理结案手续，清查各项书面资料有无缺失、绩效好坏等，签报高层管理或权责部门核阅批示。

拓展知识：
COD结算方式

凡经结案批示后的采购单，均应列入档案登记编号分类，予以保管，以备参阅或事后发生问题时查考（档案都有一定的保管期限规定）。

采购的流程模式如图1-11所示。

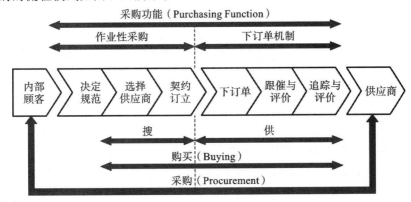

图1-11　采购的流程模式

采购基本流程示例如图1-12所示。

（二）采购策略

采购策略是指企业为实现采购目标、优化采购效果，在采购过程中所采用的一系列方法和决策。以下是一些常见的采购策略。

1. 集中采购

集中采购即将多个部门或地点的采购需求集中起来，由一个专门的采购团队或部门进行统一采购。集中采购可以实现规模经济，获得更好的价格和合同条款，并提高采购效率。

2. 分散采购

分散采购即将采购权限下放到各个部门或地点，由其自行采购。分散采购可以提高采购的灵活性和响应速度，但可能缺乏规模效益和统一的管理。

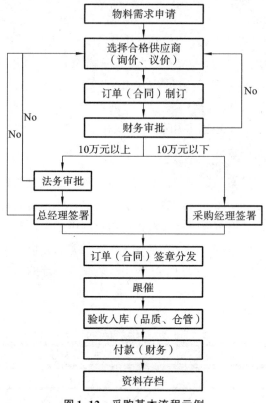

图 1-12 采购基本流程示例

3. 直接采购

直接采购即直接从供应商处购买产品或服务，而不经过中间商。直接采购可以减少中间环节的成本，并利于与供应商建立更直接的供应关系。

4. 间接采购

间接采购即通过中间商（如分销商、代理商）购买产品或服务。间接采购可以利用中间商的专业知识和渠道资源，但可能增加采购成本。

5. 长期合同

长期合同即与供应商签订长期的合同，以确保稳定的供应和价格。长期合同有利于采购方与供应商建立更紧密的合作关系，同时便于采购方预测和规划采购需求。

6. 短期合同

短期合同即根据具体需求与供应商签订短期的合同。短期合同更具灵活性，但可能面临价格波动和供应不稳定的风险。

7. 战略合作伙伴关系

战略合作伙伴关系即与关键供应商建立战略合作伙伴关系，双方合作实现共同的目标。战略合作伙伴关系可以为采购方带来长期的利益，如技术共享、联合开发、共同商议解决方案等。

8. 全球采购

全球采购即利用全球市场的资源，从不同国家或地区采购产品或服务。全球采购可以利用不同地区的成本优势和专业知识，但也可能面临汇率风险和物流复杂性。

9. 采购成本控制

采购成本控制即采用各种方法来控制采购成本，如招标、谈判、成本分析和价值工程。采购成本控制可以帮助企业降低成本、提高竞争力。

10. 供应商管理

供应商管理即对供应商进行评估、选择、监控和发展。供应商管理的目标是确保供应商的质量、可靠性和服务水平，以满足企业的需求。

这些采购策略可以单独使用，也可以组合使用，具体应根据企业的采购目标、市场情况、供应情况、风险承受能力等进行评估。采购策略的制定需要与企业的战略目标一致，并与其他职能部门密切合作，以实现企业的整体业务目标。

（三）采购管理

采购管理在组织中的作用主要体现在成本控制、供应链管理、风险管理、业务战略、内部协作、合规管理等方面。

1. 成本控制

采购是企业进行成本控制的重要环节。通过合理的采购策略和谈判技巧，采购部门可以争取到更有利的价格和合同条款，降低采购成本。同时，通过对供应商进行选择和管理，采购部门可以确保所采购的产品或服务的质量和可靠性，避免因质量问题导致额外成本。

2. 供应链管理

采购部门应与供应商建立并维持合作关系，确保及时获得相关产品或服务。有效的供应链管理可以提高供应链的效率和灵活性，减少库存，降低缺货风险，提高客户满意度。

3. 风险管理

采购活动本身涉及多种风险，如市场价格波动、供应商可靠性不足、交付延迟等。采购部门通过对市场和供应商的分析，制定相应的风险管理策略，减少潜在风险对企业的影响。

4. 业务战略

采购部门的活动应与企业的业务战略保持一致，为企业的发展提供支持。例如，采购部门可以根据企业的战略规划，选择与战略合作伙伴共同开发产品或服务，以提高企业的竞争力。

5. 内部协作

采购部门要与其他部门（如生产、销售、财务部门等）密切合作，通过有效的沟通和协作，了解内部需求，提供及时的支持，确保企业正常运转。

6. 合规管理

采购活动需要遵守相关法律法规和企业内部规定。采购部门要确保采购活动的合规性，避免法律风险和道德问题。

总之，采购管理在组织中的作用非常重要，它不仅涉及成本控制和供应链管理，还对企业的风险管理、业务战略、内部协作、合规管理等产生影响。一个高效的采购部门可以为企业带来竞争优势，提高企业的整体绩效。

项目任务
基于采购组织环境选择供应商

任务描述

「任务情境」 生产汽车零部件的某公司最近计划采购一批新的生产设备。在采购过程中，该公司发现了两个潜在的供应商，分别是供应商 A 和供应商 B。供应商 A 是一家国内知名的设备制造商，其提供的设备质量高，但价格也相对较高。供应商 B 是一家小型企业，其提供的设备价格相对较低，但质量和售后服务可能存在风险。在决策过程中，该公司内部利益相关者包括采购部门、生产部门和财务部门。采购部门关注设备的价格和质量，生产部门关注设备的适用性和稳定性，财务部门关注采购成本和预算。此外，该公司外部利益相关者包括供应商 A 和 B，以及一些潜在的客户。供应商 A 和 B 都希望能够获得这笔订单，以扩大市场份额、提高知名度。潜在客户则关心该公司能否及时交付产品以及产品质量是否稳定。

「任务要求」 在这种情况下，请学员分角色、分小组分析该公司在采购过程中应如何平衡内部利益相关者和外部利益相关者的关系，并最终输出对应角色的供应商选择建议。

任务实施

「步骤1」 教师布置实训项目需要完成的任务。

「步骤2」 本着自愿原则，学生5~6人为一组进行角色分配，一般分为生产部、质量部、市场部、财务部、研发部、售后部以及计划交付部。每组选出一名小组长，由组长进行任务分工、协调成员实训任务，并带领成员完成实训任务。

「步骤3」 各小组先讨论输出采购组织环境相关参数，如战略、政策、内/外部利益相关者、本部门关键考核指标等。

「步骤4」 各小组针对本案例输出基于采购组织环境的供应商选择建议，如表1-12所示。

表1-12　各小组实训任务输出示例

小组	部门职责	供应商选择建议
生产部	负责生产环节的各个流程，包括原材料采购、生产加工、装配包装等	
质量部	负责产品质量的检验、测试和监控，确保产品符合公司的质量标准和客户的要求	
市场部	负责市场调研、产品定位、品牌推广、销售渠道管理等	
财务部	负责公司的财务管理、成本控制、预算编制等	
研发部	负责新产品的研发、设计和技术创新，为公司的发展提供技术支持	
售后部	负责产品的售后服务、客户投诉处理、维修支持等	
计划交付部	负责生产计划的制订、物料采购、库存管理、物流配送等	

任务评价

层级	评价内容	满分	得分	自我评价
1	有无充分分析企业战略、组织目标等参数	15		
2	有无分析本部门对应目标等参数	15		
3	输出的本部门建议是否具有可操作性	35		
4	输出的本部门建议能否兼顾整体利益	35		

项目二 [明确与分析采购需求]

任务 1　明确规格

任务 2　明确采购数量

任务 3　明确交付方式

任务 4　明确供应商服务与响应

任务 5　掌握请购流程

项目导学

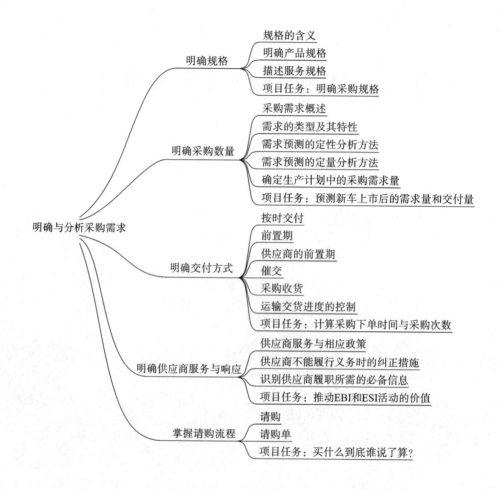

在本项目中，您将深入了解明确与分析采购需求的重要性以及相关的技巧和方法。通过任务 1，您将学会如何明确规格，包括明确产品规格和描述服务规格。任务 2 将帮助您明确采购数量，具体包括需求的类型与特性、需求预测的定性和定量分析方法以及确定采购需求量的步骤。任务 3 将探讨交付方式的明确，包括按时交付、前置期、供应商的前置期、催交以及运输交货进度的控制。任务 4 将重点关注供应商服务与响应的明确，包括供应商服务与相应政策、供应商不能履行义务时的纠正措施以及识别供应商履职所需的必备信息。最后，任务 5 将帮助您掌握请购流程，包括请购和请购单的相关操作。

思政导航

在该项目中，明确与分析采购需求是关键步骤，涉及产品或服务的规格、采购数量、交付方式及供应商服务与响应的明确，并从社会责任、公平竞争等角度进行探讨。

首先，在明确规格时，可关注可持续发展议题。例如，中国电子科技集团有限公司通过推动绿色供应链管理，选择符合环保标准的产品，减少资源消耗和环境污染，体现了企业对环境保护的责任感和积极作用。

其次，在明确采购数量时，资源分配议题显得非常重要。政府在医疗器械采购中采取措施确保公平竞争和合理分配，如药品集中采购、降低价格并提高医疗资源利用效率，反映了政府在保障人民群众健康权益方面的积极作用。

最后，在交付方式和供应商服务与响应方面，诚信与合作是重点。例如，阿里巴巴通过建立信用体系和供应链金融服务促进采购方与供应商的合作，其诚信保障金服务为交易安全提供担保，体现了诚信和合作在采购管理中的重要性，以及中国企业在商业伦理和社会责任方面的积极贡献。

任务1　明确规格

◆ 素养目标
- 培养成本效益观念，强化成本质量意识，精准规制促降本增效。
- 提升解决问题和采购实践的效率，实现降本增效目标。
- 增强职业认同感，明确采购在价值链中的增值作用。
- 提升沟通协作能力，促进内部合作，助力组织目标实现。
- 能够自主学习，适应数字化转型，掌握新技能，促进个人与团队共同成长，推动采购行业创新，实现多方共赢。

◆ 知识目标
- 了解规格的含义。
- 掌握描述产品规格的方法。
- 掌握描述服务规格的方法。

◆ 能力目标
- 培养识别产品需求或服务需求的能力。
- 培养准确描述产品规格或服务规格的能力。

一、规格的含义

（一）规格的概念

规格是对产品、服务或过程的详细说明，包括特定要求、尺寸和性能参数，作为评估供应是否符合需求的标准，确保采购的产品或服务满足组织需要。准确描述需求规格不仅涉及质量内涵，还包括交付地点、数量等"五个合适"的各个方面，构成买卖双方合同的一部分。

规格有三个主要作用：一是界定要求；二是将需求清晰地传达给供应商，以便其制订相应计划；三是提供评价产品或服务质量的工具。

在采购过程中，未能明确规格可能导致严重后果，包括供应中断、包装不足、违反法律法规、质量不良、缺乏后期服务支持、增加额外成本等。这些问题可能导

致生产停工、产品损坏、法律责任,以及时间和资源的浪费。

(二)规格的类型

需求有很多类型,对于不同需求类型的规格,描述的方法有所不同。一种产品规格可能是非常简单的(如经常使用的各种产品),也可能是非常复杂的(如较大的车间和建筑物)。由此,可以将规格分为高度说明性的规格和较少说明性的规格。

高度说明性的规格是指就如何获取采购品项对供应商给出更多细节。这为采购方评价供应商的服务提供了更充分的依据,但也可能限制供应商提供更为节省成本的解决方案的能力。如果供应商提供的产品或服务完全符合高度说明性的规格且未能达到预期的性能,该风险由采购方承担。

较少说明性的规格仅描述一些基本要求,让供应商确定提供采购品项的最佳方法。这有利于供应商充分发挥其专业创新能力,且如果产品或服务没有达到预期的性能,该风险由供应商承担。

(三)有效规格的特点

即使是在同一组织中,起草规格的过程也不尽相同。规格的错误描述将导致采购的高风险、高成本,甚至整个采购工作的失败。有效规格具备如下特点:清晰明白地指出要求是什么;简洁(没有过多的细节);全面(涵盖买卖需求的所有方面);最新(反映市场新技术、新设计方案和供应市场发展);遵守所有相关法律法规和标准要求;尽量采用术语表达(要确认供需双方对术语是完全理解的);做过价值分析。

二、明确产品规格

(一)产品规格的类型

产品规格大体上有两种类型,即性能规格和一致性规格。

1. 性能规格

性能规格是采购方对所需部件或材料功能和性能水平的描述。一个质量合格的产品应满足性能规格的要求,供需双方需通过良好沟通明确物料的使用目的和应用。描述需求时,应减少细节要求,以鼓励供应商创新并提供更合适的产品。

性能规格通常包括:规定公差内的功能、性能或能力;影响性能的关键过程输入;实现功能的运行环境;链接方式(如数据接口);质量、安全和环境性能要求(包括相关标准);用于衡量功能达成的标准指标和方法;等等。

2. 一致性规格

一致性规格是采购方准确而详细地给出需要什么产品、产品必须由什么部件或材料组成等要求。采购方使用一致性规格来描述需求,会限制供应商的创新性,使得供应商必须按照一致性规格提供产品。一致性规格具有多种形式,可以由不同的部门制定。

一致性规格包含以下类型：技术规格或设计规格；由化学/物理特性表示的规格；由商标表示的规格；用样品作为规格；用市场等级作为规格；用标准表示的规格。

（二）描述产品规格的方法

在采购过程中，采购方要对采购需求进行准确的描述，以清晰明了的方式将信息传递给供应商，确保供应商所供应的物料是采购方所需要的。常用的描述产品规格的方法包括以下几种。

1.利用品牌和商标名称描述需求

品牌和商标名称通过名称、标志和设计区分产品，结合特定型号可以清晰传达采购信息，如"联想Yoga700笔记本电脑"。这种方法描述准确、简洁，能确保供应商快速获取所需产品且质量有保障。然而，品牌产品通常价格较高，且在资源紧张时可能限制供应渠道，导致可得性差。此外，供应商可能在未沟通的情况下私自改变规格。

2.利用商品编码描述需求

商品编码是用一组数字唯一标识商品，适用于标准化产品，能准确描述采购需求，但不适用于定制或非标准化产品。

3.利用样品描述需求

样品是代表产品品质的实物，适用于难以描述的产品，如布料和服装。样品的优势在于能让供应商了解具体需求，并让采购方在购买前评估产品性能。然而，采购方要通过一定方式检验样品与实际供应的一致性，且供应商在未与采购方沟通的情况下不能提供质量优于样品的产品，这限制了其创新能力。

4.利用技术规格描述需求

技术规格要求采购方提供清晰严谨的描述，包括文字和设计图纸，以便供应商无须参考额外说明即可理解。描述内容可涵盖物理性质、设计细节、公差、材料、生产方法及维护要求等。佳能（Canon）G3810部分技术规格如图2-1所示。

通常在以下场合需要详细明确技术规格：采购方比供应商更具专业设计技能；采购方采用其内部已经开发出来的特殊的设计；采购的物品或设备具有复杂性。

利用技术规格描述需求具有显著的优势，比如技术需求能够得到正确陈述并明确定义采购方所需的物品、采购方可以使用规格检验供应品是否满足所有要求等。

利用技术规格描述需求也有其不足之处，比如：制定技术规格可能需要时间、人力等的投入，还要有专家参与；如果有标准化产品可以采用，高水平的规格定制将大幅度增加成本；高水平的技术规格可能限制了供应商的数量；采购方需要承担供应商按规格生产但产品未达到所要求绩效的风险。

主体	认证型号	G3810
	型号	其他
扩展功能	网络打印	支持无线网络打印
复印功能	自动双面复印	不支持自动双面复印
基本参数	单面支持纸张尺寸	A5；A4；B5
	端口	USB；WiFi端口
规格	产品净重	6.3kg
	产品尺寸	长445mm；宽330mm；高163mm
打印功能	彩色模式最佳打印分辨率	4800*1200dpi
	黑白模式最佳打印分辨率	4800*1200dpi
	照片打印	支持照片打印
	无边框打印	支持无边框打印
扫描功能	扫描类型	平板式
包装清单	①电源线 ②USB线 ③安装光盘 ④使用说明单页 ⑤保修卡 ⑥随机耗材（标准装）	

图2-1 佳能（Canon）G3810部分技术规格

5.利用构成规格描述需求

当物料性质由构成成分决定或对构成成分有特殊要求时，一般从其化学和物理性质方面进行描述，如纯度、密度、成分、添加剂等。

利用构成规格描述需求具有以下两大优势：一是构成规格通常由独立的第三方组织进行分析或测试，相对严谨和明确；二是采购方通过分析和测试结果可以清晰地确定供应商的产品能否满足要求。

利用构成规格描述需求也有其自身的劣势，如构成规格需要具有专业知识的人员制定、其认证通常需要特殊的测试设备等。

6.利用功能规格和性能规格描述需求

功能规格是简短的文档，描述采购产品需要实现的功能及输入参数；而性能规格则涵盖实现该功能的附加要求。例如，功能规格要求热水瓶保温，而性能规格可能要求其在24小时内温度不得降低5℃。

具体而言，性能规格包括要实现的功能、特殊的产出要求（如产品数量和性能标准）、过程输入（如原材料）、工作环境（如电压和水压）、兼容性要求、质量和安全等级、维护服务要求以及稳定性和成本限制。

为了确保供应商交付的产品符合预期，可能需要明确检测和检验要求。常见的方法包括设计阶段的质量保证文件审核、生产过程检验、交货前的检测以及安装或

试运转时的验收。检验要求通常涉及样品选择、检测方法、设备、验收标准和指定的权威机构。

三、描述服务规格

（一）服务产品的特点

服务产品与实体产品相比，具有如下特点。

首先，服务产品是无形的，采购方无法在服务提供前通过视、听、闻、尝、触等感知其物理特征。因此，从本质上讲，服务提供商为消费者提供的是一种承诺。

其次，服务提供商与服务的消费者是密不可分的。服务需要买卖双方在服务产品的开发和分销中进行合作，而消费者对服务提供商的感知会转变为消费者对服务本身的感知。

最后，服务不能被存储，价格变化大。由于服务无法存储，因此在需求旺盛时，服务价格会上升；反之，其价格会急速下滑。

（二）服务分析框架

在进行服务分析时，可以从采购的角度考虑服务的价值、服务的可重复程度、服务的确定性程度、服务的对象、服务的提供、服务需求的特性、服务交付的特性、服务的规范程度、提供服务所需的技术等。

1.服务的价值

组织可以用ABC分类法将服务按价值分为高、中、低三个等级。在进行这些服务项目采购时，将注意力更多地放在对高价值服务的采购上。

2.服务的可重复程度

对于可重复服务的采购，在组织内部有必要开发一套采购系统，并要求相关人员具有相应的专业知识；而对于一次性的服务，则应在明确项目需求的基础上寻求服务供应商。

3.服务的确定性程度

每种服务都有其不确定的一面，如根据建筑师绘制的草图或设计方案建成的大楼，其艺术美的特性可能很难进行评价。处理无形服务的一种方式是以对提供服务的人或设备的评价来替代对其服务质量的评价，通过负向指标（如不满意的人数或投诉意见的多少）间接地得到反映。

4.服务的对象

服务中的另一个问题是其对象是物还是人，例如，餐饮业服务的对象是人，而维修业的服务对象是物。在对以人为服务对象的项目进行评价时，人的意见左右着评价的结果，因此评价结果具有较大的不确定性。

5. 服务的提供

服务可由人或设备提供，也可以由两者共同提供。非劳动密集型服务项目通常需要较高的资本投入，在服务的采购阶段，可根据潜在供应商的资产能力和技术状况对其进行评估；在劳动密集型服务项目中，对于服务人员技术要求不高的服务项目比较注重效率最大化和成本最低化，对于服务人员技术要求高的服务项目则需要采购人员具备相关专业知识。

6. 服务需求的特性

服务需求可能是持续的，可能是分散的，也可能是定期的。持续性服务如24小时安全保障服务，可通过提供监督进程的环境作为检测服务质量的重要指标；分散性服务如设计之类的服务，需要加强服务提供过程各阶段的监控能力；定期服务是一项有规律的服务，可以根据需要进行改动。

7. 服务交付的特性

服务交付的地点和特性对服务的采购过程有很大的影响。如果服务的交付不在供应商所在地，则可能会面临许多问题，比如安全性问题、道路是否可通行问题等。这些问题需要在拟订合同时列出。

8. 服务的规范程度

服务的规范程度越高，客户需要提出的要求就越少，服务的不确定性也越少。对于定制要求较高的服务项目，由于采购商提出的服务需求会有很大的差异，需要最终用户的介入。

9. 提供服务所需的技术

提供不同的服务所需要的技术水平不同。对于技术含量低的服务，人们关注的焦点往往是价格；而对于技术含量高的服务，人们更看重技术人员的素质。专业程度较高的服务的成本通常比预想的要低一些，例如好的资讯建议可以使组织更加高效地运转，但在成本和收益评估结果之间做出选择比较困难。

（三）描述服务规格的方法

描述服务规格比描述产品规格更具挑战性，因为服务是无形的，难以量化。产品规格可通过尺寸、重量和材料等明确描述，而服务质量和效果往往难以界定，且依赖于人的因素，不同人的表现可能导致结果有一定差异。因此，需要将模糊术语转化为可量化的标准，以准确描述服务需求。

在描述服务时，应确保清晰明了，尽量用数据量化，并依据服务输出效果设定明确时间表。特别是对于无法存储的服务（如运输服务），必须提前规划，以便供应商有效组织服务。例如，季节性需求如"双十一"购物节的快递服务需要及时调整，以保证服务质量。

服务描述应包括服务规格、供应商能力要求、交付要求及其他相关信息。服务规格为服务提供商与客户的协议，涵盖服务内容、时间、地点、人员名单及响应时

间等。供应商能力要求包括对订单的响应能力和技术支持，确保满足采购方需求。交付要求涉及交货方式、期限、地点及包装形式等，合理的前置期和运输方式对及时交货至关重要。

此外，采购公司联系方式、法律法规要求和宏观政策等信息也应明确，以便于双方沟通，保证操作合规。最后，服务明细单可清晰展示服务要求、进程和结果，便于提升服务标准的清晰度和可理解性，从而有效管理服务规格，确保服务质量和效率。

项目任务
明确采购规格

任务描述

「任务情境」 A公司面向非洲提供物品递送服务。该公司依托国内快递网络和分布在广州市市区的五个营业网点揽收货物，通过埃塞俄比亚航空网络将商品运输至非洲目的地，再由当地合作伙伴实现"最后一公里"派送服务。

作为一家快递公司，A公司在运营过程中需要采购的产品或服务主要涉及以下几类：一是快递业务需要的物料，如包装箱、包装袋等包装材料，封箱胶纸、木架等耗材，快递面单、财务单据等单证；二是公司促销用的各种礼品；三是各类办公用品，如笔、打印纸等；四是各类物流配套服务，如市内运输服务、网点—转运中心—机场运输服务、报关报检服务、机场地勤作业服务等。

假设张文现担任材料主管职务，他的职责包括储存管理、生产服务、采购和运输管理。现在他需要对本公司所需的各类物料和服务规格进行界定，为采购服务需求提供评价标准和依据。

「任务要求」
①识别公司所需的物料与服务。
②描述产品与服务规格。
③查阅资料，帮助张文选择外部标准或内部标准以明确规格。

任务实施

「步骤1」 教师布置实训项目需要完成的任务。

「步骤2」 本着自愿原则，学生5～6人为一组，每组选出一名小组长，由组长进行任务分工、协调成员实训任务，并带领成员完成实训任务。

「步骤3」 识别产品与服务需求。

张文应结合公司采购需求，准确识别产品与服务需求。产品与服务需求包括生产性需求与非生产性需求。针对每种类别列出详细的需求清单。

「步骤4」 描述产品与服务规格。

张文应针对不同类别的需求，选用不同的规格描述方式。在产品需求方面，综合使用商品品牌和商标名称、商品编码、技术规格、构成规格等进行描述；在服务需求方面，使用服务需求描述框架对不同类别的服务进行描述。

「步骤5」 使用外部/内部标准描述需求规格。

张文要了解外部标准（标准体系）和内部标准的优势，产品与服务需求如已有外部标准，可以使用其进行需求描述；如没有相应标准，可以考虑协助公司建立内部标准。商品标准化的方法主要有简化、统一化、系列化、通用化、组合化、模数化等。

任务评价

层级	评价内容	满分	得分	自我评价
1	识别产品/服务需求	40		
2	描述产品/服务规格	40		
3	使用标准	20		

任务2　明确采购数量

任务目标

◆ 素养目标

· 加强成本控制意识，以精准分析促降本增效，明确采购的全局成本节约与增值角色。

· 增强职业自豪感，认识采购的协同效应，明确个人对企业成功的关键贡献。

· 锻炼分析与创造能力，确保采购高效执行，培养批判性思维及创新力。

· 提升数据处理能力，精准信息指导决策，优化资源与采购流程。

· 强化沟通与团队合作技巧，建立高效团队，共推项目与团队融合。

◆ 知识目标

· 了解采购需求的含义与类型。

· 掌握需求预测的定性分析方法。

- 掌握需求预测的定量分析方法。
- 掌握生产计划中的采购需求量。

◆ 能力目标
- 培养根据预测目标选择预测模型的能力。
- 培养使用定性分析方法开展需求预测的能力。
- 培养使用定量分析方法开展需求预测的能力。

一、采购需求概述

(一) 认识采购需求

采购需求是指对采购标的的特征加以描述。要进行采购就必须先清楚采购需求。好的采购需求能够合理、客观地反映采购对象的主要特征以及要求供应商响应的条件，符合适用原则、非歧视原则，并能够切合市场实际。这就要求我们清楚采购需求的来源。

采购需求的一项重要内容是技术规格，如质量、性能、功能、体积、符号、标志、工艺与方法等。技术规格一方面反映了采购的要求，对预算单位而言，这种要求往往是一种基本要求，另一方面是对供应商响应情况的评估依据。技术规格的编制是一项技术性非常强且相当耗时的工作，其编制的好坏直接影响整个项目的采购效果。

(二) 采购需求的来源

采购需求的来源主要有以下两个方面。

1. 现实需求

现实需求即客户以订单形式表现的对企业某种产品的需求。对于流通型企业而言，为满足客户需求，应立即筹划并采购产品，组织货源备货，按照订单要求提供客户所需的产品，由此产生企业对订单产品的采购需求；对于生产型企业而言，应立即安排生产，由此带动对生产订单产品所需的原材料、零部件或半成品的采购需求。

2. 潜在需求

潜在需求即客户能够对企业某种产品产生需求，只是这种需求还未以订单形式表现，需求数量的多少可以通过预测获得，但可能与实际需求量有一定的出入。不论哪种类型的企业，对这种需求都要谨慎对待，如果预测准确，各方得利；否则，己方受损。因此，对这种需求的满足具有一定的风险。

二、需求的类型及其特性

(一) 独立需求和相关需求

独立需求是指需求变化不受主观控制，其数量和出现概率是随机、不确定的，通常与其他物料需求无关，例如成品或维修件的需求。相对而言，相关需求（或非

独立需求）则是基于物料之间的结构关系，由独立需求引发的需求，如半成品、零部件和原材料等。

独立需求的数量和时间受外部因素决定，如客户订单、科研样品或售后维修备件。相关需求的数量和时间则与其他变量相互关联，可以通过数学关系推算得出。

对于企业而言，产品需求是独立变量，数量和时间难以准确预测，通常依赖相关预测方法。而在制品和所需原材料的需求则可通过产品结构和生产比例关系准确确定。具体物料的需求往往通过计算得出，而非单纯预测，其可能同时存在独立需求和相关需求。

（二）需求的特性

需求可能是连续的，也可能是间断的。如果需求是连续的，就可以利用一系列过去的需求数据对未来的需求进行预测；如果需求是间断的，则不能对其进行预测。

1. 趋势性

趋势性通常反映了一种连续的发展方向，它可能是恒定不变的，也可能表现为持续增长或减少（见图2-2）。但是，这种需求趋势在长时期内还是会发生变化的。

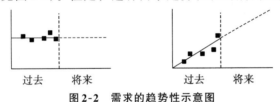

图2-2　需求的趋势性示意图

2. 周期性

周期性即需求随着商业周期（如经济增长或衰退）、产品生命周期等因素的变化，呈现出周期性的增长或降低的趋势（见图2-3）。

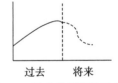

图2-3　需求的周期性示意图

3. 季节性

季节性即受季节性因素的影响，需求会在一段时间（如时、天、周、月、季、年等）出现高于或者低于平均水平的情形（见图2-4）。带来需求季节性变化的因素主要有天气情况、经常性事件（如节假日、财政年度的开始或结束）等。

4. 随机性

随机性是指受许多未知因素的影响而发生的不规则变化（见图2-5）。在不存在随机性辩护的情况下，需求预测相对容易。需求预测的方法主要针对的是需求变化性的规律，而不是偶然性的随机变化。

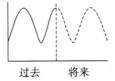

图2-4　需求的季节性示意图

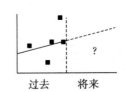

图2-5　需求的随机性示意图

三、需求预测的定性分析方法

（一）定性预测法

定性预测法也称经验判断法，其利用市场调查信息和预测者的知识与经验，对市场未来趋势进行估计。定性预测法强调分析影响市场行情的因素，能快速得出预测结果，但仍需收集数据并运用数学方法进行数量测算。

定性预测法的优点在于注重事物发展的性质，灵活性强，能充分发挥主观能动性，且操作简单、快捷、节省时间和成本。然而，其缺点也明显，即易受主观因素影响，过于依赖经验和判断，缺乏对事物发展数量的精确描述。

（二）专家意见法

专家意见法是指通过征求一些熟悉有关问题、具有丰富经验的专业人士的意见来预测需求的方法。例如，由市场、销售和产品管理部门人员组成的小组，可以对某一产品的销售量做出比较准确的预测。德尔菲法和情景分析法是专家意见法较为常见的两种形式。在没有历史数据或环境变化很快、历史数据不能反映未来需求趋势的情况下，可以使用专家意见法进行需求预测。例如，技术发展很快或产品处于生命周期的引入期时可采用专家意见法。

1. 德尔菲法

德尔菲法又称专家调查法，1946年由美国兰德公司创始实行。该方法是由企业组成一个专门的预测机构，其中包括若干专家和企业预测组织者，按照规定的程序，背靠背地征询专家对未来市场的意见或者判断，然后进行预测。

运用德尔菲法的流程包括匿名征求专家意见、整理和统计、匿名反馈，再次征求意见，反复循环，直至达成共识。德尔菲法的特点是匿名性、反馈性和统计性，选择合适的专家是关键。

德尔菲法的优点包括加快预测速度、节约费用，并能收集有价值的多元观点，适合长期预测和新产品预测，特别是在历史资料不足时。其缺点是对地区性顾客群或产品预测可能不可靠，责任分散，专家意见有时不够全面或实际。

2. 情景分析法

情景分析法又称脚本法或前景描述法，是假定某种现象或某种趋势将持续到未来的前提下，对预测对象可能出现的情况或引起的后果做出预测的方法。其结果包括最好的和最差的情况以及在两者之间最有可能出现的情况。

由于情景分析法不受任何条件限制，应用灵活，能充分调动预测人员的想象力，考虑得较全面，有利于决策者更客观地进行决策，所以其在制定经济政策、公司战略等方面有很好的应用。

（三）主观概率法

主观概率是人们凭经验或预感而估算出来的概率。主观概率与客观概率不同，客观概率是根据事件发展的客观性统计出来的一种概率。在很多情况下，人们没有办法计算事件发生的客观概率，而只能用主观概率来描述事件发生的概率。主观概率法一般由分析者对预测事件发生的概率做出主观估计，或者对事件变化动态做出一种心理评估，然后计算其平均值，以此作为市场预测的结论。运用主观概率法的步骤如下：准备相关资料—编制主观概率调查表—汇总整理—判断预测。

（四）厂长（经理）评判意见法

厂长（经理）评判意见法，就是由企业的负责人把与市场有关或者熟悉市场情况的各类负责人员和中层管理部门的负责人召集起来，让他们对未来的市场发展形势或某种市场问题发表意见，做出判断；然后将各种意见汇总起来，进行分析研究和综合处理；最后得出市场预测结果。

（五）推销人员估计法

推销人员估计法，就是将不同销售人员的估计值汇总起来，作为预测结果值。由于销售人员一般都很熟悉市场情况，因此这一方法具有一些显著的优势。

推销人员估计法的主要优点在于：推销人员熟悉市场，了解消费者购买意向，有更丰富的知识和更敏锐的洞察力；有利于调动各种积极因素；可获得较详细的销售量估计；可节省预测时间和预测费用。

推销人员估计法的主要缺点在于：推销人员的判断可能会过于乐观或过于悲观；一些推销人员不能正确地认识他们所面临的机会和威胁；推销人员可能会有意压低预测数字；很多推销人员对预测不感兴趣。

四、需求预测的定量分析方法

（一）定量分析方法概述

1. 定量分析法

定量分析法通过分析社会现象的数量特征、关系和变化，利用数量描述研究结果，具有实证性、明确性和客观性。其优点在于强调数量方面的分析，依据历史统计资料，较少受主观因素影响，但缺点是较为机械，难以处理波动性大的数据，预测能力有限。定性分析与定量分析应相辅相成，定性分析为定量分析提供基础，而定量分析增强定性分析的科学性与准确性。

2. 时间序列分析法

时间序列是将某一统计指标按时间顺序排列的序列，时间序列分析法是动态数据处理的统计方法，主要用于短期预测。该方法假设未来需求模式与过去一致，适用于市场条件相对稳定的情况。下文将对时间序列分析法进行具体介绍。

3.因果关系分析法

因果关系分析法用于判断事物间的因果关系，寻找未知原因。由于事物关系复杂，分析方法具有一定的概率性，因此常用线性回归分析法来量化因果关系。通过准确分析影响需求的变量及其影响程度，这一方法可有效预测未来需求。

（二）时间序列分析法

我们这里将分别运用直观法、移动平均法、移动加权平均法三种时间序列分析方法，对如图2-6所示的数据进行需求预测。此外，还会介绍指数平滑法的相关内容。

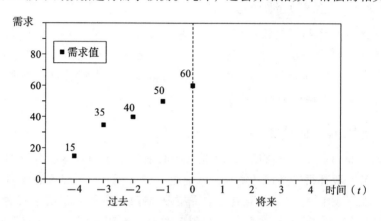

图2-6　原始的需求数据散点图

1.直观法

直观法是一种简单的需求预测方法。这种方法以过去数据为基础，根据这些数据的发展趋势，绘制出符合发展趋势的图形，从而在图形上显示将来某个时间点的需求值。结果如图2-7所示。

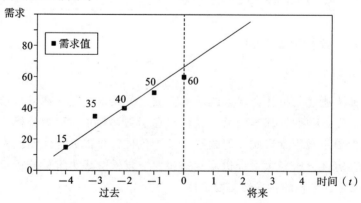

图2-7　直观法预测的数据散点图

当然，图中的趋势线预测数据也可以用数学方法计算出来（后文将进行相关介绍）。在这一案例中，过去的数据呈清晰的直线方向排列，所以绘制趋势图相对容易。在绘制直线时，仅需保证这些数据散点一半在直线上方，一半在直线下方，这样散点与直线之间距离的和就会相对平衡。

如果过去的需求数据分布很乱，则很难绘制出趋势线。采用这种方法，我们可以看出下期的需求预计为57。

2. 移动平均法

移动平均法是一种基础的数学预测方法。这种方法以若干时段为计算期（如以最近12期为计算期），每次通过吸收新一期的数据，删除最早一期的数据，使计算期向前推移，并求出该期间内时间序列的平均值作为下一期的预测值。这就是把这种方法称作"移动平均法"的原因。移动平均法适用于需求模式比较稳定的情况。

3. 移动加权平均法

移动加权平均法与移动平均法差不多，只是给予每个数据移动的权重。一般靠近预测期的数据权重最大，而离预测期远的数据权重小。这种方法侧重于近期的数据，如果需求呈增长或减少趋势时，采用这种方法可以提高预测的准确性。

移动加权平均法的计算公式为：$Y_{n=1} = \dfrac{\sum_{i=1}^{n} Y_i X_i}{\sum_{i=1}^{n} X_i}$。式中，$Y_i$表示第$i$期实际值；$X_i$表示第$i$期的权数（权数的和等于1）；$n$表示本期数。

用移动加权平均法求预测值，对近期的趋势反应较敏感，但如果一组数据受到明显的季节性影响，用移动加权平均法所得到的预测值可能会出现偏差。因此，有明显的季节性变化因素存在时，最好不要加权。

图2-8对直观法、移动平均法和移动加权平均法进行比较。从图中可以看出，当需求呈明显上升或下降趋势时，移动加权平均法的预测结果比移动平均法更准确一些，但是这两种方法都不能很准确地反映这种趋势，总是滞后于需求趋势。

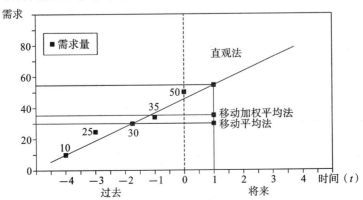

图2-8 直观法、移动平均法、移动加权平均法比较图

采用移动加权平均法进行需求预测时，预测结果滞后的程度取决于近期数据与远期数据权重的大小。尽管会出现趋势线上下波动的情形，但在需求趋势相对稳定时，运用移动平均法和移动加权平均法进行预测还是有效的。

4. 指数平滑法

指数平滑法与移动加权平均法大致相同，只是权数是从指数系列中选取。与移动加权平均法相比，指数平滑法不再需要重复计算每期的预测值。

利用这种方法进行下期需求预测的公式如下：下期需求预测值＝上期需求预测值＋α×上期需求预测值。其中，$0<\alpha<1$。上期需求预测误差值＝上期实际需求量－上期需求预测值，下期预测值＝上期需求预测值＋α×（上期实际需求量－上期需求预测值）。

在上述公式中，上期需求预测误差值经过给定的α调整后，可以用来预测下期的需求。

α的值一般在0.1到0.4之间，其值越大，表示近期需求的比重越大。但同时，α的值越大，就越会受到随机因素的影响，从而造成预测值不稳定。利用计算机对过去的需求数据进行处理，并且与过去的需求预测相比较，就可以发现使误差最小化的α值。

误差是指实际需求量持续低于或高于预测值。计算机处理系统利用检验公式可以发现并提醒预测值是否存在误差。而人工方法只能依靠预测者对原始数据进行检验，或将实际需求值与预测值进行对比，从而确定是否存在误差。

通常，提高α的值可以降低误差发生的程度，但还是有必要调整预测结果以消除未来的误差。当然，不管运用何种预测方法，误差都会产生。

我们举一个运用指数平滑法进行需求预测的例子。如表2-1所示，假定α的给定值为0.2，上期需求预测值为35，上期实际需求量为40，误差为+5。

表2-1 运用指数平滑法进行需求预测的算例（1）

时期（t）	1
上期需求预测值f_t	35
上期实际需求量d_t	40
预测误差（d_t-f_t）	+5
下期需求预测值f_{t+1}	36

表中的下期需求预测值就是根据指数平滑法的相关公式计算得出的：$f_{t+1}=f_t+\alpha(d_t-f_t)=35+0.2\times5=36$。

这个需求预测值在第2期中变成了上一期的预测值，如表2-2所示。这样重复循环下去。假定在第2期实际需求量为41，相应的预测误差为+5。

表2-2 运用指数平滑法进行需求预测的算例(2)

时期(t)	1	2
上期需求预测值f_t	35	36
上期实际需求量d_t	40	41
预测误差(d_t-f_t)	+5	+5
下期需求预测值f_{t+1}	36	37

下期需求预测值根据指数平滑法的相关公式计算得出：$f_{t+1}=f_t+\alpha(d_t-f_t)=36+0.2\times5=37$。

(三)利用计算机进行需求预测

更实质的偏差能够用更复杂的方程来表示，例如指数方程、对数方程和幂指方程等。这些方法将在后面进行阐述，如何运用这些方程不属于这里所要讨论的内容。

计算机分析系统提供了多种需求预测方法，预测者通过检验和比较可以找到最合适的预测方法。预测者只要对已获取的数据进行大量的测试和检验，就可以对某一产品某一时期的需求进行预测。这将有助于预测者发现哪种预测方法更适合于这些数据，并可以做出更好的预测。这样，预测者就可以集中精力运用最有效的预测方法了。

因为预测过程中有残差，所以并不是所有的预测都与实际需求精确地吻合。通过对一段时期内需求预测的残差进行计算，可以发现预测方程的拟合度，并可以根据需要进行调整。残差计算的公式将在下面列出。

通过公式计算以往数据，如果得出的R^2接近于1，表明所选择的自变量与需求（因变量）之间有很强的相关性；如果R^2接近于0，则表明它们之间几乎没有相关性，应剔除这一变量。

事实上，在多数情况下，我们选择一个可以完成任务的标准电子数据处理程序即可。

以下列举预测需求的几种模型。

1.线性回归方程

计算最小二乘拟合的直线。该直线由下述方程表示：$y=mx+b$。其中，m为斜率，b为截距。

2.多项式回归方程

计算最小二乘拟合的曲线。该曲线由下述方程表示：$y=b+c_1x+c_2x^2+c_3x^3+\cdots+c_6x^6$。其中，$b$和$c$是常数。

3.对数回归方程

计算最小二乘拟合的曲线。该曲线由下述方程表示：$y=c\ln x+b$。其中，c和b是常数，ln是对数符号。

4. 指数回归方程

计算最小二乘拟合的曲线。该曲线由下述方程表示：$y=ce^{bx}$。其中，c 和 b 是常数，e 是自然对数的底数。

5. 幂回归方程

计算最小二乘拟合的曲线。该曲线由下述方程表示：$y=cx^b$。其中，c 和 b 是常数。

6. 回归方程的拟合度 R^2

回归方程的拟合度 R^2 的计算公式为：$R^2=1-\dfrac{\text{SSE}}{\text{SST}}$。

需要注意的是，R^2 不是调整以后的值。对数回归方程、幂回归方程和指数回归方程是使用 Microsoft Excel 经过换算的回归模型。

7. 移动平均数

移动平均数的计算公式为：$F_t=(A_t+A_{t-1}+\cdots+A_{t-n+1})/n$。移动平均趋势线上点的数目等于一定时期所确认的较少数目的序列中点的总数。

如果预测者会使用统计分析软件，就既可以运用时间序列分析法，也可以运用因果关系分析法对数据进行处理，并做出需求预测。

运用时间序列分析法时，仅使用过去的需求数据就可以利用统计分析软件计算出将来的需求预测值。

运用因果关系分析法时，需要收集过去的需求量以及影响需求的自变量数据。有了这些数据和相关的自变量，就可以利用统计分析软件进行需求预测。

为了使预测值更精确、更实用，统计分析软件也可以对过去的季节性变动数据进行处理，然后将处理结果应用于趋势预测。

（四）需求预测的步骤

需求预测是一个不断猜测试错的过程，得出的结果通常太高或太低，预测的时期越长，预测需求误差通常也越大，如图 2-9 所示。

因此，应选择最有效的预测方法，并且预测的过程要尽可能系统化。为了保证预测结果反映最新情况，有必要对其进行经常性更新。一般情况下，预测结果每月更新一次。

需求预测主要有以下三个步骤：历史数据的收集与分析—增加决定性影响因素—采取相应的行动。

1. 历史数据的收集与分析

历史数据的收集主要针对过去的需求数据及其影响变量，对它们的分析是进行需求预测的基础。数据的真实性和有效性对预测准确性至关重要，例如，存货断档

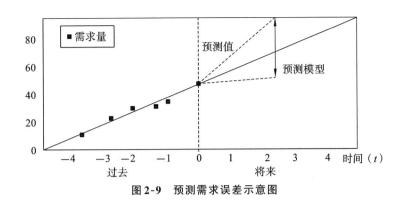

图 2-9 预测需求误差示意图

可能导致需求数为零,从而影响未来预测。为确保预测准确,数据需清晰明了。历史数据收集与分析的步骤包括选择数据来源、收集和审核数据、清理数据、选择预测方法并生成基础统计数据。

2.增加决定性影响因素

这一阶段涉及基础统计预测数据的调整。由于新情况(如技术变更、价格波动等)不断出现,所以过去的需求模型需要进行相应调整。决定性影响因素如市场变化可以帮助预测更加准确。增加这些因素的步骤包括识别可能影响需求的因素、评估其潜在影响并将其纳入基础统计预测数据之中。

3.采取相应的行动

需求预测的最后一步是根据预测结果采取管理措施。在这一步,需要分析实际需求与预测值之间的差距,改进预测过程。提高预测技巧的方法包括:定期比较实际值与预测值,识别差距原因,确认对策并根据改进后的预测方式采取管理措施以降低成本。

五、确定生产计划中的采购需求量

要进行采购,首先需要解决采购什么、采购多少及什么时候采购的问题。而要解决这一系列问题,就要先解决采购部门所服务的企业内部客户的需求是什么、需求量多少,以及什么时候需要的问题。在确定采购需求量时,采购人员要综合考虑企业各个时期的经营计划、销售计划、生产计划、物料消耗定额、物料需求报表等多种因素,综合运用采购需求量统计分析法、订货点采购数量确定法等。

(一)采购需求量统计分析法

采购需求量的分析要求需求部门按周期提交采购申请表(请购单),如表 2-3 所示。采购部门汇总需求,计算总的采购任务表,再根据此表制订采购计划。

表2-3 采购申请表样例

部门名称：		申请日期：	年 月 日	申请单编号：	
要求送达日期		年 月 日	送达地点：		
用途：				预计总成本	元
编号	品名		规格型号	数量	预计单价
送达事项：				检查事项：	
其他事宜					
部门主管 意见及签名		签名（盖章）：		日期：	年 月 日
采购计划主管 意见及签名		签名（盖章）：		日期：	年 月 日
采购经理 意见及签名		签名（盖章）：		日期：	年 月 日

这种方法操作简单，但存在明显的不足，比如：市场响应不灵敏，库存负担重、风险大。这种方法采购周期长（往往一月一次），采购批量大，供应时间长，如果市场需求变化快，就可能产生明显的呆料、废料等，而使用率低的物料，则可能变成库存负担。各部门还容易从"本位主义"出发，只考虑短期需求，这在无形中增加了采购成本。同时，层层上报的体系使得采购需求的汇总较为费时和困难。

现在，生产企业采购除零散采购需求之外，采购人员更多使用合适的需求分析法对企业整个生产流程中所需要的物料进行分析，确定物料的需求或依据实际情况使用经济的订货方式确定采购需求。

（二）订货点采购数量确定法

订货点采购即根据物料的再订货点安排物料需求计划，一旦存货量低于再订货点即进行补充采购的一种采购方式。当需求量或完成周期存在不确定性时，必须使用合适的安全库存来缓冲或补偿不确定因素。订货点采购数量＝采购提前期消耗量＋安全库存。

订货点采购是指由采购人员根据各个品种的需求量和订货提前期的长短，确定每个品种的订货点、订货批量及最高库存水准等，然后建立一种库存检查机制。当发现货物已到达订货点时，就要检查库存，发出订货申请。订货批量的大小根据相关标准确定。

订货点采购的基本内容包括"HWH"三个方面：一是如何（how）订货，即确

定订货的方法；二是什么时候（when）订货，即确定订货时间点；三是每次订多少（how many），即确定订货数量。

订货点采购数量确定法包括两大类采购方法：一类是定量订货控制法，另一类是定期订货控制法。

1. 定量订货控制法

定量订货控制法（fixed quantity system，FQS），也称订购点控制法，是预先确定一个订货点和一个订货批量，然后随时检查库存，当库存下降到订货点时，就发出订货信息，订货批量的大小每次都等于规定的订货批量。这样程序化地启动订货，反复运行。定量订货控制法的关键是正确确定订货批量和订购点。订货批量一般采用经济订货批量（EOQ）模型。订购点的确定则取决于对备用时间的准确计算和对保险库存量（安全库存量）的合理确定。安全库存量是为了满足备运时间需要量的变化而建立的，这里备运时间需要量的变化既包括误期到货而增加的需要，也包括备运时间内需求率（物品消耗速度）加大而增加的需要。保险库存量一般用保险天数（安全天数）来表示。

定量订货控制法的模型如图2-10所示。

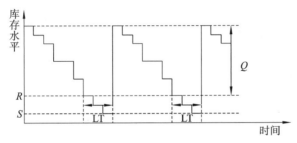

图2-10 定量订货控制法的模型

定量订货控制法的原则是实现库存费用和采购费用总和最低。

（1）订货点的计算

订货点计算公式为：订货点＝日需求率（平均每天耗用量所占比例）×供货周期。如果企业每天的货物耗用量均匀或固定不变，并且到货间隔期可预知，那么该公式成立。考虑安全库存量这一因素，对上述公式进行修正。修正后的订货点计算公式为：订货点＝日需求率（平均每天耗用量所占比例）×供货周期＋安全库存量。其中，安全库存量＝（预计最大消耗量－平均消耗量）×采购提前期。

（2）经济订货批量（EOQ）模型数量计算

经济订货批量就是通过平衡采购进货成本和保管仓储成本，确定一个最佳的订货数量来实现最低的总库存成本。经济订货批量模型的目标就是使所考虑物料的相关年度总成本最低。经济订货批量模型通过对材料进货的数量和订货次数进行控制来保证每次订货成本和维持成本的动态平衡，实现低成本高收益的目的。经济订货批量模型如图2-11所示。

经济订货批量模型基于以下一些基本假设：企业能随时补充存货；是集中到货，而不是陆续入库；不允许缺货，无缺货成本；在一定时期内，存货需求量稳定并确知；存货单价不变，且不考虑现金折扣；企业现金充足，不会因现金短缺影响进货；在订货周期内，所有相关成本没有太大变化；存货市场供应充足，不会因买不到存货而受影响；该项物资需求是独立的，不与其他物资一起享受联合采购优惠。

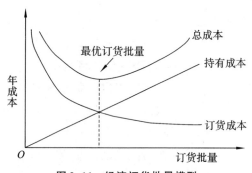

图 2-11　经济订货批量模型

经济订货批量模型又称整批间隔进货模型，其以存货总成本最小的经济原则来确定订货批量。存货总成本＝订货费用＋保管费用＋购入物资本身的费用。其中，订货费用包括采购手续费用（如人工费、通信联络费等）、验收费用（如验收人工费、检验仪器租用费和折旧费）、进库费用、装卸搬运费等，以及采购过程中的其他费用（如估价、询价、招标和谈判等费用）。保管费用包括资金占用费、仓储费、折旧与损耗费、保险费等。

可以用公式表示如下：$TC = D \times P + D \times (C/Q) + P \times F \times (Q/2)$。其中，$TC$ 为年成本，D 为年需求量，P 为产品单价，C 为订货成本，Q 为每批订货量，K 为年持有成本，$Q/2$ 为年均持有量，$K/2$ 为每年每单位商品的持有成本，F 为年持有成本率，$K = P \times F$。

为了获得总成本最小的 Q，即经济订货批量，用 TC 对 Q 求导，得到：$EOQ = \dfrac{\sqrt{2DC}}{\sqrt{K}}$。

其实，直接进行数学计算并不复杂，但在实际应用过程中，只有正确理解各项参数的含义，才能收集更为准确的数据，避免产生不必要的偏差。

牢固掌握 EOQ 公式及其应用，能在工作中给予预测者很大的帮助，亦可帮助企业获得巨大的效益。但切忌凭死记硬背而盲目应用，这样反而可能增加了成本。

假定某企业的某材料年需求量 D 为 3000 吨，一次订货费用为 10000 元，该种材料的单价 P 为 1000 元，该材料的储存变动成本（即年持有成本率 F）为 0.2 元，如果供货商承诺一次订购 700 吨，价格可以优惠 2%。在这种情况下，应按 EOQ 订货，还是按 700 吨的折扣批量订货？

若按 EOQ 订货，根据 $EOQ = \dfrac{\sqrt{2DC}}{\sqrt{K}}$，得到订货数量为 548 吨。

按 EOQ 订货的总成本 C_1 计算如下（结果保留整数，下同）：

$C_1=1000×3000+（3000÷547）×10000+1/2×548×1000×0.2=3109645$（元）

按700吨的折扣批量订货的总成本C_2计算如下：

$C_2=980×3000+（3000÷700）×10000+1/2×700×980×0.2=3051457$（元）

$C_2<C_1$，故按700吨的折扣批量订货从经济上而言比较合理。

此外，还要考虑定量订货控制法的特点，订货点不变，即订购批量不变，而订货间隔期不定。

所以，定量订货控制法适用于品种数量少、平均占用资金大且需要重点管理的A类商品。

2.定期订货控制法

定期订货控制法（fixed interval system，FIS）也称固定订购周期法，是按预先确定的订货时间间隔进行订货以补充库存的库存控制方法。

与定量订货控制法相比，定期订货控制法不必严格跟踪库存水平，节省了库存登记费用和盘点时间。对于价值较低的商品可以大批量购买，也不必关心日常库存量，只需要定期补充库存。定期订货控制法的模型如图2-12所示。

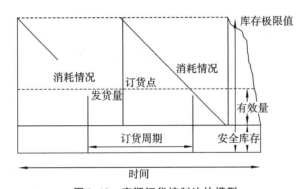

图2-12 定期订货控制法的模型

（1）订货间隔期的确定

通过前文对经济订货批量模型的学习可以知道，某货物全年的订货次数n计算公式为：$n=D/Q_0$。订货间隔期T如果用年来示，则为订货次数的倒数，其计算公式为$T=Q_0/D$。其中，D为年需求量，以单位计；Q_0是经济订货批量，以单位计；n是全年订货次数，单位为"次/年"；T是订货间隔期，单位为"年/次"。

（2）最大库存量和每次订货批量的确定

定期订货控制法所需要考虑的第二个关键问题是计算最大库存量。这是自动确定每次订货批量的基础。最大库存量应满足三个方面的要求，即订货间隔期的要求、供货周期的要求和安全库存的要求。其计算公式为：$M=r×(L+T)+S$。其中，M为最大库存量，以单位计；r为日需求率，单位为"单位/日"；L为供货周期，单位为"日"；T为订货间隔期，单位为"日"；S为安全库存，以单位计。

最大库存量确定后，每次的订货批量也随之确定，计算公式为：$Q=r×(L+$

T)$+S-Q_1-Q_2+Q_3$。其中，Q为每次的订货批量，以"单位"计；r为日需求率，单位为"单位/日"；L为供货周期，单位为"日"；T为订货间隔期，单位为"日"；S为安全库存，以"单位"计；Q_1为现有库存量，以"单位"计；Q_2为在途库存量，以"单位"计；Q_3为顾客延迟购买量，以"单位"计。

下面据此进行一些计算。假设某种物料的订购周期为10天，每日需求量为20吨，保险储备定额为200吨。如果企业采用定期订货控制法采购，每30天订购一次，订购当日的现有库存量为450吨，顾客延迟购买量为45吨，求订购批量；若采用定量订货控制法采购，试确定其订货点。

首先计算采用定期订货控制法的订货批量：$Q=r\times(L+T)+S-Q_1-Q_2+Q_3$ $=20\times(10+30)+200-450-45=505$（吨）。之后，计算采用定量订货控制法采购时的订货点：$Q=r\times L+S=20\times 10+200=400$（吨）。

定期订货控制法的特点为订货间隔期不变，订购货物量不定。其适用于品种数量大、平均占用资金少、只需一般管理的B类和C类商品。

预测新车上市后的需求量和交付量

任务描述

「任务情境」 新能源汽车企业XP公司计划面向市场推出两款新车MY与XS。MY车型是MS的改良款，XS车型是XP公司新研发的高端车型。XP公司依靠供应链采购所需的零部件，在常州的生产基地进行总装。两款车型的部分物料清单如表2-4所示。MS车型过去六个月的销售量如表2-5所示。

表2-4 MY与XS车型物料清单

MY车型			XS车型		
物料名称	规格	数量	物料名称	规格	数量
电池模组	Li-ion-Battery-Module-A123	1	电池模组	Li-ion-Battery-Module-A420	1
电动机	Electric-Motor-EM-101	1	电动机	Electric-Motor-EM-201	1
车身框架	Vehicle-Body-Frame-VBF-A010	1	车身框架	Vehicle-Body-Frame-VBF-A010	1
悬挂系统	Suspension-System-SS-D111	4	悬挂系统	Suspension-System-SS-D111	4
轮胎	Vehicle-Tires-Set-VTS-U116	5	轮胎	Vehicle-Tires-Set-VTS-U116	5

续表

	MY 车型			XS 车型	
安全气囊	Airbag-System-AS-W117	6	安全气囊	Airbag-System-AS-W117	8
座椅	Vehicle-Seats-VS-G112	2	座椅	Vehicle-Seats-VS-G312	4
后视镜	Rearview-Mirrors-RM-4120	2	后视镜	Rearview-Mirrors-RM-6120	2

注：上述数据仅供测算，不具有真实意义。

表2-5　MS车型过去六个月的销售量

月份	1	2	3	4	5	6
销售量（台）	5200	6000	7000	7100	7500	8600

「任务要求」

XP公司采用预售模式，新车发布会后开启预售。考虑到公司的供应链有三个月的提前期，XP公司需要提前三个月对新车上市后每个月的需求量和交付量进行预测，并协同供应链满足总装厂装配需求。为此，公司要求采购部针对物料清单中的物料需求编制采购计划。

任务实施

「步骤1」　教师布置实训项目需要完成的任务。

「步骤2」　本着自愿原则，学生5~6人为一组，每组选出一名小组长，由组长进行任务分工、协调成员实训任务，并带领成员完成实训任务。

「步骤3」　选择预测方法。

对MY和XS车型选用适用的预测方法，MY车型有历史数据参考，可以使用定量分析方法；而XS车型为新款车型，缺乏历史数据支持，适用定性分析方法。

「步骤4」　执行预测。

可以试着使用移动平均法、指数平滑法和线性回归方程分别对MY车型进行预测并对比预测结果。XS车型可以使用德尔菲法等进行预测。

「步骤5」　计算物料月需求量。

根据整车预测结果（将预测结果作为整车需求），按照BOM结构测算不同物料的月需求量。

「步骤6」　编制采购计划。

根据物料测算结果，考虑在提前期编制物料采购计划。

任务评价

层级	评价内容	满分	得分	自我评价
1	选择预测方法	20		

续表

层级	评价内容	满分	得分	自我评价
2	执行预测	30		
3	计算物料月需求量	30		
4	编制采购计划	20		

任务3　明确交付方式

◆ 素养目标

·增强成本意识，了解不同交付方式对控制成本和优化效率的作用，选择一定的策略实现资源的高效利用。

·提升对采购职业的认同感，理解其跨部门协同价值及对企业增值的贡献，明确采购角色的重要性。

·提升沟通艺术，确保与供应商高效协同，聚焦前置期与交货控制，实现供应链优化。

◆ 知识目标

·了解采购中识别需求交付时间、收货控制、交付条件的重要性。

·熟悉供需双方不同的前置期概念。

·掌握催交的方法。

·掌握收货管理的流程与步骤。

◆ 能力目标

·培养测算供需双方前置期、做好交货时间管理的能力。

·培养结合实际做好收货管理与运输交货进度控制的能力。

能迅速、准确地对客户需求做出反应的企业与其他企业相比更可能获得订单，时间成本是决定供应商选择的一个主要因素。如果企业尝试通过提高能力来满足客户的需求，那么其自然会要求自己的供应商给予更高程度的响应。寻求与能迅速做出响应的供应商进行合作，能够让企业更经济地为客户提供高水平的服务。

一、按时交付

按时交付是采购的重要目标，延迟交货会导致销售失败、生产停滞及客户不满，甚至损害企业效率和利润。为了确保按时交付，采购人员需要充分沟通前置期和相关信息，并让供应商信任他们会按协议付款。大多数采购人员对交付时间感到满意，视迟交为例外，但供应商有时会报出不切实际的交付日期，这可能是获取订单的某种策略或为了表明合作的诚意。

实现按时交付的首要步骤是准确确定需求和交付时间，通常由与物料相关的部门制定需求进度。需求日期的确认需考虑供应商的前置期，并与相关部门和供应商达成共识。还要确保供应商了解按时交付是获得合同的条件，并在选择供应商时重视其交付绩效。

如果订单的到期日准确，可以用于检测供应商的按时交付情况，并作为谈判的基础。一旦供应商意识到按时交付的重要性，按时交付率可高达94%。评估交付绩效时，可确认评估周期内落后交付的百分比，并结合交付延迟的时间和数量，采用权重法等方法，以促使供应商按时交付并优先选择能达到交付要求的供应商。

 二、前置期

交付的适当时间与企业的库存策略密切相关，货物必须按时到达，不能晚于生产或交货截止日期。若采购部门设定的截止日期较晚或供应商交付延迟，可能导致生产瓶颈、增加等待和替代供应的成本，以及延迟交付造成的信任和声誉损失。

企业将对客户需求的响应性视为竞争优势，而时间是关键因素。合适的交付时间涉及供应链的响应速度和灵活性。若企业能迅速满足客户订单和市场变化，将能够提供更快的产品投放和定制服务。

前置期在需求管理和库存补货中具有不同含义，采购人员要理解获取货物的总前置期，包括内部前置期（从需求识别到采购订单发出）和外部前置期（从供应商接单到交货）。总前置期是这两者之和，适用于计划合适的货物获取时间。

不同交易方（用户、采购者、供应商）对前置期的理解可能不同，因此在讨论时需要统一认识。例如，供应商提到的六周前置期可能仅指生产时间，而用户则需考虑额外的准备和验收时间。此外，送货、货物可用性及使用之间也存在滞后时间，需予以考虑。

 三、供应商的前置期

供应商报出的前置期可能不准确，因此需要对其进行检验，以确保其具备足够的生产能力、可靠的交货历史、有效的生产计划和适当的供应战略。这包括保持足够的库存和灵活的供应基础。

切合实际的总前置期是采购工作顺利进行的基础。若买方希望缩短前置期以获

得紧急供应或提升供应链响应性，可以考虑以下方法：一是对优先或紧急订单提供激励性价格，促使供应商快速交货；二是简化交易和信息共享流程，与长期供应伙伴集成信息系统；三是与内外部供应链伙伴协作，减少时间浪费，避免不必要的运输和搬运；四是与供应伙伴谈判，让其持有预加工和在制品库存。

四、催交

采购部门在确保按时交付方面经常采用催交手段，但催交本身并不能为企业创造价值。许多企业的目标是避免催交，通过有效的合同管理和主动沟通来预防延迟交付问题的发生，从而提升买卖双方的伙伴关系。

在实施催交时，首先需要确定催交的优先级。可以设计一个基于点数的系统，合理评估需要催交的合同或订单的优先级。设计时应考虑多个因素，包括供应商的供应记录、声誉和合作历史，以及延迟交付可能造成的后果和物料的重要性。物料可分为高优先级（如原材料和关键部件）、中优先级（如标准元件和设备）和低优先级（如办公用品等）。

催交工作通常由采购人员负责，他们与供应商建立合作关系以应对交付时间的问题。有些企业设有专门的催交部门，负责协调催交活动，确保与供应商的沟通顺畅。催交组的设置可以根据企业的具体需求进行灵活调整，以便更有效地管理催交任务。通过合理组织催交工作，企业可以在一定程度上降低延误风险，提高供应链的效率。

五、采购收货

（一）采购收货过程

采购收货过程就是将采购的货物从供应商手中转移到需求地的过程。采购收货过程包括三个方面的内容，即物流过程、物资占用资金的转移过程和采购物资所有权的实质性转移过程。

1. 物流过程

物流过程是采购物资从供应地转移到需求地的实体转移过程，这中间要经历包装、装卸、搬运、运输、储存、流通加工等各种物流活动。如果物流方或物流路径选择不合理，就会造成费用的增加。

2. 物资占用资金的转移过程

所有采购物资都是货币的载体，占用着流动资金，企业需要承担资金成本。

3. 采购物资所有权的实质性转移过程

交付过程中发生的物资交接是物资所有权的实质性转移。如果在交接时，项目采购部门不认真验收，就可能造成数量欠缺、质量不好、物资破损，为企业带来一定的损失。

（二）收货管理的目标

整个收货管理过程是一个系统性工程，涉及多种因素，因此必须对整个过程进行认真的策划，妥善组织各种资源，进行统一的指挥、协调和控制。收货管理主要有七大目标，如表2-6所示。

表2-6 收货管理的目标

序号	目标	具体说明
1	保量	保证收货的品种数量准确无误，做到不出现少发、丢失、遗失、损坏等差错
2	保质	保证收货的品种质量符合要求，收货途中不发生碰撞损坏、不淋雨、不受潮、不霉变等
3	保安全	防止途中发生安全事故
4	保时间	力求按时到货，争取在途中不耽误、不拖延
5	保环境	确保运输途中不危害环境。控制运输工具的污染源、对运输或转运环节产生的废弃物要妥善处理，对汽车尾气、噪声及其他污染物要严格控制
6	省费用	精心策划，选择最优的运输方式和路径，力求运输总费用最低
7	无隐患	收货途中要和各种环境、各种人物、各种情况打交道，因此要妥善处理和供应商、运输服务商、作业人员以及有关部门的关系，解决各种矛盾

（三）收货管理的步骤

采购部门应根据采购合同规定的交货条件进行收货管理，可以分为以下几个步骤。

1.制订交货计划

制订交货计划就是选择交货方式、运输方式、运输路径和运输商。这是收货管理最重要的工作。在制订项目的采购计划时，要在充分调查了解供应商的基础上，策划收货方案、制订交货计划。

2.与供应商签合同

在订货合同中要写明交货条款，主要内容应当包括交货方式选择、交货进度计划、责任承担方式、双方的责任和权利等。

3.按合同规定的交货方式组织实施

在订货合同签订以后，就可以按合同规定的交货方式组织实施了。常见的交货方式包括供应商送货、委托运输或外包、自提等。不同交货方式的具体操作要领也不同，具体如表2-7所示。

表2-7　不同交货方式的具体操作要领

序号	交货方式	操作要领
1	供应商送货	采购部门应按交货进度计划要求，督促供应商落实交货计划，包括组织人力、物力、财力，制定落实措施，准备货物，初步查验货物质量和数量，准备运输工具，监督包装和搬运等。每一项活动都要落实，直到发货
2	委托运输或外包	采购部门需要督促供应商找到具有相关资质的第三方运输服务商，从签订合同、领货、验货、交货、监督包装、装运到发车，都要认真组织和指挥
3	自提	如果是采购部门自提，需要认真组织有关作业部门、作业人员进行操作，牢牢掌握操作技巧，认真部署每一步，自身承担全部费用和风险

4. 控制

采购部门在组织指挥各项活动时，要采取各种方式加强对整个交货过程各种作业的控制，以使各种作业按照预定的计划进度和目标进行，保证按时、安全到货，从而降低交货成本、降低运输风险。

六、运输交货进度的控制

运输交货进度的控制包括交货方式的控制、运输方式的控制、运输线路的控制及运输服务商的控制等。

（一）交货方式的控制

1. 供应商送货

供应商送货即供应商负责将物料送到企业仓库。采购方只需要与供应商进行一次交接验收工作，就可以完成此次采购任务了。

2. 托运

托运即委托运输，由供应商委托一家运输公司，把物料送到采购方手中。如果运输的货物出现差错或损坏，需要取得运输服务商的认证，并且和供应商联系，洽商补货、退赔等事宜。

3. 外包

外包即采购方向供应商下订单以后，由采购方把运输交货外包给第三方物流企业或运输服务商。这时采购方要进行两次交接、两次验货——和供应商交接验货一次，和运输服务商交接验货一次，并且要根据与供应商签订合同的情况，决定是否承担运输损失和运输风险。

4. 自提

自提是采购方自己带车到供应商处去提货，自己承担运输交货业务。这种方式要和供应商进行一次交接、一次验货。

这四种方式中，最方便的是第一种，风险最大的是第四种。

（二）运输方式的控制

运输交货时间长短与运输方法的选择有很大的关系。可供选择的常用运输方式有四种，包括铁路、公路、水路和航空运输。运输方式的控制要考虑的因素主要有运量、运距、交通条件、物料性质、时间限制等。

综合考虑以上几种因素，一般大宗物料、长途运输适合铁路运输；短距离急需品运输适合公路运输；长途、少量、贵重品、急需品适合航空运输；大宗物料、靠近水路适合水路运输。

（三）运输线路的控制

运输方式确定后，就要确定运输的最优路径，以节省运输费用和运输时间。在简单的情况下，可以用人工计算的方法求出运输的最短路径；在复杂情况下，需要用网络图模型求出运输的最短路径。

（四）运输服务商的控制

运输方式确定后，就要选择运输服务商。一定要选择正规、有资质、有实力、服务好的运输企业，以避免运输风险。

计算采购下单时间与采购次数

📋 任务描述

「任务情境」 新能源汽车企业 XP 公司计划面向市场推出两款新车 MY 与 XS。MY 车型是 MS 的改良款，XS 车型是 XP 公司新研发的高端车型。XP 公司依靠供应链采购所需的零部件，在常州的生产基地进行总装。两款车型未来 6 个月的生产计划如表 2-8 所示。

表 2-8　MY 车型与 XS 车型未来 6 个月的生产计划　　　　（单位：台）

月份	7	8	9	10	11	12
MY 车型	9000	9000	9000	12000	12000	12000
XS 车型	4500	4500	4500	3000	3000	3000

相关车型总装所需的部分物料及供应商信息如表 2-9 所示。

表2-9　部分物料及供应商信息

物料	规格	供应商	订单处理时间（天）	运输时间（天）	起订量（个）	订购批量（个）
电池模组	Li-ion-Battery-Module-A123	CATL	20	5	1000	500
电池模组	Li-ion-Battery-Module-A420	LG Chem	15	6	2000	500
轮胎	Vehicle-Tires-Set-VTS-U116	GZLT	90	12	3000	1000
轮胎	Vehicle-Tires-Set-VTS-U116	MICHELIN	120	10	5000	1000
安全气囊	Airbag-System-AS-W117	Denso	14	40	5000	2000
安全气囊	Airbag-System-AS-W117	Autoliv	21	35	7000	3000

注：上述数据仅供测算，不具有真实意义，为便于计算，每个月按30天计算。

「任务要求」 XP公司采购部门选用双源供应策略，将每个月的采购需求平均分配给两家供应商。为了保证生产的连续性，生产部门要求每月的安全库存量不低于当月每日需求量的3倍，假设各物料现有可用库存即安全库存量为零。仓储部门要求每种物料的最高持有量不能超过当月日均需求量的10倍（含安全库存量）。请根据给定数据，测算每种物料的不同供应商的订单下达时间与交付次数。

任务实施

「步骤1」 教师布置实训项目需要完成的任务。

「步骤2」 本着自愿原则，学生5~6人为一组，每组选出一名小组长，由组长进行任务分工、协调成员实训任务，并带领成员完成实训任务。

「步骤3」 计算每种物料每月需求量。

根据MY和XS两款车型的生产计划，根据物料清单，计算每种物料的需求量。在计算过程中，考虑到每个月的不同产能、不同物料需求，以及不同安全库存量。

「步骤4」 计算每种物料每个供应商的月需求量。

根据物料月需求量，计算每个供应商的月需求量。

「步骤5」 计算每种物料的前置期与单次采购量。

将不同物料、不同供应商的订单处理时间与运输时间进行综合考虑，计算前置期，倒推采购下单时间。根据每个供应商的月需求量，计算安全库存量和库存上限，根据起订量和订购批量计算单次采购量。

「步骤6」 计算采购下单时间与采购次数。

根据上述计算结果，计算采购下单时间与采购次数。

任务评价

层级	评价内容	满分	得分	自我评价
1	计算每种物料的月需求量	20		
2	计算每种物料每个供应商的月需求量	30		
3	计算每种物料的前置期与单次采购量	30		
4	计算采购下单时间与采购次数	20		

任务4 明确供应商服务与响应

任务目标

◆ 素养目标

·增强合作精神,了解与供应商紧密沟通的必要性,促进信息畅通及成本效益提升,确保采购高效运行。

·形成法治思维,加深对政策法规的理解,确保采购活动合法合规,提升风险防控能力,积极维护企业利益,树立正面的职业形象。

·提升沟通艺术,在与供应商的互动中建立稳定的合作关系,实现双方合作双赢。

◆ 知识目标

·识别供应商履职所需的必备信息。

·掌握采购人员早期参与的价值与方法。

·掌握供应商不能履行义务时的纠正措施。

◆ 能力目标

·培养推动采购人员早期参与项目的能力。

·培养推动供应商早期参与项目的能力。

·培养识别供应商的服务和响应能力。

很多人认为,大部分采购决策与选择正确的供应商有关。如果供应商选择正确,那么采购方的需求就能完全得到满足,并获得所需产品或服务。优秀的供

应商能够满足采购方的服务与响应要求，其一般具备如下品质：按时交付；提供的产品或服务质量稳定；报出的价格合理；背景稳定；能提供良好的服务支持；对采购方的需求能做出迅速回应；信守承诺；能提供技术支持；使采购方了解进展情况。

一、供应商服务与相应政策

（一）制定规格

规格是指对产品或服务供应所要满足的要求的说明，其对相关要求进行界定，促使利益相关者（包括采购人员和用户）认真考虑自己真正需要的是什么、是否采用了最节约成本或最增值的方案。

采购方将规格要求清晰地传达给供应商，有可能借助供应商的专长获得创新的、更低成本的解决方案以满足自身要求。在制定规格之前，可以与供应商讨论潜在的解决方案，或者将预审合格的供应商介绍给设计团队（供应商早期参与），供应商会反过来促进技术规格的制定。

人们常常以为规格针对的就是具有合适质量的合适产品或服务，但其实它也可能包含"五个合适"要求的其他内容，如要求的数量、要求何时交货、交货到哪里等。

（二）有效规格

有效规格具有如下特点：非常清晰明白地指出要求是什么；简洁（规格越简洁，准备所花费的时间和成本就越少）；全面；遵守所有相关的国家标准或国际标准，如健康、安全和环境方面的法律法规；最新（反映流行的设计方案、紧跟市场发展）；用所有关键利益相关者可以理解的术语进行表达；进行价值分析，每一个附加的要求都会使价格上升，所以包括能增值的要求很重要。

（三）采购人员早期参与

制定规格的主要目的是明确采购方的要求，使供应商了解履行采购合同所需进行的工作。从法律层面讲，如果供应商提供的货物不符合规格，采购方有权拒收和拒绝付款。规格应清晰展示采购方的要求、可接受的公差，并表明不接受任何替代品或变化。

因此，采购人员应早期参与规格制定过程（EBI），而非仅将用户的规格转化为采购订单。在此过程中，采购人员可以为产品开发团队提供咨询服务，参与项目团队，协助自制或外购决策，制定供应商参与和内部采购政策，跟踪市场技术发展情况，预选供应商，管理供应商关系，并催促样品和原型的获取。

此外，采购人员还应提供关于新产品和技术的信息，推荐更具价值的替代供应商或产品，评估产品设计的可行性，并推动标准化、种类减少和简化。

一般来讲，采购人员在规格制定过程中的作用包括以下几点。

1. 理解用户的需要

可以在必要时质疑用户要求（由于其是采购中的首要利益相关者），以避免规定过细，并且有助于减少种类、降低成本。

2. 与用户联络

与用户共同制定规格（增加商业诀窍和专业知识），确保合同签署之前用户同意最终的规格、用户部门沟通采购策略（如使用按需分批发货采购合同或框架协议）与用户合作，监督并测量所交付产品或服务是否与规格相符。

3. 将公差最小化

确保公差尽可能降低，与增加的价值和引发的成本相一致，从而促进质量管理。

4. 理解规格要求的法律含义

保证规格及以其为基础的合同准确、完整地表达了用户要求（将法律争端和合同变更的风险降至最低），将没有实现相关性能的法律责任转移给供应商。

（四）供应商早期参与

供应商早期参与（ESI）是指企业在产品或服务开发初期邀请合格的供应商参与，旨在让他们提出改进建议和降低生产成本的方案，利用其技术专长。例如，供应商可以对设计提出建设性意见，推荐替代材料或制造方法。企业需明确供应商的参与程度和时间安排，一般越早安排供应商参与，越能减少机会成本。

然而，ESI也存在一些潜在缺点，如可能导致产品设计过于依赖某一供应商的能力，限制了采购方的选择。如果该供应商的产品质量下降或市场上出现更好的替代供应商，企业将面临困境。此外，早期参与可能引发保密性和安全性问题，增加产品计划泄露的风险。

尽管如此，ESI还是能为采购方带来诸多好处，这突出表现为供应商作为"专家"，能在新想法、材料选择、制造方法和成本预测等方面提供重要建议。从短期来看，ESI有助于提升技术规格的精确性和产品质量、缩短开发时间、降低成本；从长期来看，ESI有助于建立与优秀供应商的长期伙伴关系，加深对市场技术发展的理解。

供应商将成为客户团队的一部分，现代价值流和供应链理念要求企业之间紧密合作。供应商早期参与包括确认设计和开发活动中的利益相关者，组织跨职能活动以解决质量和客户需求方面的问题，促进外部利益相关者的参与，以及开发合适的信息系统和电子商务手段，以协调计划实施和物料交付。

（五）制定规格需要考虑的因素

制定规格时需要考虑多种影响因素，包括企业内部政策、其他内部因素、法律法规和利益相关者，以确定最低可接受的实践标准。

首先，企业内部政策涵盖遵循法律法规、职业准则、环保要求、社会责任、供

应源搜寻、质量、成本和定价等方面。这些政策会影响规格的制定过程。

其次，其他内部因素如企业管理文化、组织结构和预算控制也会影响规格制定。企业的价值观可能决定规格是自上而下还是合作制定，组织结构则影响跨职能部门的参与程度。

再次，法律法规方面，规格制定必须符合健康、安全、消费者保护等法律法规要求，包括产品安全标准、危害物质的控制及环保法规。采购方需提醒团队和供应商注意相关法律法规要求，并对供应商进行合规性检查。

最后，规格制定涉及多方利益相关者，包括内部的设计师、用户和采购人员，以及外部的供应商和监管机构。由于各方利益不同，需要统筹兼顾，确保各方需求得到满足。

二、供应商不能履行义务时的纠正措施

在采购方与供应商的合作中，尽管关系密切，合同履行仍可能出现问题。因此，双方需认可问题处理程序，以确保有效合作并及时解决潜在问题。

合同中应明确纠正措施，尤其是在绩效未达标时。采购方的应对措施应与供应商的绩效偏离程度相匹配，合同可规定"违约赔偿"条款，并建立相关计算和实施程序。问题可能源于个性冲突、发票处理不当或付款延迟等因素。

若争端无法在初级层面解决，应将问题升级至高级管理者，升级程序应与双方接口层级相匹配，以便在最低层级处理问题。对于严重问题，合同中应有相关条款允许企业终止合同。

大多数问题应在恶化前解决，双方的合同管理人员应定期沟通，讨论客户反馈和投诉。在极端情况下，若无法达成协议，双方应寻求调停者的帮助，并明确正式争议解决程序的启动方式。

三、识别供应商履职所需的必备信息

服务可以由"在场的供应商"或"不在场的供应商"提供。大多数企业在日常服务（如餐饮、清洁和安全服务）中，需要供应商员工在场。这涉及采购方对监督、安全性、保密性和有效性的预估。此外，银行、保险和信用评级等服务需在供应商处进行，而运输服务则要求供应商在特定时间内在场。因此，将这些需求纳入采购说明，有助于供应商理解要求。

采购方有时需要选择服务供应商的在场性，例如在商定旅游安排时，企业可能要求供应商在客户所在地设立办事处。供应商也可能提供一次性服务，如特定需求的培训项目。

在其他情况下，采购方需要引入框架安排，为服务供应商和客户设定费用范围，以便在客户承诺消费的前提下享受优惠。维修服务合同通常基于此安排。服务一般

是有规律、有计划地进行，一些中介也参与长期协议，如道路清洁服务。在这些情况下，持续评估和改进措施是可取的。

项目任务
推动EBI和ESI活动的价值

任务描述

「任务情境」 新能源汽车企业XP公司计划面向市场推出两款新车MY与XS。MY车型是MS的改良款，XS车型是XP公司新研发的高端车型。XP公司依靠供应链采购所需的零部件，在常州的生产基地进行总装。在车辆研发过程中，采购部门着力推动EBI和ESI活动，助力企业研发工作。

「任务要求」 请学员按小组和角色分析该公司在研发过程中推动EBI和ESI活动的价值与实施建议。

任务实施

「步骤1」 教师布置实训项目需要完成的任务。

「步骤2」 本着自愿原则，学生5~6人为一组，分配角色，一般包括采购部、研发部、生产部、供应商。每组选出一名小组长，由组长进行任务分工、协调成员实训任务，并带领成员完成实训任务。

「步骤3」 群策群力。

各小组根据角色分别讨论开展EBI和ESI活动的价值与流程，如表2-10所示。

表2-10 分角色职责

角色	姓名	主要职责
组长/主持人		负责整个研讨过程与结果输出，不参与讨论，要求中立、倾听、发问
时间管理员		协助主持人做好整体及分段时间控制，要求每位成员发言不超过1分钟，参与研讨
会议记录员		跟踪并及时将研讨中出现的观点记录在大白纸上，确保每个人都能看得到，参与讨论
观察员/发言人		观察主持人的主持行为，并对其提出改善建议，代表本小组做总结发言，参与讨论

「步骤4」 输出结果。

根据分组讨论结果，编制实施建议，如表2-11所示。

表2-11　编制实施建议

措施	需要的资源	可能的障碍	应对的措施
1			
2			
3			
4			
5			

任务评价

层级	评价内容	满分	得分	自我评价
1	小组分工协作	20		
2	讨论过程完整，有良好的记录	30		
3	实施建议贴合企业情况，具有可行性	50		

任务 5　掌握请购流程

任务目标

◆ **素养目标**

· 强化合作精神，优化与供应商的沟通协同，促进信息透明，实现高效采购。

· 提升跨团队协作，营造积极的互动环境。

· 深化法治观念，增强法规遵从意识，确保采购合法合规，强化合规操作，维护企业和个人权益。

· 培养敏锐的洞察力、强执行力与创新力，优化采购流程，高效执行任务，持续提升工作与决策效率。

◆ **知识目标**

· 掌握请购的概念。

· 了解请购的政策及注意事项。

· 掌握请购单的使用方法。

◆ 能力目标
- 培养设计请购流程的能力。
- 培养完善请购制度的能力。

一、请购

（一）请购概述

在开始采购工作之前，企业应当有人注意到需要的某些东西没有了，并将此需求告知采购职能部门（或负责采购的人员）。这类需求有可能是由内部用户识别的，例如，行政部门需要各类办公用品，生产部门需要各种零部件；也有可能是由物料（仓储）部门提出的，相关人员在盘点库存时发现部分物料需要补货，如生产企业的物料部门需要定期或不定期地补充各类物料，流通企业的仓储部门需要补充产品以支持销售。

无论需求由哪个部门识别，通常都由该部门提出采购申请，即填写并提交请购单。请购单描述所需的物品并让采购职能部门据此开展采购活动。传统纸质请购单由一式多联构成，请购部门（个人）、采购部门、仓储部门和财务部门都有可能分别留存。如果请购提出者是物料（仓储）部门，则另需将一份请购单交给采购职能部门。如果请购单提出者是用户部门，另一份请购单可能要先交给仓储部门。仓储部门如果有库存，则可满足该需求；如果没有库存，则将该请购单转给采购部门。

请购单如图2-13所示，表中列出了学校（非营利性组织）所使用的请购单及其所包含的主要信息。

××职业技术学院领物申请单							
领物单位：××部			领用人：张三		2018年5月29日		
品　名	单位	数量	备注	品　名	单位	数量	备注
财务编码				项目名称			
部门（项目）负责人				领导审批			

图2-13　某学校的请购单示例

如果组织使用了MRP（material requirement planning，物料需求计划）系统，则由MRP系统在执行过程中根据需求预测、物料清单（BOM）和库存情况综合判断以发出采购订单。MRP系统预测产品的生产进度并将其转化为生产所需的材料与零部件的详细清单（物料清单），然后与库存文件进行比较，得出需要采购的材料与零部件。

（二）请购政策

组织应建立完善的请购机制，以规范请购申请的处理流程。首先，请购单用于启动设备、材料和服务的采购。其次，采购部门基于相关部门的请购单制定并发出采购订单，确保提供必要的信息并授权费用计入预算。如果请购单附有价格咨询的文件，可作为来源文件，但不强制采购人员使用建议的供应商。所有请购单必须遵循规定流程，禁止直接向供应商订货。同时，启动请购流程时，须获得相应管理人员的签署批准。最后，请购单的操作必须在管理框架内进行，管理层需要确保采购活动符合请购政策要求。虽然请购是采购人员相对简单的职责，但由于采购涉及组织较大比例的资金，所以必须妥善控制。

（三）请购注意事项

在提出请购时，需要确保请购单与物料清单的需求描述明确。采购部门可能会与请购提出者讨论需求，以确保采购执行不偏离预期，避免因理解偏差引发的问题。明晰的需求是成功采购的基础。

采购部门还应评估请购单，提出对过高需求规格或不必要变更的建议，避免重复采购或高配置产品等不符合要求的情况。此外，提供质量更高或价格更低的替代方案是采购增值的重要来源，有助于减少不必要的变更和浪费，降低成本。

当前采购过程的首要步骤是识别内部需求，并进行详细描述，以便与潜在供应商沟通。对于新采购，要以规范的形式描述需求，包括产品规格、服务水平协议及合同条款，以明确采购方与供应方的责任。

二、请购单

（一）请购单的应用

请购单是正式采购流程的起点，标志着需求的确定并通知采购部门。为了顺利地将用户需求转化为采购订单，请购单必须包含充分的信息。不同类型的采购所需信息量不同，例行备货采购的信息通常少于资本项目的一次性采购。

请购单应包括产品编码、内部部门代码或预算代码、请购单发起人的姓名、签字及日期。此外，还需提供产品或服务的描述、明确数量及价格上限。虽然采购部门通常负责寻找最佳供应商，但用户有时可能指定供应商，送货地点和日期要求也需明确。

对请购单的反复确认能带来经济增值，采购部门在未征得同意的情况下不应随意更改请购需求，也不应无原则地接受请购。

（二）请购单的审批

请购单为采购人员发起采购订单提供授权。若请购单信息不完整，申请可能被退回补充，导致产品或服务的订购和交付延迟。采购部门会根据审批制度审核请购单，批准后发出采购订单。

需求方通常期望采购部门迅速响应，可能会提出不符合经济原则的特殊订购数量、指定供应商或不合理的交货时间。而采购人员则希望遵循采购制度，选择合适的供应商并谈判合理的商业条件。供应商在价格和交货时间合适的情况下，更倾向于建立长期合作关系。采购人员需灵活应对，以促进各方理解并达成共识。

请购活动中的财务签字授权用于对交易的财务批准。例如，有些组织可能规定，请购单金额少于5000元的直接交到采购部门；请购单金额超过5000元不到10000元的，需要部门经理批准才能转到采购部门；请购单总额超过10000元不到50000元的，需要财务总监批准才能流转到采购部门。这些分级数值说明不同的组织对于请购活动中的财务签字有不同的规则和限制。

（三）电子请购单

管理信息系统提高了采购工作的便利性和效率，能够快速处理大量数据并执行日常文书工作，使采购人员有更多时间专注于创造性任务。采购工作始于需求部门生成请购单并录入系统，随后发送至仓储部门以判断库存是否满足需求。如果库存不足或为新采购品项，请购单将转至采购部门。

在MRP系统中，库存信息和历史数据（如零件编号、描述及历史使用情况）被存档，系统还保留最近的交易价格和数量。当收到品项需求时，系统生成出货申请并更新库存。如果库存低于再订购点，系统将自动发出需批准的请购单，以维持最佳库存水平。

由于信息系统无法判断需求的紧迫性，采购人员需检查请购单，确认价格、交货期和供应商等细节。对于简单的重复订单，信息系统可自动生成请购单和订货单，通常用于向首选供应商采购，并且这些交易是预先核准的。

买什么到底谁说了算？

任务描述

「任务情境」 某公司新任行政总监到岗后面临一个棘手的问题：如何满足大家的采购需求？其核心问题是：买什么到底谁说了算？

以办公用品为例，行政部门接管采购职能之前，办公用品采购有两种渠道：一

是由各部门直接购买，购买后每个月集中报销一次；二是由行政专员询问各部门的需求，统一采购后分配给各部门，由行政专员统一报销。行政总监觉得这类常规物品需求数量基本可以预测又有统一的规格，比较适合公司集中采购以降低采购成本，于是修订了办公用品的采购流程：使用部门上报采购计划—行政部门审定计划—行政部门提出采购申请—下达订单至指定供应商—送达并配送至使用部门。在新的流程下，使用部门需要提出采购申请，填写采购单，并经过部门领导审批后才会被行政部门接受并执行。

生产性物料的采购流程也发生了变化。原先生产性物料和办公用品的采购基本相似，行政专员和使用部门都可以自己直接购买。因为有批量的问题，生产性物料采购后统一存放在物流中心，再由各业务部门领用。当物料存货不足（兼职发料员观察）时，向业务总监汇报，由业务总监指定人员（或行政专员）采购。行政总监觉得这样的采购流程比较混乱，而且物料管理也存在明显的问题。比如，每次采购的供应商都不同，物料的质量参差不齐，价格也不一致，还会出现呆料、废料。为此，行政总监重新拟订了生产性物流的采购流程：业务部门请购—部门主管审批—行政部门寻找供应商、下达采购订单—订单执行—物料领用。

执行了一段时间后，在一次公司管理人员例会上，多个部门的人员集中向行政总监"发难"。业务部门首先发难，问题的焦点集中在行政部门采购效率低下，无法满足业务部门需求，已经影响了业务部门的正常运转。各职能部门也对办公用品等品类采购提出了质疑，以前自己采购，速度快、灵活方便，现在统一采购周期长，还要提前做预算，工作量增加了很多。财务部门倒是支持行政部门，表示在财务结算等方面比以前方便了很多，但也认为付款方式种类繁多，支付管理困难。会后，行政总监召集部门人员开会，就会议中涉及的各类问题查找原因、分析问题、提出对策。大家一致认为，从没有规范到建立采购规范需要一段时间，但行政部门采购管理也存在一些问题，比如业务部门的采购申请都非常急，下达采购申请后2～3天就需要物料，这时只能紧急采购，难以优选供应商；职能部门在办公用品方面，随意性较强，缺乏做计划的习惯，提出申请到领用的时间间隔很短，采购压力大。

「任务要求」 试说明如果你是行政总监，面临这些棘手的问题会如何应对。

任务实施

「步骤1」 教师布置实训项目需要完成的任务。

「步骤2」 本着自愿原则，学生5～6人为一组，每组选出一名小组长，由组长进行任务分工、协调成员实训任务，并带领成员完成实训任务。

「步骤3」 梳理分析请购流程。

梳理公司不同类型采购对象的现有请购流程，分析现有流程存在的问题。

「步骤4」 重新设计请购流程。

使用流程优化方法，重新设计请购流程。

「步骤5」 请购流程制度化管理。

面向公司员工开展请购流程宣贯，将请购流程制度化并严格执行。

✅ 任务评价

层级	评价内容	满分	得分	自我评价
1	梳理分析请购流程	20		
2	重新设计请购流程	30		
3	请购流程制度化管理	50		

项目三 分析供应市场

任务 1　认识供应市场中的五种力量

任务 2　认识 PEST 分析与 SWOT 分析

任务 3　了解可能的市场竞争组合

任务 4　分析产品生命周期

任务 5　评价供应市场

项目导学

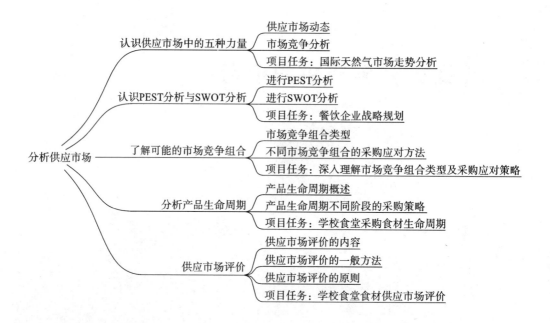

在本项目中,您将深入了解供应市场的关键要素和力量,包括供应市场动态、市场竞争分析以及PEST分析和SWOT分析等内容。您还将学习不同市场竞争组合的采购应对方法,以及产品生命周期不同阶段的采购策略。此外,我们还将探讨供应市场评价的内容、一般方法和原则,以帮助您全面了解供应市场的现状和潜力。在本项目内容中,您将通过讨论和案例分析等活动,将理论知识与实际情境相结合,为自身的学习和职业发展打下坚实的基础。

思政导航

供应市场中的五种力量包括供应商、买家、竞争对手、替代品和潜在进入者。这些力量对于市场竞争格局和企业决策有重要影响。我们可以从公平竞争、合作共赢和社会责任等角度探讨这些力量对社会发展的作用。

例如,华为作为中国电信的供应商,通过提供高质量的通信设备和技术支持,提升了中国电信的网络服务质量和用户体验。这种合作不仅有利于中国电信的业务发展,还促进了国内通信行业的创新和竞争力的提升。

同时,竞争对手的力量也不可忽视。以中国移动与中国联通的竞争为例,竞争行为推动了通信服务价格下降和质量提升,使更多消费者享受到高质量的服务,并促使企业不断创新,推动行业发展。

任务1　认识供应市场中的五种力量

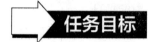

◆ 素养目标

·深化对市场的理解，强化战略思维，用供应链五力分析灵活制定策略，勇于创新，有效应变。

·提升复杂环境的分析力，确保快速精准决策，强化实战技巧，有效解决问题。

·加强跨部门协作，优化供应商合作，推动管理体系革新。

·持续学习，紧跟新技术趋势，促进个人知识迭代，奠定终身成长基础。

◆ 知识目标

·系统掌握采购与供应的基础理论、业务流程和核心策略，理解其内在逻辑和运作机制。

·全面了解采购与供应行业的现状、发展趋势以及关键影响因素，能够跟踪行业前沿动态，分析预测市场走向。

◆ 能力目标

·掌握运用数字化技术和工具进行采购与供应管理的操作技能，能够实施数字化供应链管理方案。

·熟练运用采购杠杆原理，能够在实践中有效降低成本，通过精细化管理提升企业经济效益。

一、供应市场动态

需求与供给是市场中的两个关键因素。缺少其中任何一个要素，市场都不能再称为市场。需求与供给两者间的相互作用影响了市场的竞争状况、价格以及竞争程度。

（一）需求

需求水平会受到很多因素的影响。

1.价格

商品价格越高,其需求水平可能越低。

2.可支配收入

购买者可支配收入提高时,对商品的需求一般会增加。

3.替代品的价格

替代品的价格上涨时,购买者对商品的需求会增强。例如,当棉布价格上涨时,购买者对化纤的需求就会增加。

4.互补品的价格

互补品的价格上涨时,购买者对商品的需求会减弱。例如,当汽油的价格上涨时,购买者对汽车的需求会减弱。

5.购买者偏好

当购买者偏好发生变化时,需求也会发生变化。偏好受心理因素影响,也受气候等其他因素影响。例如,对冷饮的需求将随着气温的升高而增加。

6.购买者预期

如果购买者预期商品未来的价格会上涨,或气候会变化,或者其财务状况会变化,就会影响其目前的需求。

7.购买者的数量

随着购买者数量的增加,需求也会增加。

总之,商品需求会随价格而变化。对于绝大多数商品而言,当价格下降时,需求会增加。而价格不变时,购买者偏好的变化(如由不喜欢或不了解到喜欢或了解)或者其可支配收入的变化会导致需求的变化。

(二)供给

供给水平也会受到很多因素的影响。

1.价格

一般而言,商品价格越高,供给者提供的商品数量就会越多。

2.投入资源的价格

如果供应商使用的投入资源(如原材料和劳动力等)价格上涨,使其利润下降甚至亏损,其可能会停止生产,进而减少供给。

3.技术

技术的改进通常会使成本降低,其结果是刺激供给的增长;技术创新也会对市场竞争水平产生长期影响。例如,某一供应商可能已经对新的发明申报了专利,这使得其他很多供应商不再具有竞争力并退出市场。随着供应商数量减少,价格将在很长一段时间内上涨。

4.供应商的预期

供应商对未来市场价格、气候条件以及自身经营前景等的预期都会对供给水平产生影响。

5.销售者数量

随着销售者数量的增加，供给数量也会增加。

总之，商品供给数量随价格变化而发生变化。当价格下降时，供应商生产动力受到影响，商品供应数量也会呈下降趋势。在价格保持不变的情况下，技术的改进或销售者数量的增加会导致商品供给数量的增加。

（三）供需平衡

供需平衡即需求数量与供给数量相同。供需平衡是动态的，价格等因素一旦发生变化，供需平衡便被打破，从而出现供大于求或供小于求的现象。

需求的价格弹性是指衡量一种物品的价格发生变动时，该物品需求量变动的大小。需求的价格弹性＝需求量变化的百分比÷价格变化的百分比。

影响需求的价格弹性的因素主要有：必需程度，即奢侈品的弹性大，必需品的弹性小；被替代的难易程度，易被替代的物品弹性大；消费者调整的时间，调整时间越长弹性越大，比如汽油的短期弹性小、长期弹性大。

了解需求的价格弹性有利于采购人员正确评估这些变化对所需产品供应状况的影响，以便正确地做出采购决策。

二、市场竞争分析

我们在这里利用波特五力分析模型对供应市场中的五种力量进行分析，以帮助企业相关人员更好地了解自己企业在供应市场所处的位置、特定供应商的竞争力、自己企业的竞争力等。

（一）供应商竞争强度

供应商竞争强度取决于市场中各供应商的数量、规模和经营政策等。供应商竞争强度可以通过回答以下问题来评估。

①是否少数公司占主导地位？
②供应商是否要比购买者更集中？
③供应商增长速度是否较慢？
④各主要供应商是否已充分利用了其生产能力？
⑤供应商是否并没有实现产品的差异化？

如果对上述所有或绝大多数问题的回答为"是"，供应商竞争强度就可能比较低。

（二）新供应商进入市场的难易度

新供应商进入市场有助于促进竞争，并提高购买者的市场地位。与新供应商进

入市场的可能性相关的信息有助于企业制定更合适的采购战略或谈判策略。

新供应商进入市场的难易度可以通过回答以下问题来评估。

①近期是否只有少数或根本没有新的供应商进入市场？
②新供应商进入市场是否对投资的要求高？
③进入市场是否需要专业的技术知识？
④退出的门槛/转换的成本是否偏高？
⑤供应商是否使用稀缺材料或由少数供应商控制的原材料？
⑥新供应商进入市场是否需要特殊的协议或授权？
⑦是否存在规模经济效益？

如果对上述所有或绝大多数问题的回答为"是"，新供应商进入市场，进而增强供应市场竞争强度的可能性便比较小。

（三）替代产品或服务的可获得性

替代产品或服务能提高采购的可获得性和采购方的谈判议价能力。替代产品或服务的可获得性可以通过回答以下问题来评估。

①替代产品的相对价值/价格比是不是较低？
②是否不存在可以带来同样产品或服务的替代技术？
③转向替代者的更换成本是不是很高？

如果对上述所有或绝大多数问题的回答为"是"，便不容易得到提高竞争程度所需要的替代产品或服务。

（四）对上游供应商的议价能力

市场中的供应商本身也是其上游供应商的用户。评估供应商对上游供应商的议价能力有助于确定其盈利水平、最终产品价格以及其他条件。对上游供应商的议价能力可以通过回答以下问题来评估。

①具有的上游供应商是否有限？
②这里的供应市场对于这些上游供应商而言，是否只是一个很小的市场？
③是否难以从其他市场得到投入品？
④转向其他上游供应商是否会导致转换成本？

如果对上述所有或绝大多数问题的回答为"是"，供应商相对于其上游供应商的议价能力便会很低，进而进一步减弱竞争程度。

（五）购买者的议价能力

购买者的议价能力是指其他购买者的采购竞争力。因此，在评估购买者的议价能力时，首先要确认谁是竞争购买者，即那些会向同一家供应商购货的购买者。在评估时，需要对比自身的议价能力和竞争购买者的议价能力。

购买者的议价能力可以通过回答以下问题来评估。

①市场中是否拥有大量的用户？
②更换供应商是否需要很大的转换成本？

③在本市场中，用户对供应商是否有很高的忠诚度？

④是否难以在任何替代供应市场进行采购，或这种采购成本很高？

如果对上述所有或绝大多数问题的回答为"是"，购买者相对于供应商的议价能力就会很低。

对于一家公司而言，回答以下问题有助于了解自身的议价能力。

①本公司是否为市场中一家相对较小的购买者？

②本公司在市场总采购量中的份额是否在下降？

③对于市场中的供应商，本公司是否具有特殊的吸引力？

④对供应商而言，本公司是否是有问题或难以对付的用户？

如果对上述所有或绝大多数问题的回答为"是"，相对于其他购买者，这个公司的竞争力便比较弱。

国际天然气市场走势分析

任务描述

「任务情境」 2023年第一季度，全球天然气市场经历了显著波动。液化天然气（LNG）价格在1月中旬至2月底持续攀升，但由于北美冬季需求高峰逐渐消退以及新产能投产，3月份天然气价格出现了回落。欧洲地区的天然气存储设施仍低于历年平均水平，而俄罗斯对欧洲的供应不确定性加剧了市场的紧张态势。

具体数据如下。

在1月的最后一周，荷兰TTF天然气期货价格一度飙升至历史高位，突破每百万英热单位（MMBtu）25美元，随后在3月初回落至18美元左右。

美国亨利中心天然气期货价格在1月底达到每百万英热单位5美元以上，随着气温回暖和产量增加，3月底降至4美元左右。

受寒冷天气及储备不足影响，亚洲LNG现货价格在1月为每百万英热单位30美元，但随着春季来临和澳大利亚、卡塔尔等地新项目投产，3月底降至22美元。

本周市场展望（2023年4月3日至4月7日）。

天然气：随着春季的到来，需求将进一步下滑，预计价格将维持在相对低位。然而，考虑到欧洲天然气库存重建的压力和乌克兰危机的地缘政治风险，未来几个月天然气价格仍有反弹的可能。

液化天然气（LNG）：亚洲市场对LNG的需求或将因季节性需求减弱而放缓，但日本、韩国等国的能源结构调整，以及中国对清洁能源的需求增长，可能会支撑LNG价格稳步上升。此外，全球LNG新产能的持续释放也将对市场产生重要影响。

「任务要求」 请根据上述内容，分析影响油品价格走势的主要因素有哪些。

任务实施

「步骤1」 教师布置实训项目需要完成的任务。

「步骤2」 本着自愿原则,学生5~6人为一组,每组选出一名小组长,由组长进行任务分工、协调成员实训任务,并带领成员完成实训任务。

「步骤3」 分析供需关系和季节性因素。

分析天然气市场的供需关系,考虑季节性需求变化以及供应能力的波动对油品价格的影响。例如,冬季需求高峰的消退和春季来临导致需求下滑,而新产能的投产会增加供应量,从而影响价格走势。

「步骤4」 分析地缘政治风险和供应不确定性。

评估地缘政治风险对油品价格的影响,特别关注与主要供应国之间的关系和地缘政治紧张局势。供应中断、供应通道的稳定性以及地缘政治风险都会对价格产生重要影响。

「步骤5」 分析能源结构调整和清洁能源需求。

研究各国能源政策的调整和清洁能源需求的增长趋势,分析其对油品价格的影响。例如,日本、韩国等国家的能源结构调整以及中国对清洁能源的需求增长可能会支撑液化天然气(LNG)价格稳步上升。

任务评价

层级	评价内容	满分	得分	自我评价
1	数据收集和处理	20		
2	分析影响因素	25		
3	预测方法和模型的选择	25		
4	预测结论的合理性	30		

任务2 认识PEST分析与SWOT分析

任务目标

◆ 素养目标

· 培养社会责任感、法治意识及全球视野,理解法律和文化的多样性与环保的

重要性，以及全球化采购的伦理决策。

·深化市场经济规律理解，平衡经济效益、社会效益和环境效益的关系，促进企业可持续发展。

·提升系统思考和综合分析的能力，熟练运用PEST分析法、SWOT分析法分析市场，灵活制定采购策略，优化决策。

·增强复杂环境的适应力，深入分析以不断优化采购策略，提升市场竞争力。

·强化沟通协作与跨文化交流，有效建立和维护供应商关系，促进国际合作共赢，助力企业国际化。

◆ 知识目标

·理解并掌握PEST分析法，能够从政治、经济、社会和科技四个方面分析企业采购活动所面临的宏观环境因素及其影响。

·掌握SWOT分析法，准确识别企业的竞争优势、竞争劣势、机会和威胁，为制定采购战略提供决策依据。

◆ 能力目标

·能够运用PEST分析法对供应市场进行深入研究，分析政策法规、经济形势、社会文化变迁和技术革新对企业采购活动的影响，并据此调整采购战略。

·能够运用SWOT分析工具，对企业自身以及供应商的竞争优势、竞争劣势、机会和威胁进行细致分析，为制定和优化采购战略提供实操技能。

采购活动既受到宏观环境和供应市场的制约，也受到企业与供应商力量的左右，所以，在制定采购战略时，需要进行PEST分析和SWOT分析。

一、进行PEST分析

（一）供应环境分析内涵

供应环境分析就是为供应战略决策提供客观依据，对供应环境所涉及的各个方面进行全面系统的分析。所谓供应环境，是指与企业的供应活动有关的宏观环境因素、供应商所处的行业环境因素和企业内部微观因素。供应环境分析，一方面要考虑供应商自身的因素，如供应商的组织结构、财务状况、产品开发能力、生产能力、工艺水平、质量体系、交货周期及准时率、成本结构与价格等；另一方面要考虑供应商的行业环境因素，包括该行业的供求状况、行业效率、行业增长率、行业生产与库存量、行业集中度、供应商的数量与分布等。宏观环境则会对企业发展和产业结构调整构成影响、带来新的发展机遇。

（二）PEST分析法

PEST分析法是一种宏观环境分析工具，旨在识别和评估影响企业的外部因素，以帮助企业制定有效策略，降低风险并抓住机会。该方法关注四个主要领域：政治

（political）、经济（economic）、社会（social）和科技（technological）。

1. 政治

政治因素包括对企业经营产生影响的政治力量和法律法规。企业需要关注政治体制、政府态度及相关法律，如反不正当竞争法、税法和环境保护法等。当这些因素变化时，企业的经营战略也要相应调整。企业应研究政府政策、国际贸易规则及知识产权法规，这些都会影响行业运作与利润。关键因素包括政府管制、特种关税、税法修改和财政政策等。

2. 经济

经济因素涵盖国家的经济制度、结构和发展水平。关键要素包括GDP变化、利率、通货膨胀、失业率和居民可支配收入等。企业在制定战略时，要关注国内外经济状况及其相互依赖性。重要的经济变量包括消费模式、财政政策、通货膨胀率和就业状况等，这些都会影响企业的市场地位和盈利能力。

3. 社会

社会因素涉及企业所在社会的文化、价值观、人口特征等。人口特征包括规模、年龄结构和收入分布等。企业应关注社会对外国产品的态度、生活方式、公众道德观和对环境的看法等。这些具体因素影响消费者行为和市场需求，企业需要在营销和产品设计中考虑社会文化差异。

4. 科技

科技因素包括社会的技术水平、研发能力及国家科技政策。企业需要分析自身及竞争对手的技术实力、技术应用和研发投资能力。关键问题包括企业主要技术、技术变革和未来技术趋势等。新材料、新工艺和新设备的发展对企业至关重要，企业需要评估技术投资的优先顺序，以保持竞争优势。

通过PEST分析法，企业能够全面了解外部环境，优化决策，提升市场竞争力。这一分析方法不仅能帮助企业识别潜在风险，还能有效利用外部机会，支持企业实现长期目标。

二、进行SWOT分析

（一）SWOT分析法

SWOT分析法可以用来确定企业本身的竞争优势（strength）、竞争劣势（weakness）、机会（opportunity）和威胁（threat）。通过SWOT分析法，企业可以明确：供应商能给企业带来好处的方面和让企业担心的因素；与这些供应商建立合作关系会对企业产生何种威胁或带来何种机遇；可据此将选定的供应商划分成不同的、与企业未来采购决策相关的大类；确定为进一步发展与这些供应商的关系或激发供应商更大的积极性所应努力的方向。

（二）如何进行SWOT分析

SWOT分析法中的竞争优劣势分析主要着眼于企业自身的实力及其与竞争对手的比较，而机会和威胁分析则将注意力放在外部环境的变化及对企业的可能影响上。在分析时，应把所有的内部因素（即竞争优劣势）集中在一起，然后用外部的力量来对这些因素进行评估。

1. 竞争优势

①技术技能优势。包括独特的生产技术、低成本生产方法、领先的革新能力、雄厚的技术实力、完善的质量控制体系、丰富的营销经验、上乘的客户服务、卓越的大规模采购技能等。

②有形资产优势。包括先进的生产流水线、现代化车间和设备、丰富的自然资源储存、吸引人的不动产地点、充足的资金、完备的资料信息等。

③无形资产优势。包括优秀的品牌形象、良好的商业信用、积极进取的企业文化等。

④人力资源优势。包括职员在关键领域拥有专长，积极上进，具有很强的组织学习能力和丰富的经验等。

⑤组织体系优势。包括高质量的控制体系、完善的信息管理系统、忠诚的客户群、强大的融资能力等。

⑥竞争能力优势。包括产品开发周期短、拥有强大的经销商网络、与供应商建立了良好的伙伴关系、对市场环境变化具有灵敏反应、市场份额具有主导地位等。

在评价企业的资源竞争优势时，主要从两个方面来进行，即竞争性价值和持续时间。

竞争性价值的大小可以通过回答以下问题来评估。
①这项资源是否容易被复制？
②这项资源能够持续多久？
③这项资源是否能够真正在竞争中保持上乘价值？
④这项资源的价值是否会被竞争对手的其他资源或能力抵消？
持续时间可以通过回答以下问题来评估。
①建立这种优势要多长时间？
②能够获得的优势有多大？
③竞争对手做出有力反应需要多长时间？

2. 竞争劣势

竞争劣势是指企业缺少或做得不好的方面，或某种会使企业处于劣势的条件。

可能导致企业竞争劣势的内部因素有：缺乏具有竞争意义的技能技术；缺乏有竞争力的有形资产、无形资产、人力资源、组织资产；关键领域的竞争能力正在丧失。

3. 机会

机会是影响企业战略的重大因素。企业管理者应当确认每一个机会，评估每一

个机会的成长和利润前景,把握那些可与企业财务和组织资源匹配、具有最大潜力使企业获得竞争优势的机会。

对于企业而言,潜在的发展机会可能是:客户群的扩大趋势或产品细分市场;技能技术向新产品新业务转移,为更大的客户群服务;前向或后向整合;市场进入壁垒降低;获得并购竞争对手的能力或机会;市场需求增长强劲,可快速扩张;向其他地理区域扩张,扩大市场份额。

4.威胁

企业外部环境中存在多种威胁因素,可能影响企业的盈利能力和市场地位。管理者需要及时识别并评估这些威胁,包括新竞争对手、替代品、市场增长率下降、汇率和外贸政策变化、人口特征及消费方式变化、客户或供应商谈判能力提升、市场需求减少以及经济萧条。

在竞争优势分析中,企业需与竞争对手在价值链各环节进行详细对比,包括产品创新、制造工艺、销售渠道和价格竞争力等。评估应从潜在用户角度出发,而非仅从企业自身出发。企业需清晰地认识自身资源和能力,并采取措施维护竞争优势,以应对竞争对手的挑战。

持久竞争优势受资源的竞争性价值和持续时间影响。资源的竞争性价值可通过复制难度和在竞争中的实际价值评估,而持续时间通过建立优势所需时间和竞争对手反应时间评估。SWOT分析法通过评估企业的竞争优势、竞争劣势、机会和威胁,优化企业的资源利用和储备未来资源。

(三)SWOT分析的步骤

第一步,确认企业当前战略。

第二步,罗列企业竞争优势和劣势、机会与威胁,如表3-1所示。

表3-1 罗列企业竞争优势和劣势、机会与威胁

竞争优势	竞争劣势	机会	威胁
有力的战略	没有明确的战略导向	服务于独特的客户群体	强势竞争者的进入
有利的金融环境	设备陈旧	新的地理区域的扩张	替代品引起的销售额下降
有利的产品形象和美誉	超额负债与恐怖的资产负债表	产品组合的扩张	市场增长的减缓
被广泛认可的市场领导地位	超越竞争对手的高额成本	核心技能向产品组合的转化	贸易政策的不利转换
专利技术	缺少关键技能和资格能力	垂直整合的战略形式	新规则引起的成本增加
成本优势	利润的损失	分享竞争对手的市场资源	商业周期的影响

续表

竞争优势	竞争劣势	机会	威胁
强势广告	内在的运作困境	竞争对手的支持	客户与供应商杠杆作用的加强
产品创新能力	落后的研发和设计能力	战略联盟与并购带来的超额覆盖	消费者购买需求的下降
优质的客户服务	过分狭窄的产品组合	新技术开发通道	人口与环境的变化
优质的产品质量	市场规划能力的缺乏	品牌形象拓展的通道	
战略联盟与并购			

第三步，按照通用矩阵或类似方式打分评价。把识别出的所有优势分成两组，分的时候注意它们是与行业中潜在的机会有关，还是与潜在的威胁有关。用同样的办法把所有的竞争劣势分成两组，一组与机会有关，另一组与威胁有关。

第四步，将结果在SWOT分析图上定位，分别形成SO、ST、WO、WT战略，如图3-1所示。也可以用SWOT分析表，将竞争优势和竞争劣势按机会和威胁分别填入表格，如图3-2所示。

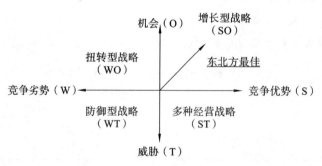

图3-1　SO、ST、WO、WT战略图

图3-2　SWOT分析表

（四）SWOT分析法运用实例

图3-3是对某采购商运用SWOT分析法进行分析的一个例子。

企业： 是供应商在新市场中的第一个客户 规模小但业务发展前景好 供应商： 是国内市场的领先者 同时在原材料和产品市场进行经营 获取市场信息的能力较强 技术支持能力强 **S**	企业： 采购量相对较小 缺乏谈判技巧 缺乏所在市场的经营经验 供应商： 超额生产能力 产品缺乏差异性 **W**
有长期合同保证供应 **O** 供应商可以为企业的产品设计人员提供培训 存在回购企业产品的可能性	**T** 供应商可能会强迫企业签订单一供应源合约，以限制企业从其他供应商处进行采购 供应商可能与企业的竞争者进行合作 如果与企业的合作不成功，他们可能会从企业所在的市场中退出 供应商可能会在第一份合同结束后抬高价格

图 3-3 某采购商 SWOT 分析图

项目任务
餐饮企业战略规划

任务描述

「任务情境」 在当今竞争激烈的市场环境中，企业需要不断地进行自我评估和分析，以制定合适的发展战略。PEST 分析法和 SWOT 分析法是两种常用的分析工具，可以帮助企业了解其外部环境和内部资源，从而更好地制定战略规划。假设你是一家餐饮企业的经理，你的企业正面临市场竞争加剧、消费者需求变化等挑战。你需要对企业的外部环境和内部资源进行分析，制定合适的发展战略规划。

「任务要求」 本次任务要求学生通过实际案例学习和应用 PEST 分析法和 SWOT 分析法。学生通过任务步骤，了解和掌握 PEST 分析法和 SWOT 分析法的具体应用，提高分析能力和决策能力。

任务实施

「步骤1」 教师布置实训项目需要完成的任务。

「步骤2」 本着自愿原则，学生5~6人为一组，每组选出一名小组长，由组长进行任务分工、协调成员实训任务，并带领成员完成实训任务。

「步骤3」 运用 PEST 分析法进行外部环境分析。

使用 PEST 分析法对企业的外部环境进行分析，包括政治、经济、社会和科技等方面。

「步骤4」 运用 SWOT 分析法进行内部资源分析。

在步骤3的基础上，使用 SWOT 分析法对企业的内部资源进行分析，包括竞争优势、竞争劣势、机会和威胁等方面。

「步骤5」 综合分析。

综合 PEST 分析和 SWOT 分析的结果，找出企业的竞争优势、竞争劣势、机会和威胁，并制定相应的发展战略。

任务评价

层级	评价内容	满分	得分	自我评价
1	对流程先后顺序的理解	10		
1	正确理解PEST分析法和SWOT分析法的流程和步骤	5		
1	能够按照正确的顺序进行PEST分析和SWOT分析	5		
2	对各流程目标的理解	20		
2	能够理解进行PEST分析和SWOT分析的目标和意义	10		
2	能够根据分析的目标，选择合适的分析方法和工具	10		
3	能够理解采购管理与供应管理的概念	20		
3	能够理解PEST分析法和SWOT分析法在采购和供应管理中的应用	10		
3	能够根据分析结果提出相应的采购和供应管理策略	10		

任务3　了解可能的市场竞争组合

任务目标

◆ **素养目标**

·培养批判性思维，实现理论的创新应用，融创新战略于采购过程，强化社会责任感。

·培养敏锐的市场洞察力，提升快速适应市场波动的能力。

·紧跟业界动态，以持续学习推动采购效能与管理水平提升。

◆ **知识目标**

·深入理解完全竞争、垄断竞争、寡头垄断及完全垄断四种市场类型的定义、特征、成因及市场行为表现，构建坚实的理论基础。

·剖析不同市场竞争状态下采购活动面临的机遇与挑战，明确各类市场结构中采购策略的制定依据与调整策略，强化实践应用能力。

· 熟练掌握针对不同市场组合的采购策略与技巧，包括在各类市场环境下具体的操作方法，以实现策略的有效部署与灵活应对。

◆ **能力目标**

· 精准辨识市场类型，基于全面市场数据快速分析竞争格局对采购策略的潜在影响，有效把握市场动态。

· 针对市场环境变化，高效制定并调整采购策略，涵盖供应商筛选、价格谈判、流程优化与风险管理等，确保采购活动的高效与成本效益。

· 精通反垄断及相关法律法规，在垄断及受限制的垄断情境下，有效运用法律法规维护企业权益，维持市场竞争的公正性。

· 在寡头垄断等复杂的市场结构中，构建互惠的供应商关系，运用高级谈判技巧达成有利于企业的合作条件，强化供应链协同效应。

一、市场竞争组合类型

根据市场中供给与需求的力量对比，市场竞争组合类型主要有完全竞争、垄断竞争、寡头垄断、完全垄断，具体如表3-2所示。

表3-2 市场竞争组合类型形式

市场类型	厂商数目	产品差别程度	对价格控制的程度	进出一个行业的难易程度
完全竞争	很多	完全无差别	没有	很容易
垄断竞争	很多	有差别	有一些	比较容易
寡头垄断	几个	有差别或无差别	相当程度	比较困难
完全垄断	唯一	唯一的产品，且无相似的替代品	很大程度，但经常受到管制	很困难，几乎不可能

二、不同市场竞争组合的采购应对方法

（一）完全竞争市场

1.完全竞争市场的特点

完全竞争市场具有以下主要特点：第一，市场中存在大量的买家和卖家，形成众多生产者和消费者；第二，产品同质，各厂商提供的产品完全相同，没有差别；第三，资源自由流动，企业可以自由进入或退出市场；第四，信息完全，买卖双方掌握充分的市场信息；第五，生产者独立决策，单个厂商无法影响市场价格，只能接受市场给定的价格。这些特点使得完全竞争市场具有资源有效配置和高生产效率

的优点，因为市场机制促使资源得到最优配置，生产者追求成本最小化，从而推动技术进步。

然而，完全竞争市场也存在局限性。首先，企业缺乏创新动力，难以进行产品差异化和创新；其次，个别企业可能面临短期亏损；最后，各企业只能获得正常利润，无法实现超额利润。

2. 采购应对方法

在完全竞争市场中，提高供应商之间的竞争对采购方有利。为此，可以采取以下方法：第一，扩大采购规模，增加采购量以吸引更多供应商；第二，优化采购流程，简化流程以提高效率；第三，定期重新招标，为供应商提供公平竞争的机会；第四，多元化采购，降低对少数供应商的依赖；第五，提高需求透明度，明确采购需求和标准；第六，引入新供应商，增加市场竞争活力；第七，加强市场调研，及时了解供应商竞争情况；第八，优化付款条件，以吸引供应商；第九，建立评价体系，根据绩效激励供应商；第十，培养采购人员，提高其谈判和管理能力。这些措施将有助于采购方提升采购效率，增强市场竞争力。

（二）垄断竞争市场

1. 垄断竞争市场的特点

垄断竞争市场是一种介于完全竞争和完全垄断之间的市场结构，具有以下几方面的主要特征。首先，市场上有众多消费者和厂商，每个厂商的市场份额较小，且厂商独立行动，不会相互勾结以控制市场。其次，厂商生产的产品存在差别，无法完全替代，这种差别使得竞争不仅限于价格，还包括质量和服务等非价格竞争。再次，厂商对产品价格有一定的影响力，尽管产品差异赋予了他们一定的定价自主权，但竞争性又限制了他们的定价权。最后，因规模较小且资金投入较少，厂商可以自由进入或退出市场，资源流动性较强。

2. 采购应对方法

在垄断竞争市场中，采购方可以采取多种应对策略。首先，多元化供应链是关键，通过寻找和引入其他供应商，减少对单一供应商的依赖，从而分散采购风险。采购方需要进行市场调研，筛选出可靠的供应商，以确保产品质量和交货能力。其次，建立良好的合作关系也很重要。通过与供应商定期沟通，了解市场动态，采购方可以获取更多信息和资源；采购方还可以邀请供应商参与决策，寻求双方共赢的机会。再次，提升谈判力也是有效策略。采购方应积极收集市场信息，了解供应商的定价策略和市场动态，以便在谈判中提出合理要求。最后，考虑与其他采购方合作，形成采购联盟，通过联合采购增加采购量，从而在谈判中获得更有利的条件，进一步增强议价能力。这些方法将帮助采购方在垄断竞争市场中更好地应对挑战。

（三）寡头垄断市场

1. 寡头垄断市场的特点

寡头垄断市场是由少数几家企业主导的市场结构，这些企业占据了绝大部分市

场份额，对价格和产量具有较大控制权。其形成原因包括规模经济、专利或技术优势、品牌认可度和资源稀缺性。寡头垄断市场的主要特点有：市场由少数大型企业主导；企业之间相互依存，决策和行动相互影响；进入壁垒高，新企业难以进入市场；企业决策具有策略性，需要考虑竞争对手的反应；价格相对稳定，企业间的相互制衡使得价格波动较小。

2.采购应对方法

在寡头垄断市场中，采购方可以采取多种应对策略。

首先，寻找更多供应来源，实现供应商多元化，避免仅依赖少数寡头供应商。

其次，与供应商建立长期合作关系，以获得更优惠的条件。通过扩大采购规模和整合需求来提升议价实力。同时，收集市场信息，了解市场动态和供应商竞争状况，为谈判提供依据。

再次，引入竞争机制，利用新的供应商或竞争对手来增加议价空间；优化采购流程，提高效率，降低成本，增强对供应商的吸引力；联合采购，和其他采购方合作，共同与供应商谈判，以增强议价能力；关注供应商的成本结构，以便在谈判中更有针对性；培养备选供应商，确保在必要时有其他选择，并加强合同管理，明确双方权利义务，确保合同执行。

最后，进行战略采购，从全局和长远角度考虑采购决策，利用供应链管理与供应商共同优化供应链，实现双方共赢。同时，提高采购人员素质，增强谈判能力，并加强与供应商的沟通与合作，适时采取强硬态度以获取更有利的条件。这些方法将帮助采购方在寡头垄断市场中更有效地应对挑战。

（四）完全垄断市场

1.完全垄断及其市场表现

完全垄断是指一个行业市场由一个或极少数卖方（垄断者）主导，这些卖方拥有足够的市场力量，能够独自决定价格、产量和销售方式，买方几乎没有选择的余地。这种情况阻碍了正常的市场竞争，导致效率低下、价格失衡和消费者权益受损。完全垄断市场的垄断形式多样，包括自然垄断（如高固定成本形成的垄断）、行政垄断（政府授予某些企业独家经营权）、技术垄断（企业通过专利或版权独家提供产品）和资源垄断（企业掌控某种稀缺资源形成垄断）。

2.采购应对方法

在面对完全垄断市场时，采购方通常会面临较高的价格、较低的议价能力和受限的供应选择。在这种情况下，采购方可以采取以下方法来应对。

①利用相关政策法规。采购方要熟悉并能灵活运用反垄断法和相关法规，如果垄断行为违反了相关法律规定，采购方可以向相关部门投诉或举报。需要注意的是，这样做势必会影响自己与供应商的关系；采购方还要关注政府调控政策，比如政府可能会对垄断行业采取设定价格上限、实行补贴、开放市场准入等措施。

②建立长期合作关系。采购方可与垄断供应商建立长期稳定的合作伙伴关系,通过谈判争取更有利的条件,如批量折扣、提前锁价、服务保障等。

③参与供应链合作,如通过参股、战略合作等方式深化双方关系,降低供应风险。

④多样化采购策略。寻找替代品或替代供应商虽然在完全垄断市场中可能困难较大,但有时仍有局部替代可能,也可以尝试跨地区、跨国采购。尽可能采用标准化或模块化产品设计,降低对特定供应商的依赖。

⑤采购成本优化。通过内部流程优化、降低消耗、提高使用效率等方式减少对垄断产品的需求总量。

⑥开展全生命周期成本分析,寻找长期成本最低的解决方案,而非仅仅关注采购价格。

⑦风险防范与预案制定。制订应急采购计划,储备关键物资或备份供应商。加强供应链风险管理,对可能的供应中断或价格波动做好应急预案。

⑧政府沟通与政策影响。积极与政府相关部门沟通,反映市场状况,争取政策支持或放宽市场准入限制;通过行业协会、商会等组织发声,推动政策改革或行业开放,打破垄断局面。

⑨技术创新与研发合作。与垄断供应商或第三方进行技术研发合作,突破垄断技术,寻找替代解决方案。自身加大研发投入,尝试自主研发或引进新技术,减少对外部垄断供应商的依赖。

总之,在垄断市场环境下,采购方应综合运用法律手段、战略合作、风险防控等多种策略,力求在市场环境中找到最适宜的采购方案。同时,积极推动市场环境改善,促进公平竞争,这是应对垄断市场的长远之道。

项目任务
深入理解市场竞争组合类型及采购应对策略

任务描述

「任务情境」 随着市场经济的发展,企业面临的市场环境日益复杂。不同的市场竞争组合类型(如完全竞争、垄断竞争、寡头垄断、完全垄断)对企业的运营策略,尤其是采购策略有着深远影响。本项目旨在通过系统学习和实践,帮助学生全面理解各类市场竞争组合的特点、成因及其对采购活动的影响,并熟练掌握针对不同市场结构的采购应对方法,以提升企业采购效率,降低风险,确保供应链稳定。

「任务要求」 本次任务要求学生梳理理论知识,收集并分析相关案例,通过策略梳理、模拟以及专题研讨与分享,掌握不同市场竞争组合的采购应对策略,提高分析能力和决策能力。

任务实施

「步骤1」 教师布置实训项目需要完成的任务。

「步骤2」 本着自愿原则，学生5～6人为一组，每组选出一名小组长，由组长进行任务分工、协调成员实训任务，并带领成员完成实训任务。

「步骤3」 理论知识梳理：掌握市场竞争组合的基本概念、分类及其特征。

完成要求：阅读相关教材、文献资料，整理市场竞争组合类型的定义、分类标准；描述各类市场竞争组合的具体特点，包括市场参与者数量、产品差异、市场进入壁垒、价格形成机制、信息不对称程度等。

「步骤4」 案例分析：通过实际案例理解市场竞争组合在不同行业中的体现。

完成要求：选取至少两个具有代表性的行业或产品，分析其市场结构属于哪种竞争组合类型，并阐述判断依据；结合案例解释各类市场竞争组合的特点是如何在实际市场中体现的，以及对市场参与者（尤其是采购方）的实际影响；不同市场竞争组合下的采购应对策略研究。

「步骤5」 策略梳理：掌握针对不同市场竞争组合的采购应对策略。

完成要求：对照上述理论学习中总结的各类市场竞争组合特点，详细列举针对完全竞争、垄断竞争、寡头垄断、完全垄断市场的采购应对策略；对每一种策略进行简要说明，阐述其在对应市场结构中的作用及适用场景。

「步骤6」 策略应用模拟：通过模拟练习，提升用理论知识解决实际问题的能力。

完成要求：设计或选取一个具体的采购场景（如采购某种原材料、设备或服务），描述其所在市场的竞争组合类型；根据该市场结构，制定详细的采购策略，包括供应商选择、价格谈判、风险管理、供应链优化等，并说明理由。

「步骤7」 专题研讨与分享。通过小组讨论、专家讲座、同行交流等方式，深化对市场竞争组合与采购策略的理解，提升实战技能。

完成要求：参加至少一次关于市场竞争组合与采购策略的专题研讨会或在线讲座，记录主要观点和启示；组织或参与一次小组讨论，围绕某一特定市场竞争组合下的采购策略进行深入探讨，形成讨论纪要；将个人学习心得、成功案例或策略思考撰写成文，进行内部分享或投稿至相关专业平台。

任务评价

层级	评价内容	满分	得分	自我评价
1	理论知识梳理的完整性与准确性	30		
2	案例分析的深度与贴切性	30		
3	采购应对策略的系统性与实用性	30		
4	专题研讨与分享的参与度与贡献度	10		

任务 4 分析产品生命周期

任务目标

◆ **素养目标**

· 深谙产品生命周期管理之道，融入环保理念与资源高效利用理念，促进绿色供应链发展。

· 强化诚信、公平交易价值观，遵循高标准商业道德，维护供应链和谐稳定。

· 精准沟通采购需求，高效协调内外资源，促进供应链紧密协作与信息共享。

· 运用逻辑思维与数据分析方法，应对市场及产品周期挑战，确保采购决策科学严谨。

◆ **知识目标**

· 理解产品生命周期的概念、特点及各阶段市场表现，掌握产品从引入期、成长期、成熟期到衰退期的完整过程，理解各阶段市场需求、竞争状况、成本利润变化等。

· 掌握产品生命周期不同阶段的采购策略，理解在产品生命周期各阶段，采购人员应如何根据市场需求、企业战略、供应商能力、竞争态势、技术发展等因素，制定和调整采购策略。

◆ **能力目标**

· 运用产品生命周期理论，结合市场与销售数据，精准定位产品阶段。

· 依据产品阶段，灵活制订采购计划，确保高效实施以控本、稳供、适市。

· 识别各阶段风险，制定预案，保障供应链韧性。

一、产品生命周期概述

（一）产品生命周期的概念

产品生命周期（product life cycle，PLC）是指产品从投入市场到退出市场的全过程，一般可以划分为引入期、成长期、成熟期和衰退期四个阶段。受市场竞争、技术进步等因素影响，各阶段时间长短不一，不同阶段的市场需求也有所不同，在周期内利润呈现先增后减的趋势，初期竞争者较少，后期竞争者众多。作为采购人员，了解并预测所购产品所处的生命周期阶段至关重要，这有助于帮助其制定合理的采

购策略，控制库存，降低成本，并确保产品能满足市场需求。

（二）产品生命周期的四个阶段及市场表现

1. 引入期

在引入期，新产品刚上市，市场认知度较低，需求量较小，但研发和推广成本较高。引入期具有如下特点：销量较低；成本高，利润可能为负；市场不确定性强；竞争对手较少；消费者对产品了解有限。

2. 成长期

在成长期，市场需求开始增长，消费者逐渐接受新产品，销售量稳步上升。成长期具有如下特点：销售量快速增长；利润逐渐增加；市场份额扩大；竞争对手逐渐增多；产品知名度提升。

3. 成熟期

在成熟期，市场需求趋于饱和，竞争加剧，产品利润空间可能收窄。成熟期具有如下特点：销售量相对稳定；利润达到顶峰；市场竞争激烈；产品特点和品牌形象重要；消费者对产品比较熟悉。

4. 衰退期

在衰退期，市场需求下降，产品销量下滑，面临被新产品替代的风险。衰退期具有如下特点：销售量逐渐下降；利润减少；竞争对手可能减少；市场需求下降；可能被新产品替代。

二、产品生命周期不同阶段的采购策略

（一）制定采购策略时需要考虑的因素

通过根据产品生命周期的不同阶段制定合适的采购策略，企业可以更好地控制成本、确保供应的稳定性，并适应市场的变化。制定采购策略时，应考虑以下因素：市场需求和趋势；企业的战略目标和财务状况；供应商的表现和能力；产品的竞争态势；技术发展和创新。

（二）产品生命周期不同阶段的常见采购策略

1. 引入期策略

在引入期，采购人员需要评估新产品的市场潜力，以确定合理的采购量，并选择具备创新能力和可靠技术的供应商，确保产品质量和供应稳定。同时，要密切关注市场反馈，适时调整采购量，以避免库存积压或缺货风险。由于新产品通常成本较高，采购人员还需要与供应商协商合理价格。常见的采购策略包括少量采购以降低风险、与供应商建立合作关系以确保供应稳定、关注产品质量以满足市场需求、灵活采购以适应市场不确定性。

2. 成长期策略

在成长期，采购人员需要关注供应商的产能能否满足不断增长的市场需求。随着生产规模的扩大，产品成本下降，采购人员应与供应商协商降低价格，并通过优化供应链管理和建立稳定的合作关系来确保供应稳定。此阶段的采购策略包括增加采购量以满足需求、通过谈判优化采购成本、确保供应可靠性、与供应商加强合作、关注供应商的产能以支持自身业务增长。

3. 成熟期策略

成熟期的采购人员需要进行成本分析和市场趋势预测，确保采购价格具有竞争力，并提高供应链效率以降低成本。同时，适当调整采购规模，寻找性价比更高的供应商，并考虑产品的差异化或升级换代。此阶段常见的采购策略包括持续优化成本以争取更有利的价格和条件、评估供应商绩效以确保质量和及时性、探索替代供应商以增强竞争并降低风险、与供应商合作进行产品改进以提高竞争力。

4. 衰退期策略

在衰退期，采购人员需要及时调整采购计划，减少相关物料和成品库存，避免库存积压，同时与供应商协商结束合作。应积极探索新产品的引进与采购，以适应市场变化。此阶段常见的采购策略包括减少采购量以符合市场需求、优化库存管理以避免库存积压、与供应商协商调整价格以降低成本、寻找替代产品为未来发展做好准备。

学校食堂采购食材生命周期

任务描述

「任务情境」 学校食堂每天要为数百名师生提供营养丰富的饭菜，为了确保食品安全和质量，同时控制成本，学校决定开展一次食材采购实训。学生们将分成若干小组，每个小组负责不同的食材品类，如蔬菜、水果、肉类、粮油等。

「任务要求」 本任务要求学生通过任务步骤，了解采购和供应管理的过程与体系，重点掌握产品生命周期理论及其在食材采购中的应用，以科学合理地制定和调整采购策略。

任务实施

「步骤1」 教师布置实训项目需要完成的任务。

「步骤2」 本着自愿原则，学生5~6人为一组，每组选出一名小组长，由组长进行任务分工、协调成员实训任务，并带领成员完成实训任务。

「步骤3」 需求分析。

与学校食堂负责人沟通，了解食堂的日常食材需求、质量标准和预算限制，输出需求分析表。

「步骤4」 产品生命周期分析。

①识别产品阶段。针对每种食材，分析其在市场中的生命周期阶段（引入期、成长期、成熟期、衰退期），结合市场需求、竞争状况、技术发展等因素进行判断。

②分析阶段特性。根据产品生命周期各阶段的市场表现，理解当前食材在销量、成本、利润、市场认知度、竞争态势等方面的特征。

③预测阶段演变。基于市场趋势、技术创新等因素，预测食材未来可能进入的生命周期阶段及相应市场变化。

「步骤5」 采购策略制定。

①引入期策略。针对处于引入期的食材，采取少量采购、与供应商建立合作关系、关注产品质量、灵活调整采购量等策略，以应对市场的不确定性。

②成长期策略。针对处于成长期的食材，关注供应商产能，优化采购成本，确保供应稳定，关注市场增长趋势，适当增加采购量。

③成熟期策略。针对处于成熟期的食材，持续优化成本、评估供应商绩效、探索可替代的供应商、与供应商合作改进产品，以保持采购竞争力。

④衰退期策略。对于可能进入衰退期的食材，及时调整采购计划，优化库存管理，寻找可替代的产品，适应市场需求变化。

「步骤6」 供应商调研。

通过网络搜索、咨询其他学校或供应商推荐等方式，收集潜在供应商的信息，并对其进行初步评估。

「步骤7」 实地考察。

选择几家潜在供应商进行实地考察，了解其生产能力、质量控制、物流配送、环境卫生、储存设施、员工素质、产品种类、价格及服务态度等。

「步骤8」 供应商评估。

根据考察结果，结合产品生命周期阶段分析，对供应商进行综合评估，包括价格、质量、交货能力、售后服务、信誉及其他学校或供应商推荐情况等。

「步骤9」 采购计划制订。

根据供应商评估结果、产品生命周期分析和食堂需求，制订详细的采购计划，包括食材种类、数量、采购时间和预算分配，确保采购策略与产品生命周期阶段相匹配。

「步骤10」 谈判与签约。

与选定的供应商进行价格谈判，争取更好的合作条件，并签订采购合同。输出简要的谈判计划，体现产品生命周期阶段对谈判策略的影响。

「步骤11」 采购执行与监控。

按照采购计划进行食材采购，并及时跟踪供应商的交货情况，确保按时送达。输出供应保障计划，考虑产品生命周期阶段可能带来的供应风险及应对措施。

「步骤12」 质量检查。

对送达的食材进行质量检查，确保符合食堂的质量标准。

「步骤13」 问题处理。

如遇到供应问题（如缺货、质量问题等），及时与供应商沟通解决，结合产品生命周期阶段调整问题处理策略。

「步骤14」 总结与反馈。

对整个采购过程进行总结，分析成功与不足之处，尤其是产品生命周期理论在采购策略制定与执行中的应用效果，并向学校食堂负责人反馈。

任务评价

层级	评价内容	满分	得分	自我评价
1	对产品生命周期理论的理解和应用	20		
2	根据产品生命周期制定采购策略的合理性	20		
3	采购计划与产品生命周期阶段的契合度	20		
4	应对产品生命周期变化的采购执行与监控效果	20		
5	总结反馈中对产品生命周期理论的应用和反思	10		
6	问题处理中对产品生命周期阶段的考虑	10		

【注意事项】

①在产品生命周期各阶段，采购策略应随市场变化及时调整，保持采购活动与产品生命周期阶段的动态适应。

②采购人员应关注产品生命周期理论与市场需求、企业战略、供应商能力、技术发展等多因素的交互作用，综合制定采购策略。

③在问题处理环节，应充分考虑产品生命周期阶段对问题性质、严重程度及解决策略的影响。

任务5 供应市场评价

任务目标

◆ 素养目标

· 深化对供应链在全球经济与社会发展中角色的认知，培养作为未来供应链领

导者对可持续性的承诺意识，以及在全球化背景下的责任意识与积极贡献意识。
·强化诚信价值观，掌握并遵循供应链的道德规范，营造公平竞争的市场氛围。
·培养独立分析复杂问题的能力，运用创新策略有效应对供应链挑战，优化资源调配，提升供应链的灵活度与应对能力。
·将可持续发展理念融入供应链管理，通过绿色采购、节能减排等实际行动，推动经济、社会、环境协同发展，展现真正的社会责任感。

◆ 知识目标
·了解供应市场评价的内容。
·掌握供应市场评价的方法和原则。

◆ 能力目标
·能够运用合适的方法对供应市场进行分析和评价。
·掌握数据分析和处理技能，能对供应市场进行准确的评价。

供应市场评价是企业采购决策中的关键环节，对于确保企业的供应链稳定、降低成本和提高竞争力具有重要的意义。通过全面考虑市场规模、供应商情况、产品或服务质量，并采用合适的方法进行评价，企业可以更好地做出采购决策，优化供应链管理，提高竞争力。

一、供应市场评价的内容

在评价供应市场时，首先需了解市场规模与增长趋势。较大的市场通常意味着更多的供应商和激烈的竞争，有利于获得更优的价格和条件。同时，增长趋势可以反映市场活力。高速增长的市场能够为企业发展提供更多的机会，但也伴随一定的风险。

供应商数量与分布影响选择空间和谈判能力。较多的供应商能为企业提供更强的灵活性。供应商的集中分布可能导致竞争激烈，供应商的分散分布则可能增加采购复杂性和成本。此外，产品或服务的多样性能够满足企业不同需求，帮助其应对市场变化。

价格水平与波动是采购决策的重要影响因素。了解整体价格水平及其波动对企业的成本控制至关重要。较低的价格可能降低企业的成本，但需警惕过低的价格对产品或服务质量的影响。同时，产品或服务的质量标准与可靠性也是采购时的关键考量因素，高质量的产品或服务可提高企业的生产效率和客户满意度，降低质量风险。

技术创新能力对企业的长远发展至关重要，具有创新能力的供应商能提供技术先进的产品，帮助企业保持竞争力。交付能力与准时性直接影响生产计划和客户满意度，确保企业生产运营的连续性。

供应商的信誉与口碑也是企业选择合作伙伴的重要依据。企业可以通过调查和客户评价了解供应商的信誉。优质的售后服务和支持能减少企业运营问题的出现，并降低成本。培训和技术支持等服务应纳入企业对供应商的评价范畴。

此外，供应商的供应链管理能力影响其对市场变化的响应速度和供应的稳定性，强大的管理能力能够确保供应的连续性。企业采购人员还要了解相关法律法规与政

策环境，确保供应商的合规性，避免法律风险。

最后，行业竞争状况影响价格、质量和服务，竞争激烈的市场促使供应商提供更好的条件。

二、供应市场评价的一般方法

为了全面评价供应市场，可以采取以下方法。
①数据收集。通过市场调研、行业报告等方式收集相关数据。
②供应商调查。对潜在供应商进行深入调查。
③行业分析。了解行业的发展趋势和竞争格局。
④客户反馈。收集其他客户对供应商的评价和反馈。
⑤成本分析。对不同供应商的成本进行详细分析。

三、供应市场评价的原则

在评价供应市场时，需要遵循以下原则。
①动态性原则。供应市场是动态变化的，需要定期更新评价。
②多角度评估原则。综合考虑不同因素，避免单一因素决定评价结果。
③客观公正原则。避免主观偏见，以客观数据和事实为依据进行评价。

学校食堂食材供应市场评价

📋 任务描述

[任务情景] 学校食堂每天要为数百名师生提供营养丰富的饭菜，为了确保食品安全和质量，同时控制成本，学校决定开展一次食材采购实训。学生们将分成若干小组，每个小组负责不同的食材品类，如蔬菜、水果、肉类、粮油等。

[任务要求] 本任务要求学生通过任务步骤，了解采购和供应管理过程和体系，重点掌握供应市场评价的方法与原则，为学校食堂选择合适的食材供应商。

📥 任务实施

「步骤1」 教师布置实训项目需要完成的任务。
「步骤2」 本着自愿原则，学生5~6人为一组，每组选出一名小组长，由组长进行任务分工、协调成员实训任务，并带领成员完成实训任务。
「步骤3」 需求分析。与学校食堂负责人沟通，了解食堂的日常食材需求、质量标准和预算限制，输出需求分析表。
「步骤4」 供应市场评价。

①市场规模与增长趋势。研究食材市场的总体规模、增长趋势以及季节性波动，了解市场供需状况。

②供应商数量与分布。收集潜在供应商信息，分析供应商的数量、地域分布及市场占有率，评估采购选择的丰富度和谈判力。

③产品的多样性。调查市场上的食材种类、规格型号及包装形式，判断其能否满足学校食堂的多样化需求。

④价格水平与波动。收集市场价格数据，分析不同供应商报价的合理性，了解价格波动规律及其影响因素。

⑤质量标准与可靠性。查阅国家和行业食品安全标准，对比供应商提供的食材样品及检测报告，评估其质量保证体系及追溯能力。

⑥技术创新能力。了解供应商在保鲜技术、绿色生产、智能化管理等方面的创新实践，评估其持续提供优质食材的能力。

⑦交付能力与准时性。调查供应商的仓储条件、物流网络及历史交货记录，评估其按时足量供货的可能性。

⑧供应商信誉与口碑。通过网络查询、行业评价及客户反馈，评估供应商的商业信誉、售后服务及危机处理能力。

⑨售后服务与支持。了解食材行业优质的售后服务和支持情况，减少后续运营中的问题和成本。

⑩供应链管理能力。明确供应商的供应链管理能力，确保供应商在面对各种情况时能保持供应的连续性。

「步骤5」 供应商调研。

通过网络搜索、咨询其他学校或供应商推荐等方式，收集潜在供应商信息，并对其进行初步评估。

「步骤6」 实地考察。

选择几家潜在供应商进行实地考察，了解其生产能力、质量控制、物流配送、环境卫生、储存设施、员工素质、产品种类、价格及服务态度等。

「步骤7」 供应商评估。

根据考察结果，对供应商进行综合评估，包括价格、质量、交货能力、售后服务、信誉及其他学校或供应商推荐情况等方面。

「步骤8」 采购计划制订。

根据供应商评估结果和食堂需求，制订详细的采购计划，包括食材种类、数量、采购时间和预算分配。

「步骤9」 谈判与签约。

与选定的供应商进行价格谈判，争取更好的合作条件，并签订采购合同。输出简要的谈判计划。

「步骤10」 采购执行与监控。

按照采购计划进行食材采购，并及时跟踪供应商的交货情况，确保按时送达。输出供应保障计划。

「步骤11」 质量检查。

对送达的食材进行质量检查，确保其符合食堂的质量标准。

「步骤12」 问题处理。

如果遇到供应问题（如缺货、质量问题等），及时与供应商沟通解决。

「步骤13」 总结与反馈。

对整个采购过程进行总结，分析成功与不足之处，并向学校食堂负责人反馈。

任务评价

层级	评价内容	满分	得分	自我评价
1	对供应市场评价流程的理解和执行	20		
2	对供应市场各评价要素分析的深度和准确性	20		
3	应用供应市场评价结果进行供应商选择的合理性	20		
4	采购计划的科学性与执行效果	20		
5	问题处理与风险应对能力	10		
6	总结反馈的质量与深度	10		

【注意事项】

①评价供应市场时应遵循动态性原则，定期更新市场信息，以应对市场变化。

②在多角度评估供应商时，既要考虑成本效益，也要兼顾食品安全、质量保障及可持续性等因素。

③保持客观公正，避免主观偏见，以确凿的数据和事实为依据进行评价。

项目四 制定供应战略

任务 1　认识供应战略与企业战略的关系

任务 2　掌握供应定位模型

任务 3　确立供应商关系

任务 4　选择供应战略

项目导学

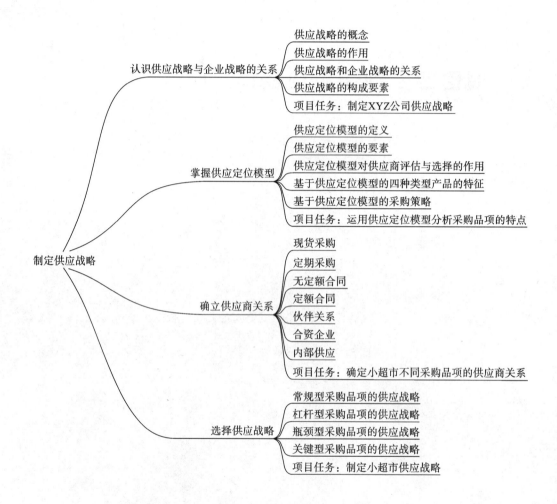

　　本项目的目标是帮助您掌握制定供应战略的关键要素和方法。通过任务1，您将了解供应战略与企业战略的关系，以及供应战略的构成要素。在任务2中，您将熟悉供应定位模型，了解其对供应商评估与选择的作用，并学习基于供应定位模型的采购策略。在任务3中，您将学习如何确立不同的供应商关系，如现货采购、定期采购、伙伴关系等，并了解其特点和管理要点。在任务4中，您将学习选择不同采购品项的供应战略，包括常规型采购品项、杠杆型采购品项、瓶颈型采购品项和关键型采购品项的供应战略。通过本项目的学习，您将培养出色的供应战略制定能力，为您的职业发展提供有力支持。

思政导航

供应战略在企业中至关重要，它与企业战略密切相关，为企业提供长期竞争优势，促使企业实现可持续发展。

首先，供应战略与企业战略相辅相成，是供应链管理中的关键议题。供应战略作为企业战略的重要组成部分，受到企业战略目标和定位的直接影响。以中国电子科技集团有限公司（CETC）为例，该国有企业的战略目标是支持国家科技创新。在制定供应战略时，CETC注重与国内高校和科研院所建立战略合作伙伴关系，以推动科技创新和产业发展。

其次，供应定位模型是制定供应战略的重要工具。该模型可以帮助企业选择合适的供应商，并与之建立有效的供应关系。在中国汽车行业，吉利汽车通过与全球知名零部件供应商建立战略合作关系，实现了供应链优化和效益提升。同时，吉利还强调与供应商在价值观和理念上的契合，以推动可持续发展和社会责任的履行。

最后，选择合适的供应战略是供应链管理中的关键决策。企业在选择供应战略时，需要综合考虑成本、质量、交货周期和创新能力等因素。华为技术有限公司在全球供应链管理中具有显著影响力，通过与全球供应商紧密合作，实现了全球化采购和供应链整合，提供灵活的供应链解决方案。此外，华为还重视供应商的技术创新和研发能力，以应对市场竞争。

综上所述，了解供应战略与企业战略的关系、掌握供应定位模型以及选择合适的供应战略，有助于企业实现战略目标、提升竞争力，并在不断变化的市场环境中取得成功。这些案例展示了中国企业在供应战略中的经验，为其他企业提供了借鉴和启示。

任务1　认识供应战略与企业战略的关系

任务目标

◆ **素养目标**
- 深入理解供应战略在企业整体战略中的核心作用及重要性，强化对策略性决策的分析能力。
- 提升协作效率与集体决策能力，共同制定并执行供应战略，增强跨部门合作意识。
- 激发创新思维，针对供应链管理挑战，培养主动发现问题、创新解决问题的能力，提升实战操作与问题解决技巧。

◆ **知识目标**
- 掌握供应战略的概念，了解其在企业管理中的作用和意义。
- 理解供应战略与企业战略的关系，包括相互支持和相互影响的机制。
- 熟悉供应战略的构成要素，包括供应链整合、供应商选择、供应风险管理等。

◆ **能力目标**
- 具备制定供应战略的能力，包括分析企业需求、评估供应链能力、制定供应链整合方案等方面的能力。
- 能够分析企业战略对供应战略的要求，进行供应链策略的调整和优化。
- 掌握制定供应战略的方法和工具，如供应链评估模型、供应商评估方法等。

一、供应战略的概念

供应战略是供应管理部门在现代供应理念的指导下，为实现企业战略目标，通过对供应环境的分析，对供应管理工作所做出的长远性谋划。

企业之间竞争的日益激烈，不仅体现在参与竞争的企业越来越多，更体现在竞争的程度越来越深。这种竞争程度上的变化既反映在多样化经营（即外延）方面，也反映在企业运作中的高技术、高效率（即内涵）方面。在这一背景下，企业竞争将在理念竞争、管理竞争、创新竞争、服务竞争、人才竞争、资讯竞争、渠道竞争、科技竞争、顾客竞争等各个层面全方位展开。企业如何根据自身特点，制定供应战略规划，适时、有效地开展供应工作，已成为企业谋求长远发展的重大课题。

二、供应战略的作用

供应战略的作用首先可以从战略与规划的关系上来看。规划是企业在实际管理和操作层次中所重视的,其重在详细、明确和可操作性;而战略则是企业经营决策层次所重视的,其重在突出重点、明确态度、可持续性和指导性。

供应战略作为企业一种重要的职能层次的战略,是贯穿整个供应规划内容的中心线索和指导方针,所以企业在供应战略的选择过程中应考虑供应规划各个层次的重点内容。另外,进行战略选择时往往要在众多因素中进行取舍,因此一定要突出重点。

反过来,供应战略一经选定,供应规划在各个层次上都要在其指导下进行。供应管理理念是对供应战略的提炼和概括,简洁地体现供应战略的本质;供应管理目标是供应战略的具体化和量化;供应管理策略是供应战略各个局部或方面在战术上的深化;而行动方案则是对供应战略、供应管理目标和供应管理策略的进一步详尽落实。

所以,供应战略和供应规划是相辅相成的关系,其重要性不言自明。另外,供应链对企业的作用日益增大,企业的各项职能战略中供应战略的地位日益提高,有时甚至成为企业总体经营战略的核心。

三、供应战略和企业战略的关系

供应战略和企业战略的关系如下:有效的供应战略的目标之一是将企业目标更好地落实到采购与供应目标上来,一方面保证供应战略成为企业战略的有机组成部分,另一方面保证供应战略切实体现企业在供应方面面临的机会和挑战。采购与供应部门的工作不能局限于处理当前问题,而应高瞻远瞩,凭借采购的增值作用以及对公司竞争力非同寻常的贡献使其成为公司供应链管理的重要一环,并将供应链管理集成到公司的整体业务之中,更好地为客户服务,提升企业形象和竞争力,实现企业的战略目标。

四、供应战略的构成要素

1. 采购什么

这一要素决定了哪些产品或服务需要外部采购,以及自制与外购的决策。这涉及评估企业内部生产能力与市场供应情况,确定哪些产品或服务更适宜从外部供应商处获得。

2. 质量

即确保采购的产品或服务满足既定的质量标准。这包括建立质量控制流程和供应商质量管理机制。

3. 采购多少

即决定采购的数量,考虑库存成本、采购成本及生产需求,以达到成本效益最大化。

4. 谁来采购

即明确采购团队的结构、角色和责任,以及供应商的选择标准。

5. 何时采购

即根据市场需求、生产计划和库存水平确定最佳采购时机。

6. 以什么价格采购

即定价策略,包括谈判、竞价和长期合同安排,以获取最有利的价格条件。

7. 在哪里采购

即选择供应商的地理位置,考虑物流成本、供应链风险,以及地域、政治、经济等因素。

8. 如何采购

即采购流程和操作方法,如电子采购、招标、直接购买等。

9. 采购方式战略

包括采购主体、采购技术、采购途径(如集中采购与分散采购)、采购方式的选择等。

10. 供应商选择战略

即供应商的评估、选择、考核、评价和合作关系管理策略。

11. 订货谈判战略

这一战略涵盖采购条款的详细谈判内容,包括价格、质量、数量、服务、交货期、风险分担等。

12. 采购进货战略

涉及物流和仓储策略,如运输方式、路径选择、运输商管理等。

13. 采购目标与战略定位

即明确采购在企业整体战略中的角色,设定成本、品质、交货时间等具体目标。

14. 供应商管理策略

即构建与供应商的长期合作关系,提升供应链的稳定性和效率。

制定 XYZ 公司供应战略

任务描述

「任务情境」XYZ公司成立于2005年,是一家集研发、生产和销售于一体的高新技术企业,专注于电子产品的创新与制造,如智能手机、智能穿戴设备、智能家居产品等。随着全球科技行业的迅速发展,消费者对于电子产品的性能、品质及环

保要求日益提升，这促使XYZ公司不断革新技术以保持市场竞争力。公司总部位于中国深圳，拥有遍布全球的销售网络，并在亚洲、欧洲和北美建立了生产基地和研发中心。

近年来，XYZ公司面临多重挑战，包括原材料价格波动大、供应链受全球事件影响易中断、环保法规日益严格以及市场竞争激烈等。特别是关键原材料如芯片、电池组件及稀有金属的供应稳定性直接影响到生产成本和产品上市速度。为了优化成本、增强供应链稳定性、确保质量、推动技术创新，确保实现自身长期发展，维持市场领先地位，XYZ公司决定制定一套全面的供应战略。

这一战略的实施将围绕构建强大的供应商关系管理体系、实施风险管理措施、推动流程持续改进、推行绿色采购政策等方面展开，旨在通过战略伙伴关系的深化、供应链的多元化建设，以及数字化工具的引入，全面提升公司的供应链管理水平，从而更好地适应快速变化的市场环境，实现企业的长远发展目标。

「任务要求」 本任务要求学生通过任务步骤，明确供应战略目标，重点掌握供应战略构成要素，完成供应战略的制定。

任务实施

「步骤1」 教师布置实训项目需要完成的任务。

「步骤2」 本着自愿原则，学生5～6人为一组，每组选出一名小组长，由组长进行任务分工、协调成员实训任务，并带领成员完成实训任务。

「步骤3」 ①明确供应战略目标。

成本优化：通过长期合同锁定价格，减少原材料价格波动带来的成本不确定性。

供应链稳定性：建立多元化供应商体系，减少对单一供应商的依赖，提高供应链抗风险能力。

质量保证：与供应商合作，确保原材料符合或超过行业质量标准，采用供应商质量管理程序。

技术创新：与供应商共同研发新材料，推动产品创新，保持市场竞争力。

可持续发展：选择环保材料，支持绿色供应链，提升企业社会责任形象。

②明确战略构成要素。

供应商关系管理：实施供应商分级管理（如ABC分析法），优先发展与关键供应商的战略伙伴关系；定期进行供应商绩效评估，包括质量、交货、价格和服务等维度；开展供应商发展计划，帮助供应商提升能力，共享最佳实践。

风险管理：制订应急计划以应对突发的供应中断情况，比如设立安全库存、备用供应商名单；监控全球政治经济环境，提前预警潜在的供应链风险。

持续改进：引入精益六西格玛管理方法，提高采购效率；推动数字化转型，采用ERP系统集成供应链管理，提高透明度和响应速度。

绿色采购：制定绿色采购政策，优先选择有环保认证的供应商和材料；与供应商共同设定减排目标，监测并报告碳足迹。

「步骤4」 制定供应战略。

任务评价

层级	评价内容	满分	得分	自我评价
1	对供应战略的理解	20		
2	对供应战略目标把握的全面性和准确性	20		
3	对供应战略构成要素的掌握情况	20		
4	供应战略的制定情况	20		
5	信息收集处理能力和文字表达能力	20		

任务2　掌握供应定位模型

任务目标

◆ 素养目标

·通过掌握供应定位模型，增进对合作关系重要性的理解，强化团队协作意识，强化供应链管理的责任感。

·增强对采购品项特性的综合分析能力，结合模型精准评估供应商，制定策略，在实践中锻炼解决问题的能力和决策判断力。

◆ 知识目标

·掌握供应定位模型的定义，了解其在供应链管理中的作用和意义。

·了解供应定位模型的要素，包括供应链地位、供应商关系、供应风险等。

·理解供应定位模型对供应商评估与选择的作用，以及基于模型的采购策略制定原则。

◆ 能力目标

·具备运用供应定位模型分析采购品项特点的能力，包括识别供应链地位、评估供应商关系、分析供应风险等方面的能力。

·能够基于供应定位模型的结果，制定相应的采购策略，包括供应商选择、供应链整合等方面的内容。

·掌握供应定位模型的方法和工具。

一、供应定位模型的定义

供应定位模型通过对所采购产品支出金额的多少和其对企业的影响、供应存在的风险与机会程度进行综合分析，指导企业进行产品采购需求的确定、供应商评价、获取与选择报价、谈判以及合同签署等活动。该模型可以帮助采购方了解不同采购品项所要求的不同供应商关系，并确定各采购品项在供应商评估工作中的优先级别。

二、供应定位模型的要素

在进入谈判之前，企业必须充分了解自己所要购买产品的供应战略。供应定位模型建立在以下要素基础之上。

（一）采购品项的年度支出水平

供应定位模型分析的基础是帕累托法则。根据帕累托法则，20%的采购品项可能会占到总支出的80%，而剩余80%的采购品项只占总支出的20%。由于帕累托法则把分析的对象分为A、B、C三类，所以又称ABC分析法，与之相对应，采购中的A类品项通常占总支出的60%～70%，B类品项占总支出的20%～30%，C类品项占总支出的10%～15%。采购品项的年度总支出水平越高，企业就越需要考虑降低成本的可能性，并且在制定供应战略和谈判中关注这个问题。

（二）供应的影响、机会和风险

供应定位模型分析的第二个要素是供应的影响（impact）、机会（opportunity）和风险（risk）组合，简称IOR。这个组合的等级可以表明不能满足品项的供应目标会给企业带来什么影响（通常是利润方面的损失）。它也能帮助企业判断采购品项的供应市场条件要求企业付出努力的程度，以避免供应目标不能实现的风险，或者利用可以使企业在竞争中领先的供应机会。其中，风险可能包括以下几点：技术进步的速度；产品生产周期；普通/特定规格；企业的社会责任；规格和制造过程的复杂性；前置期；供应市场、供应能力、领导者和竞争力；可供选择的产品或服务数量；PESTLE（政治因素、经济因素、社会因素、技术因素、法律因素和环境因素）对企业和供应商的影响；竞争对手的活动；供应链；客户的需求；与特定供应商的关系等。如果供应风险对企业影响很大，则尤其要谨慎制定供应战略并进行采购谈判。

三、供应定位模型对供应商评估与选择的作用

（一）确定各采购品项在供应商评估中的优先级别

企业没有必要在所有采购品项的供应商评估上都花相同的精力。某些采购品项对企业的重要性要大于其他品项，这取决于采购品项的支出水平、采购品项对企业

的影响以及品项的供应市场条件。如图4-1所示，三条曲线将采购品项划分为四个区域，我们分别称之为H、M、L、N区。位于H区的采购品项属于高优先级别品项，因为该采购品项的IOR等级和支出水平都很高。相反，位于N区的采购品项则属于可忽略不计等级品项，企业只需花费很小的精力对该品项进行供应商评估。而位于L、M区域的采购品项的优先级别则位于H和N区域之间。通常可以根据这些采购品项在图中的区域来确定优先顺序。

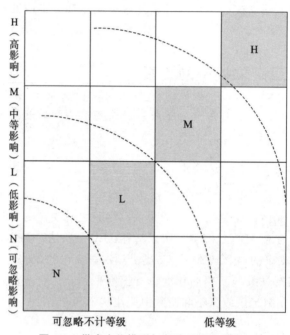

图4-1　供应定位模型与采购品项分类关系

（二）帮助企业确定供应商评估的重点

在均衡考虑供应定位模型中所定义的这些因素后，企业就可以为不同的采购品项制定不同的采购策略，决定与供应商建立什么样的关系以及要采取的供应商评估方法。

（三）指导企业制定供应战略

明确不同采购品项的特征，有助于更好地描述各种采购品项对于企业的重要性，明确它们对供应战略制定的影响。

采购类别的定位一般可以从IOR等级和支出水平这两个因素入手。采购品项的IOR等级可以反映如果无法实现某品项的供应目标，企业将蒙受多大的损失；同时，它也可以反映该品项的供应市场状况，提醒企业采购人员把握供应市场的机遇，从而使企业超越竞争对手。

四、基于供应定位模型的四种类型产品的特征

基于供应定位模型，可以将采购产品分为以下四种类型：常规型产品、杠杆型

产品、瓶颈型产品和关键型产品。四种类型产品的特征如表4-1所示。

表4-1 基于供应定位模型的四种类型产品的特征

品项分类	常规型产品	杠杆型产品	瓶颈型产品	关键型产品
战略战术	战术获取	战术收益	战略安全	战略关键
IOR等级	低	低	高	高
标准或非标准	标准	标准	非标准，但有可能变为标准	非标准，但有可能变为标准
供应商数量	多	多	少	少
支出水平	低	高	低	高
该采购对供应商的吸引力	低	高	低	高
供应商评价重点	判断哪个潜在供应商能够帮助企业将管理费用降至最低	确定哪个供应商能够通过降低价格及总成本对企业贡献最大	集中在以降低供应风险为目标的问题上	在降低成本的同时确保供应的质量和连续性

五、基于供应定位模型的采购策略

供应定位模型以矩阵的方式对采购品项进行分类，如图4-2所示：横轴是企业在货物、工作、物料和服务的总花费中对某物品所处位置的评估，可以简单表述为企业的相对成本。纵轴是IOR的综合定位，其划分原则较为复杂，一般根据企业总目标和对供应市场的分析加以确定。影响程度高低取决于企业总目标，风险与机会的程度来自对供应市场的分析。这个等级可以细分为四个类别：H（高水平）；M（中水平）；L（低水平）；N（可忽略水平）。

（一）常规型产品采购策略

常规型产品的特点是品项数量多，相关成本较低，产品价值不高，对企业的影响不大，获得该品项的风险不大，即IOR等级和支出水平都很低，是多数企业满足日常运行的需求，通常可从大量供应源获得，有很短的前置期，一般都是标准的设计。很多企业都有一定数量的普通采购品项位于这一象限，如办公用品、维修配件、标准件、清洁服务、一般的生产投入品及其他价值低且有大量供应商的商品。针对常规型产品的采购，企业的主要目的是将管理方面的精力最小化。因此，采购这种类型的产品时，供应商的评估重点是判断哪个潜在供应商能够帮助企业将管理费用降至最低。常规型产品采购策略如表4-2所示。对于常规型产品的采购宜采用战术获取的方式进行，因此在常规型产品的采购谈判中宜选用适宜战术获取的谈判策略。

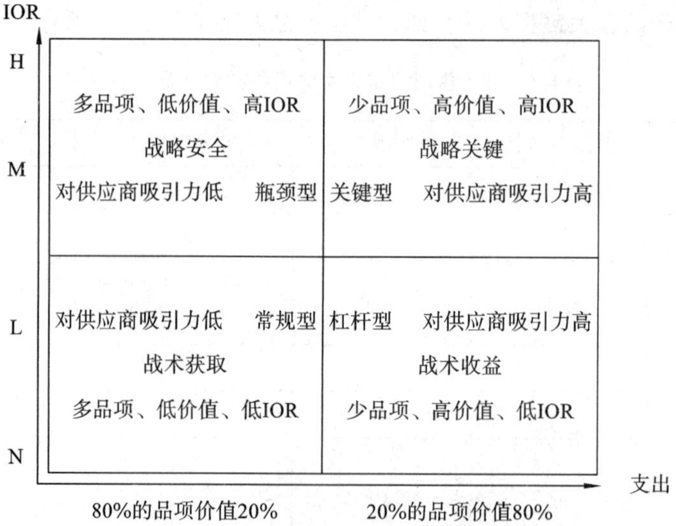

```
IOR
 ↑
H│
 │   多品项、低价值、高IOR      少品项、高价值、高IOR
 │         战略安全                  战略关键
M│
 │  对供应商吸引力低  瓶颈型    关键型  对供应商吸引力高
 │─────────────────────────────────────────────
 │  对供应商吸引力低  常规型    杠杆型  对供应商吸引力高
 │         战术获取                  战术收益
L│
 │   多品项、低价值、低IOR      少品项、高价值、低IOR
 │
N└─────────────────────────────────────────→ 支出
    80%的品项价值20%        20%的品项价值80%
```

图4-2　基于供应定位模型的采购策略

表4-2　常规型产品采购策略

品项特征	·市场丰富，多方供应，可得性好； ·标准件； ·年支出费用很少； ·对于企业来说风险很小。
采购目标	使管理费用最小化。
采购谈判特点	·降低管理成本； ·几乎无须谈判。
采购商应采取的采购策略	·简化采购程序； ·节省管理费用； ·减少来自供应商的干扰； ·随用随买； ·多个供应商，选取其中一个赋予优先权。
选择供应商的标准	·有能力长期提供较宽系列的品项； ·提供的品项是简单、相容、可靠的； ·及时有效； ·能够提供一致的月度清单； ·愿意为企业指派一名固定的客户经理； ·能进行信用交易或电子交易。
对采购人员的要求	·能够很好地按流程工作而且致力于优化流程； ·一线操作层次即可； ·在涉及分订单合同时能主动申请让上级领导参与。

(二) 杠杆型产品采购策略

杠杆型产品的特点是IOR等级很低但支出水平高。与常规型产品象限内的采购品项一样，杠杆型产品也是一些普通的、容易找到很多供应商的品项。但与常规型产品不同的是，杠杆型产品的年支出水平较高。这类产品主要包括化工、钢铁、包装等原材料或标准产品。采购人员在采购杠杆型产品时的主要目标是降低价格和其他交货成本。因此，杠杆型产品的供应商评估的重点是确定哪个供应商能够通过降低价格及总成本为企业实现上述目标做出最大贡献。杠杆型产品采购策略如表4-3所示。

表4-3 杠杆型产品采购策略

品项特征	·多个供应商； ·标准件； ·年支出水平高； ·采购品对企业产品或服务风险较小； ·采购金额对于供应商而言非常有吸引力。
采购目标	综合成本最低。
采购谈判特点	·降低综合成本优先； ·适当考虑维护关系。
采购商应采取的采购策略	·取决于供应商之间的价格差异水平以及转换成本的水平； ·较大的价格差异使得企业在多个供应商之间进行选择； ·较高的转换成本导致企业只能专注于一个供应商，以使总成本最小。
应选择的供应商	·供货能力强； ·中短期内拥有有竞争力的价格； ·并不因为谈判地位的变化而改变，尤其是签订合同之后。
对采购人员的要求	·具有非常优秀的谈判技巧； ·假若转换成本很高，在管理合同时需要维持良好的供需合作关系。

杠杆型产品的品项数量少，相关成本较高，产品价值大，对企业利润贡献大，外部供应丰富，供应商对企业的影响不大，获得该品项的风险也不大，同样存在大量的备选供应源。

对于杠杆型产品的采购宜采用战术收益的方式进行，企业不必在与供应商保持长期紧密关系方面下太大的功夫，重点在于获得最好的供应条件。因此在杠杆型产品的采购谈判中宜选用确保企业战术收益的谈判策略，通过市场及时和明智的行为提供可观的节约成本的机会，从而增加利润。

(三) 瓶颈型产品采购策略

瓶颈型产品的特点是IOR等级高，但支出水平低，物资成本低，对企业利润贡献小，但供应风险大，虽然其本身价值与其供应失败给企业带来的潜在成本相比，几乎微不足道，但是一旦供应商停止供应则很有可能使企业的工作停滞。这类品项

一般是非常专业的，只有很少的供应商能够提供相应的产品或服务。例如，设计时需要依靠某项新技术的产品，或者依靠某些允许偏差很低的零部件产品。如果某产品或服务的供应短缺会对企业产生重大影响，那么非技术性品项也可能会成为瓶颈型产品。在这种情况下，可能的高风险来源是产品或服务的可获得性而非技术性因素。瓶颈型产品的供应可能会给企业带来很大的风险，同时由于采购商在瓶颈型产品方面的支出水平很低，对供应商而言没有特别大的吸引力，所以作为客户的采购商几乎无法对瓶颈型产品的供应商施加影响和控制。针对瓶颈型产品的供应商评估的主要目标是集中精力降低供应风险。瓶颈型产品的采购策略如表4-4所示。

表4-4 瓶颈型产品的采购策略

品项特征	·对采购商有极大的风险； ·市场上只有极少的供应商； ·它们多数是非标准的； ·采购商年支出水平非常低，不足以吸引供应商。
采购目标	降低供应风险。
采购谈判特点	维护合作关系。
采购商应采取的采购策略	·比起价格和成本，更关注风险； ·尽可能从一家供应商处购买以增加采购优势； ·可能的话，掌握市场上所有的相关资源； ·建立长期的合作关系； ·谈判获得有保证的基本供货量； ·做一个好的消费者。
应选择的供应商	·可靠且不以自身的强势地位来讨价还价； ·能够做到长期供应； ·假如风险在供应链中是向上游移动的，供应商有能力控制。
对采购人员的要求	·有较强的公共关系处理能力； ·最好有中高层采购经理或采购总监进行供应关系的维护； ·擅长与供应商进行有效的沟通。

在采购瓶颈型产品时，企业可以采取多种谈判策略来确保供应安全。

首先，及时快速的付款可以为企业带来优势。对瓶颈型产品供应商进行快速付款，对企业的现金流影响有限，但能缩短付款周期和简化流程。这种做法有助于在物料短缺时确保及时供应，并在供应充足时获取优惠价格。

其次，适当提高供应商的利润也是一种有效策略。企业可以通过主动涨价来提升供应安全系数，虽然采购成本可能不高，但缺乏供应保障可能导致企业停产，带来更高的成本。因此，满足供应商的投资回报期望，可以降低企业采购风险，确保供应稳定。

再次，将瓶颈型产品与杠杆型产品合并采购可以增强规模优势。将两类产品一起交给同一家供应商，可以使其更愿意接受订单，从而降低瓶颈型产品的采购风险。

又次，在产品设计阶段进行价值分析，提高产品的标准化水平，减少对瓶颈型

产品的需求。通过优化设计，减少高技术和高质量要求的定制零件，可以有效降低采购风险，并与产品生命周期与材料成本相匹配。

最后，提升与稀缺资源掌握者的合作能力是关键。企业应利用自身资源，如品牌和行业影响力，与供应商建立更深层次的合作关系，而不是单纯依赖"巴结策略"。

综上所述，企业在采购瓶颈型产品时，应采取战略安全的方式，与供应商建立长期合作关系，确保供应安全，并积极开发备用供应商。

（四）关键型产品采购策略

关键型产品具有高 IOR 等级和支出水平，供应商稀少，供应短缺会为企业带来显著风险。与瓶颈型产品不同，关键型产品因其高支出对供应商具有较大的吸引力，采购方因此能够在一定程度上对供应商施加影响。

关键型产品是企业差异化和成本优势的基础，对企业盈利贡献最大。因此，评估关键型产品供应商的主要目标是降低成本，同时确保供应的质量和连续性。原料采购通常涉及大量资金，并直接影响成品成本，因此被标记为关键型产品。例如，汽车制造商需要采购发动机和变速器，电子产品制造商需采购显像管和微处理器等。

此外，某些行业的重要设备根据新技术和特定原则设计，任何生产效果与企业要求的偏差都可能严重影响生产效率，因此这些设备也属于关键型产品。总之，关键型产品在企业采购中扮演着至关重要的角色。关键型产品的采购策略如表4-5所示。

表4-5 关键型产品的采购策略

品项特征	·非标准； ·很少的供应市场； ·几乎没有二中取一的机会； ·高供应风险； ·年采购支出额对于供应商来说相当有吸引力。
采购目标	在降低成本的同时保证供应的质量和连续性。
采购谈判特点	通过与供应商发展伙伴关系来降低成本和风险。
采购商应采取的采购策略	·选择几个长期合作的大客户； ·一般情况下集中采购； ·战略联盟与长期合作； ·供应链协同； ·合作伙伴/合股是最佳选择。
应选择的供应商	·在中长期内，理想的供应商应当拥有成本和技术优势，且能够降低来自上游供应商的风险； ·供应商应当愿意与采购商建立合作伙伴关系，与采购方相互兼容； ·供应商不滥用议价能力且不和采购方竞争对手建立相似的合作关系。
对采购人员的要求	·具有创造性，且积极主动地推动与供应商的合作伙伴关系； ·谈判时从战略全局出发，不破坏与供应商的合作关系。

关键型产品成本高，对企业利润贡献大，同时供应市场风险大，对企业的成功至关重要。关键型产品的可获得性和对竞争优势、成本结构的影响，决定了企业在相关产品或服务方面的高支出水平。对关键型产品的采购宜采用战略关键的采购方式，维持与供应商长期、紧密的关系，寻求双方利益最大化。因此，在采购关键型产品时，企业在与供应商进行采购谈判的过程中，应将重点放在谈判方面，既要注重维护关系，也要注重谈判效率及谈判收益。

运用供应定位模型分析采购品项的特点

任务描述

「任务情境」某公司生产家电压缩机，十多年来依据其产品质量的稳定性在业界拥有良好的品牌声誉，其制冷技术在同类产品中独占鳌头。该公司主要零部件采购有15种，其支出情况如表4-6所示。

表4-6　某公司采购支出情况

支出排序	零部件	全年支出额（千美元）	占全年支出的百分百	累计百分比	运行可靠性提高的幅度
1	TP1	112800	34.03%	34.03%	0.00%
2	TP2	79600	24.02%	58.05%	10%
3	TP3	46800	14.12%	72.17%	1%
4	TP4	31200	9.41%	81.58%	0.5%
5	TP5	23400	7.06%	88.64%	15%
6	TP6	7200	2.17%	90.81%	1%
7	TP7	5480	1.65%	92.47%	2%
8	TP8	5200	1.57%	94.04%	1%
9	TP9	5120	1.54%	95.58%	5%
10	TP10	4800	1.45%	97.03%	15%
11	TP11	4720	1.42%	98.45%	0%
12	TP12	4560	1.38%	99.83%	4%
13	TP13	224	0.07%	99.90%	30%
14	TP14	184	0.06%	99.95%	10%

续表

支出排序	零部件	全年支出额（千美元）	占全年支出的百分百	累计百分比	运行可靠性提高的幅度
15	TP15	160	0.05%	100%	20%
全年支出总额		331448			

注：表中的数据是经过整理后的该公司创新技术所需要的零部件数目、全年支出额以及运行可靠性提高的可能性。TP15是必不可少的特制品。

「任务要求」 针对该公司现状，分析15种采购品项的特点，并运用供应定位模型对其进行分类。

任务实施

「步骤1」 教师布置实训项目需要完成的任务。

「步骤2」 本着自愿原则，学生5～6人为一组，每组选出一名小组长，由组长进行任务分工、协调成员实训任务，并带领成员完成实训任务。

「步骤3」 通过实地采访调查和查询网络或报纸杂志等途径进行资料收集，对收集的资料进行分类整理。

「步骤4」 根据所学知识对采购品项进行分类。

「步骤5」 完成实训项目要求的各项工作。

任务评价

层级	评价内容	满分	得分	自我评价
1	对供应定位模型知识的理解	30		
2	信息收集、分析和整理的能力	20		
3	小组分析报告思路是否清晰，内容是否充实，重点是否突出	50		

任务3　确立供应商关系

任务目标

◆ 素养目标

· 深入理解供应商关系的重要性，明确合作与信任的价值观对企业发展及社会

责任的意义。
- 培养公平、诚信合作的道德理念，强化其在供应链中的正面影响。
- 提升供应链管理的专业能力，确保操作的诚信性、公平性和合规性。
- 锻炼解决实际问题的能力，培养社会责任意识及企业管理责任感。

◆ 知识目标
- 了解现货采购、定期采购、无定额合同、定额合同、伙伴关系、合资企业、内部供应等不同的供应商关系形式。
- 掌握不同供应商关系形式的特点、适用场景和管理要点。
- 了解内部供应的概念和特点及其在供应链管理中的作用和意义。

◆ 能力目标
- 具备确定小超市不同物品的供应商关系的能力，包括选择合适的供应商关系形式、建立合作伙伴关系等。
- 能够根据物品特点和供应需求，制定和采取相应的采购策略和供应商管理措施。
- 掌握供应商关系管理的方法和工具，如供应商评估、供应商绩效评估等。

一、现货采购

在现货采购过程中，企业将与任何一个能在采购时提供最好的整笔交易条件的供应商合作，但一旦供应商得到订单，企业则只能寄希望于供应商能够按约定完成订单，企业与供应商的合作仅建立在诚实守信的基础上，通常表现为较为疏远的交易关系。两者之间的合作往往表现为一种短期行为。

现货采购具有如下特点。
① 选择最好的能提供整笔交易条件的供应商进行交易。
② 关注价格。
③ 无买卖双方个人交情。
④ 只能指望供应商按约定要求完成订单，低优先权、低积极性。
⑤ 使用过多的不同供应商将会增加成本。

现货采购适用于一次性交易需求和标准产品、低转换成本以及品项的支出水平足够高时。

二、定期采购

定期采购是在一段时间内从一个或多个供应商处进行多次现货采购。
定期采购具有如下特点。
① 重复进行现货采购。
② 需要确认那些保持竞争优势的供应商。
③ 频繁地与供应商交往将使双方变得熟悉。

④能给予企业较大优先权的供应商将成为企业的首选供应商。

定期采购适用于企业很难提前预知需求并且每次需求都不同的情况。

三、无定额合同

无定额合同也称框架协议、总括合同或持续性订单，是指企业与供应商达成一种协议，这个协议在一段时间内（一年或更长）对双方都有效。

无定额合同具有如下特点。

①供应商同意以需求为基础，在约定的时间段内以约定价格提供一定范围内的产品或服务。

②能节约时间和精力，并能让企业按照合同要求直接提出需求。

③企业对供应商的绩效考核有益于促进合同执行。

无定额合同适用于频繁地采购产品和服务，并且很难事先预测其采购量的情况。

四、定额合同

定额合同与无定额合同相似，只是在定额合同中，企业需要承诺在合同期内采购一定数量和价值的产品。这类合同更能吸引供应商，并且能使企业得到更优惠的条件。定额合同适用于具有频繁的需求且采购量能事先预测的情况。

五、伙伴关系

伙伴关系也称联盟，是双方在高度信任的基础上形成的一种长期合作关系。在供应链采购环境条件下，建立此种供应商关系是企业获得成功的重要途径。

成功的伙伴关系具有如下特点。

①相互依存。

②双方具有高度信任感。

③双方高度互动、共享信息。

④关注成本而非价格。

⑤协同合作、关系投资。

⑥适用于关键型产品和瓶颈型产品采购，并且关注长期的产品研发。

⑦关系的建立需要时间和努力，所以其基本原则是选择合适的伙伴

六、合资企业

合资企业是由两个或多个母公司设立并拥有的独立实体。合资企业具有如下特点。

①比伙伴关系具有更强的指导性影响力。

②设立和管理成本更高。

合资企业适用于大规模采购、技术复杂或者高价值的采购、新兴市场或特定领域的采购、风险较高、长期战略的采购等。

七、内部供应

内部供应是指企业自己提供某些产品或服务，而不是从供应市场上采购，即企业自己制造而非购买。

这是一种最密切的供应关系，具有如下特点。

①具有最大限度的供应控制权并且能减少供应风险。

②可能达不到有效的生产规模，获得供给能力可能代价较大。

③企业的固定成本将会增加。

项目任务
确定小超市不同采购品项的供应商关系

任务描述

「任务情境」 林子在2008年开了一家小超市，经过近15年的努力，超市生意日渐红火，并在当地开了5个连锁超市，经营的货品有上百种。随着超市规模的扩大，采购人员感觉精力不够用了，超市经常出现断货或库存过多的情况，严重影响了超市的经营业绩。为此，超市采购人员需要将有限的精力用在利润高、受消费者喜爱的产品的采购上，同时严控库存。

「任务要求」 选择一家超市，针对采购品项的市场特点，对该超市经营的货品进行供应定位分析，确定不同物品的供应商关系。

任务实施

「步骤1」 教师布置实训项目所需要完成的任务。

「步骤2」 本着自愿原则，学生5～6人为一组，每组选出一名小组长，由组长进行任务分工、协调成员实训任务，并带领成员完成实训任务。

「步骤3」 通过实地采访调查法收集资料，对收集的资料进行分类整理。

「步骤4」 根据所学知识进行采购品项的定位分析。

「步骤5」 完成实训项目要求的各项工作。

任务评价

层级	评价内容	满分	得分	自我评价
1	对供应定位模型知识的理解	30		

续表

层级	评价内容	满分	得分	自我评价
2	信息收集、分析和整理的能力	20		
3	小组分析报告思路是否清晰，内容是否充实，重点是否突出	30		
4	小组分工是否明确和均衡，小组成员的能力是否得到了充分的发挥	20		

任务4　选择供应战略

◆ **素养目标**

·增强对供应战略重要性的认识，平衡合作与竞争的关系，理解其对企业竞争力及社会责任的影响。

·提升团队合作力，加强与供应商的有效沟通和协作。

·深化供应链管理的专业知识，注重诚信、公平及可持续发展意识的培养。

◆ **知识目标**

·了解常规型采购品项、杠杆型采购品项、瓶颈型采购品项和关键型采购品项等的特点。

·掌握不同采购品项的供应战略和管理要点。

·了解小超市供应战略的制定原则和方法及其与供应链管理的关系。

◆ **能力目标**

·具备制定小超市供应战略的能力，包括选择合适的供应战略、制订采购计划等。

·能够根据小超市的经营特点和市场需求，制定相应的采购策略和供应商管理措施。

·掌握供应战略实施和调整的方法和工具，如供应商评估、供应链协同等。

一、常规型采购品项的供应战略

对常规型采购品项的采购应尽量减少采购人员不必要的时间和精力浪费，故以选择一个供应商为宜，而不应选择多家供应商。具体说来有如下几方面原因。

第一，由于不同的供应商可能具有不同的行为模式，这些不同的行为模式增加了采购流程的复杂性和变化性。如果使用多家供应商，企业采购人员在采购同一品项时要花费很多的时间和精力去适应合作的过程，导致采购工作低效。

第二，每换一个供应商，企业都需要重新在价格、付款方式等方面与供应商进行谈判，多次变化供应商会带来企业管理成本的增加。

第三，选择多家供应商会使采购量分散，使得供应商的兴趣下降，在出现供应问题时，供应商的响应可能会非常迟钝。

同时也需要认识到，只使用一个供应商也有可能因为把所有的相关业务交给对方，出现供应商响应迟钝和缺乏竞争力的问题。

二、杠杆型采购品项的供应战略

在制定杠杆型采购品项的供应战略时，由于项目的高价值、低风险，以及市场价格的变化会极大地影响企业，因此企业会更加关注价格这一因素；同时由于项目的价值高，所以一定程度的转换成本（即变换供应商时发生的成本）是可以容忍的。

杠杆型采购品项的供应战略主要取决于以下因素：供应市场的易变性（价格变化的快慢）；企业对供应市场的了解程度；价格在不同供应商之间变化的幅度；转换成本的大小。

转换成本可能源于以下几个方面：谈判成本；重新培训员工的成本；流程和设计的改变；旧库存的改变；终止以前签订的合同所受的处罚；启动新采购程序时的无效率等。

受价格变化和转换成本这两个重要因素影响，杠杆型采购品项可选择不同的供应战略，具体如表4-7所示。

表4-7 杠杆型产品的供应战略

战略的要素	情况1：价格变化小，转换成本非常高	情况2：价格变化小，转换成本可忽略	情况3：价格变化小，转换成本相对较高	情况4：价格变化大，转换成本低	情况5：价格变化大，转换成本相对较高
选择供应商数量	1个	许多	1个	许多	2~3个

续表

合同类型	阶段性合同/一般为长期	现货采购	阶段性合同	现货采购	阶段性（总括）合同/一般为中期
所需供应商类型	合同期限内成本最低	当前成本最低	合同期限内成本最低	当前成本最低	合同期限内成本最低
关系的性质	合作型的（一旦锁定合作关系，采购的强势就不再滥用）	交易型	交易型（买方强势）	交易型	合作型

三、瓶颈型采购品项的供应战略

在对该类采购品项的供应战略进行选择的过程中，采购方需要做以下工作：更关注降低风险而不是价格和成本，价格和成本只是第二重要的；如果可能的话，增加从一个供应商处购买的量；如果需要，确定备选供应商，以便在问题出现时选择；与供应商保持一种紧密的长期关系；为降低风险，与供应商谈判一个可以保证实现的数量（如每月采购量）并签署一份长期合同；做一个"好顾客"。

良好的瓶颈型采购品项供应商具有以下几点特征：供应商应该是可靠的并且不会以机会主义的方式做事或者滥用其强势的议价地位；供应商应该能长期供应企业需要的特定产品；如果风险是来自供应链上游，供应商应该具有足够的能力和很好的策略来应对。

瓶颈型采购品项的供应战略如表4-7所示。

表4-7 瓶颈型采购品项的供应战略

选择供应商数量	一个或两个
关系性质	做一个"好顾客"
合同类型	定期合同（合同有效期可能很长）
供应商类型	·必须在企业面临最高风险的领域具有特别强的生产能力； ·不会滥用其有利的议价地位； ·将在长期内持续供应企业所需产品。

四、关键型采购品项的供应战略

关键型采购品项与杠杆型采购品项在支出水平上相似,但由于关键型采购品项通常只有少数供应商,因此杠杆型采购战略不适用于关键型采购品项。为了降低风险和成本,企业需要增强对供应商的影响力,选择伙伴关系作为供应关系类型往往有助于此。然而,企业可能只能与单一供应商建立伙伴关系,因为这种关系的建立与维护需要大量时间和精力,并基于双方的相互信任。企业应选择能够共同发展竞争优势的合作伙伴,并在合同中明确长期合作承诺及基本原则。

优秀的关键型采购品项供应商应具备以下特征:财务稳定,能够维持市场地位;理解并愿意与企业建立合作关系;不利用机会剥削企业;不与竞争对手建立类似关系;具备成为最低成本提供者和技术领导者的能力;与企业的业务战略一致;能够从合作中获益,并在可能的情况下降低上游供应风险。

关键型采购品项的供应战略如表4-8所示。

表4-8　关键型采购品项的供应战略

供应商数量	一个
关系性质	伙伴关系
合同类型	长期伙伴关系合同
供应商类型	·在对企业来说属于高风险的领域必须具有特殊能力; ·必须有能力在中期或长期成为最低成本提供者或技术领导者; ·企业所需要的产品或服务必须是该供应商的核心业务; ·供应商的商业战略必须与企业的商业战略保持一致; ·具有财务上的稳定性,能够长期维持市场地位; ·没有同企业的竞争者建立与企业类似或更进一步的联系; ·不会滥用其优势地位对企业进行盘剥。

制定小超市供应战略

任务描述

「任务情境」 林子在2008年开设了一家小超市,经过近15年的努力,超市生意日渐红火,并在当地开设了5家连锁超市,经营的货品有几百种。随着超市的扩大,采购人员精力不够用,经常出现断货或库存增大的情况,严重影响了超市的经营业绩。为此,超市采购人员需要将有限的精力用在利润高、受消费者喜爱的产品的采购品项上,同时严控库存水平。

「任务要求」 在已完成任务3中的"项目任务"的基础上,为不同的采购品项制定有针对性的供应战略。

任务实施

「步骤1」 教师布置实训项目所需要完成的任务

「步骤2」 本着自愿原则,学生5~6人为一组,每组选出一名小组长,由组长进行任务分工、协调成员实训任务,并带领成员完成实训任务。

「步骤3」 通过实地采访调查法进行供应战略的收集。

「步骤4」 在已完成任务3中的"项目任务"的基础上,制定各采购品项的供应战略。

任务评价

层级	评价内容	满分	得分	自我评价
1	对供应定位模型知识的理解,实训过程中职业素养和专业能力是否得到体现	30		
2	信息收集、分析和整理能力	20		
3	供应战略的针对性和可实施性	20		
4	小组分析报告思路是否清晰、内容是否充实、重点是否突出	20		
5	小组分工是否明确和均衡,小组成员的能力是否得到充分发挥	10		

项目五 选择与管理供应商

任务1 了解供应商评估流程

任务2 确定潜在供应商评价标准

任务3 识别与调查供应商

任务4 供应商分类、激励与控制

项目导学

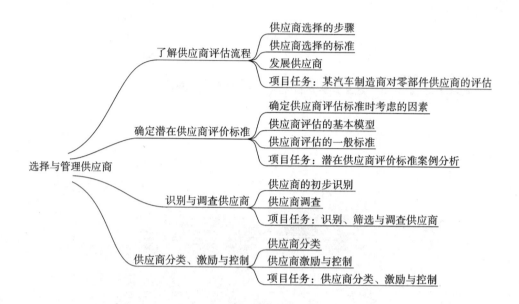

本项目将围绕"选择与管理供应商"这一内容展开讨论与学习。在任务1中，您将了解供应商评估流程，包括供应商选择的步骤、供应商选择的标准以及发展供应商的具体方法。任务2将帮助您了解确定潜在供应商评价标准相关内容，探讨确定供应商评估标准时考虑的因素、供应商评估的基本模型及一般标准。任务3将重点关注供应商的识别与调查，包括供应商的初步识别和供应商调查。最后，在任务4中，您将学习供应商分类、激励与控制，了解如何对供应商进行分类以及激励与控制供应商的方法。通过本项目的学习，您将掌握选择与管理供应商的重要知识和技能，为您的职业发展提供有力支持。

思政导航

在供应链管理背景下，选择与管理供应商是一个关键环节，不仅涉及企业的经济利益，还关系到企业的社会责任。

首先，选择与管理供应商涉及企业的社会责任。企业在选择供应商时，不仅要考虑供应商的质量、价格和交货能力等因素，还要关注供应商的社会责任表现。例如，一家电子产品制造公司在选择供应商时，将环保和劳工权益作为重要的评估标准。其与供应商协商建立了环境管理体系和劳工权益保护机制，确保供应链中的每个环节都符合环保和劳动保护相关法律法规的要求。这种做法不仅提升了企业的形象和竞争力，还推动了整个产业链的可持续发展。

其次，选择与管理供应商涉及企业的道德观念。在供应链管理中，有时存在一些道德问题，如贿赂、侵犯知识产权等。企业在选择供应商时，应该遵循道德规范，拒绝与不道德的供应商合作。例如，一家知名食品企业在选择供应商时，坚持不与存在质量问题和违法行为的供应商合作。其积极监管供应链，严格把关产品质量和安全，以保障消费者的权益、维护企业的声誉。这种道德观念的践行，不仅对企业自身发展有利，也对整个食品行业的健康发展起到了积极的推动作用。

综上所述，选择与管理供应商不仅是一项经济活动，更是一项涉及社会责任和道德观念的重要任务。企业在进行供应商选择与管理时，应该注重供应商的社会责任表现，秉持良好的道德准则，以推动企业和整个供应链的健康可持续发展。

任务1　了解供应商评估流程

任务目标

◆ **素养目标**
- 形成公正客观的评价态度，坚持诚信为本的原则。
- 增强供应商管理的责任意识，深刻理解其对企业与社会价值的重要性。
- 提升应对供应商管理挑战的能力，在实践中解决问题。

◆ **知识目标**
- 理解供应商评估的概念、目的和意义。
- 了解供应商评估的主要流程和环节。
- 掌握评估指标的定义和作用。

◆ **能力目标**
- 能够运用合适的评估方法对供应商进行全面评估。
- 能够与供应商进行有效沟通，收集所需信息。
- 熟练分析评估结果，得出准确的结论。

供应商管理包括供应商选择、建立供应商评估标准、发展供应商等，最终达到降低成本、提高效率的目的。

一、供应商选择的步骤

供应商选择的步骤如图5-1所示。

图5-1　供应商选择步骤

（一）准备

准备阶段的工作目标是完成询价准备工作。具体工作内容包括：详细记录供应商对于所提问题的答复（概括的和特别补充的）；确定询价的报表；明确成本结构和材料范围；确定对话伙伴；确定日程。

（二）询价

询价阶段的工作目标是完成供应商的报价。具体工作内容包括：分析供应商，确定目标供应商并向其发出询价邀请；进行询价；日程监督；回复对于问题的解释。

（三）报价分析

报价分析阶段的工作目标是对有潜力的供应商进行排名。具体工作内容包括：供应统计；供应日期的协调；对供应商的报价进行分析；对供应商进行潜力评估。

（四）风险分析

风险分析阶段的工作目标是对潜在的供应商进行风险分析，并经风险平衡后获得供应商的排名。具体工作内容包括：风险分析（政治、货币、地理）；运用评分法进行风险评估；必要时拜访供货商等。

（五）合作伙伴的选择

合作伙伴的选择阶段的工作目标是确定进行谈判的供应商。具体工作内容包括：费用、位置与风险的评估；供应商业务范围的确认；确定潜在的供应商。

 二、供应商选择的标准

供应商选择的标准可分为三个层次，即范畴、标准和次级标准。范畴包括四个方面，即采购、质量、物流和技术，每个方面的总分为100分。在此基础上，对每个范畴设立相应的具体标准，根据不同的供应商情况赋予相应的分数，以分数的高低来表示供应商满足要求的程度，得分高者即为优先选择的供应商。具体如图5-2所示。

对于次级标准，必须根据具体业务来定义，并将标准细化。细化的供应商选择标准示例如图5-3所示。

在选择的基础上对供应商进行分级，如图5-4所示。

针对不同级别的供应商，采用不同的策略，如图5-5所示。

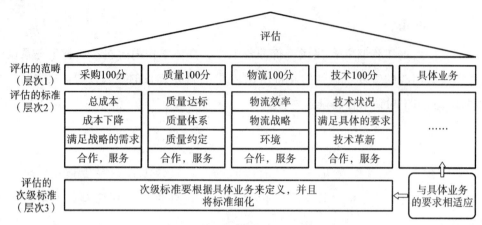

图 5-2　供应商选择的标准框架

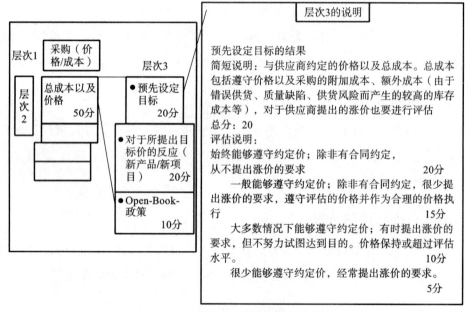

图 5-3　细化的供应商选择标准示例

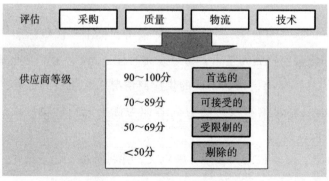

图 5-4　供应商等级划分标准

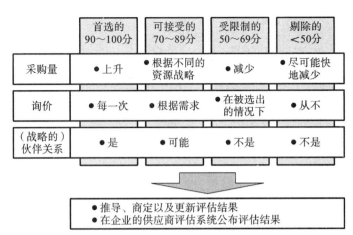

图 5-5 针对不同级别供应商的不同策略

 三、发展供应商

发展供应商这一阶段致力于制定以降低供应商成本、提升供应商效率为目标的供应商发展战略。具体工作内容为：根据评估结果为所有供应商提出具体的改进目标；有针对性地提出供应商改进项目；讨论活动；咨询；有针对性地剔除不合格的供应商。

某公司供应商发展战略制定的基本步骤和战略内容如图 5-6 所示。

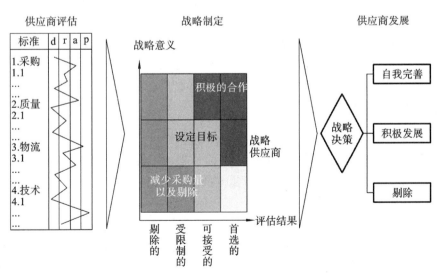

图 5-6 某公司供应商发展战略制定的基本步骤和战略内容

在图 5-6 的基础上，该公司以自我完善作为供应商发展的主导战略，提出了如图 5-7 所示的供应商完善计划，帮助供应商自我完善。

评估结果: 72 分: 可接受的
主要成绩: 良好的技术状况
主要缺陷: 相对于市场竞争的价格劣势,
　　　　　特别差的供货可靠性
建议的发展措施:
　　- 自我完善
　　- 一般管理费用的优化 (通过本公司的咨询)
预期的改进 (到下一次评估):
　　- 评分80分
　　- 成本下降潜力: 300.000 德国马克

时间计划:

参与者:

日期　　　　供应商签字　　　　采购签字

图5-7　供应商完善计划

通过对供应商进行科学管理，该公司与多个供应商建立了紧密的伙伴关系，有效地保障了采购与供应目标的实现。

项目任务
某汽车制造商对零部件供应商的评估

任务描述

「任务情境」 某汽车制造商为了提升汽车质量和生产效率，决定对其零部件供应商进行全面的评估与选择。此次评估的重点将放在供应商的能力和积极性两个方面。

「任务要求」 本任务要求学生通过任务步骤，了解采购和供应管理的过程和体系，重点掌握供应商选择、评估、发展等关键环节，最终实现降低成本、提升效率的目标。

任务实施

「步骤1」 教师布置实训项目所需要完成的任务

「步骤2」 本着自愿原则，学生5~6人为一组，每组选出一名小组长，由组长进行任务分工、协调成员实训任务，并带领成员完成实训任务。

「步骤3」 需求分析。

「步骤4」 供应商选择。

①准备。完成询价，记录供应商对所提问题的答复，确定询价报表、成本结构、材料范围、对话伙伴和日程。

②询价。分析供应商，发出询价邀请，进行询价、日程监督和问题回复解释。

③报价分析。进行供应统计、供应日期协调和分析，评估供应商潜力。

④风险分析。进行政治、货币、地理等风险分析，运用评分法评估风险，必要

时可拜访供应商。

⑤合作伙伴的选择。评估费用、位置与风险，确认供应商业务范围，确定潜在供应商。

「步骤5」 评估过程。

①供应商能力评估。一是历史表现评估。汽车制造商首先查阅了各供应商过去三年的交货记录、质量合格率以及客户反馈等信息。例如，汽车制造商发现某关键零部件供应商A在过去三年中，交货准时率始终保持在99%以上，且质量合格率高达98%，客户反馈良好，显示出强大的供应能力。二是现场审核。汽车制造商组织了一支专业团队对供应商A的生产现场进行了实地考察。该专业团队重点检查了生产线的自动化程度、质量管理体系的执行情况，以及原材料和成品的质量控制流程。经过审核，其确认供应商A拥有先进的生产设备和严格的质量管理体系，能够满足汽车制造商的高标准要求。三是样品测试。为了进一步验证供应商A的产品质量，汽车制造商要求其提供最新批次的零部件样品进行测试。经过严格的性能测试和耐久性测试，样品表现出色，完全符合汽车制造商的技术规格要求。

②供应商积极性评估。一是沟通与交流。汽车制造商定期与供应商A的高层管理人员和生产团队进行沟通交流，了解其对合作的态度和意愿。在交流中，供应商A表达了强烈的合作愿望，并承诺将根据汽车制造商的需求进行灵活调整和改进。此外，供应商A还主动分享了其在技术创新和成本控制方面的新进展，显示出积极的合作态度。二是反馈机制。汽车制造商建立了完善的供应商反馈机制，定期收集各部门对供应商A服务的评价。结果显示，供应商A在售后服务、响应速度以及问题解决能力等方面均获得了高度评价。特别是在面对紧急订单或质量问题时，供应商A能够迅速响应并采取有效措施解决问题。三是激励机制。为了激发供应商A的积极性，汽车制造商设计了合理的激励机制。例如，对于连续几年表现优秀的供应商A，汽车制造商给予额外的订单份额和价格优惠作为奖励。这一举措不仅增强了双方的合作意愿和信任感，还进一步提升了供应商A的积极性和服务水平。

「步骤6」 评估结果。

经过全面的评估与选择过程，汽车制造商最终确定供应商A为其关键零部件的主要供应商。这一选择不仅保证了汽车制造商的生产效率和产品质量，还为其与供应商之间建立长期稳定的合作关系奠定了坚实的基础。同时，该案例也充分展示了上述评估方法在实际应用中的有效性和可行性。

任务评价

层级	评价内容	满分	得分	自我评价
1	对流程先后顺序的理解	20		
2	对各流程目标的理解	20		
3	对采购与供应管理的理解	20		
4	供应商选择与评估的熟练程度	20		
5	供应商发展策略的制定与执行	20		

任务 2　确定潜在供应商评价标准

◆ 素养目标
- 形成公平公正的评价态度，尊重每位潜在供应商，推动建立合作共赢关系。
- 保持严谨态度，确保评价过程准确可靠，提升工作质量。
- 增强沟通技巧，有效交流，提升对潜在供应商的敏锐判断力和精准评估力。
- 运用创新思维，持续改进评价体系，促进更高效的供应商筛选与合作模式的产生。

◆ 知识目标
- 了解潜在供应商评价标准的重要性和作用。
- 熟悉不同行业的潜在供应商评价标准的差异。

◆ 能力目标
- 能够根据企业需求，确定合适的潜在供应商评价标准。
- 熟练运用评价标准对潜在供应商进行分析和比较。
- 有效收集和整理潜在供应商的相关信息。

一、确定供应商评估标准时考虑的因素

在确定供应商评估标准时，应考虑以下几个因素。

首先，不同采购品项的特定供应策略和与供应商的关系类型会影响评价标准的选择。不同类型的采购品项需要采用不同的供应策略，从而影响对供应商的评价。

其次，明确供应目标和优先级别至关重要。企业在采购时要考虑的目标包括质量、可获得性、供应商支持和总成本。质量涉及符合规格的产品和服务的可靠性；可获得性指供应商能否及时提供所需产品；供应商支持则是指在采购新产品或复杂产品时，供应商能否满足需求；总成本则包括供应商的成本构成及其议价能力。

最后，采购品项的定位也很重要。供应定位模型帮助企业确定采购品项在评估中的优先级别，常规型采购因支出水平低、风险小而优先级最低。同时，该模型还帮助确定评估的重点，将采购品项分为常规型、杠杆型、瓶颈型和关键型。

二、供应商评估的基本模型

在供应商评估中，企业应重点考虑两个因素：供应商的能力和积极性。供应商的绩效由这两者构成，企业选择供应商时不仅要关注其满足企业要求的能力，还需考量其完成任务的积极性。

供应商的能力和积极性要求与采购品项类型密切相关，不同品项会影响供应商的表现。企业与供应商建立的合作关系越紧密，积极性的重要性越显著，尤其是在采购供应商不太感兴趣的瓶颈型产品时，积极性因素更需重点关注。

积极性因素通常较为无形，难以进行系统评估。企业可以通过采购价值和吸引力水平两个方面的表现来衡量供应商的积极性。供应商感知模型以矩阵的方式来表示，如图5-8所示。

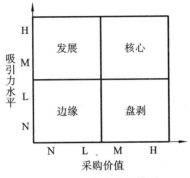

图5-8 供应商感知模型

其横轴为采购价值大小，采购价值是指采购方采购额占供应商销售总额的百分比。大于15%为高（H），5%~15%为中高（M），0.8%~5%为低（L），低于0.8%为可忽略（N）。

其纵轴为吸引力水平的高低，吸引力是指那些非货币因素，包括战略一致性、往来方便性、财务稳定性、间接利益的获得性以及未来业务发展的可能性等。

供应商据此也把采购方分成四类：一是边缘类，即具有低采购价值和低吸引力水平；二是盘剥类，即具有高采购价值和低吸引力水平；三是发展类，即具有低采购价值和高吸引力水平；四是核心类，即具有高采购价值和高吸引力水平。根据不同的分类，供应商会采取不同的态度对待采购方。

三、供应商评估的一般标准

在对不同供应商进行对比分析的过程中，企业应尽量使用某些特定而共同的评估标准以保证对比结果的可靠性。供应商评估的一般标准包括质量、可获得性、响应性、成本、总体信誉和与企业的兼容性等。

(一) 质量

不管是什么类型的采购,企业都希望得到符合规格要求的产品或服务,并且希望其具有可靠性和耐用性。一般可以从目前的质量能力和未来的质量能力两个方面来进行供应商质量方面的评估。

1. 目前的质量能力

衡量供应商目前的质量能力的标准有很多,企业应根据所采购的是标准品项还是非标准品项来选用不同的测评标准。

对提供标准品项的供应商的质量能力进行评估时,以下标准可供选择使用。

①规格说明书。通过规格说明书来评价供应商提供的产品是否与企业要求一致。

②量体裁衣式生产的柔性和能力。供应商根据企业的特定要求对产品生产规格进行调整的能力,对于企业来说非常重要。

③废品率。这是供应商自己衡量其产品是否符合规格要求的数据记录,废品率越低,说明生产质量越稳定。

④产品退货率。退货率越高,说明产品的可靠性越差。

⑤保养间隔期。保养间隔期越长,说明设备的耐用性越强。

⑥可更换部件的消耗水平。产品中需要更换部件的消耗水平是衡量产品可靠性的标准,也是衡量产品生命周期成本的经济性指标。

⑦平均无故障时间和运转中断率。平均无故障时间是指预期出现故障前,产品可工作的时间长度。平均无故障时间越长,说明设备的可靠性和耐用性越高。运转中断率是指设备无法运转的时间占应该运行时间的百分比。运转中断时间可能是计划中的,也可能是计划外的。计划外的运转中断会给企业带来损失,是质量问题的一种表现。

⑧耐用性。它是衡量产品必须被替换前能够使用时间长短的指标。

⑨保修的全面性。如果供应商仅在法律要求的最短保修期内提供基本保修,这可能意味着该产品的可靠性和耐用性不是很高;而如果供应商承诺在很长的一段时间内提供全面的保修服务,说明供应商本身对自己的产品质量是有信心的。

对提供非标准品项的供应商进行质量能力评估时,以下标准可供选择使用。

①研发投入。研发投入资金的大小和投入效果的好坏,可以表明供应商是否致力于产品革新,并尽量将最好的产品提供给市场。

②知识产权。供应商如果拥有很多注册专利以及产品专利权等,说明其具有技术领先优势。当企业需要在高科技领域提高自己产品的差异化程度,因而需要采购目前市场中最先进的产品或服务时,供应商是否处于技术领先地位就显得非常重要。

③供应商员工的整体素质。供应商拥有的专业技术人员数量越多,技术资质水平越高,其提供最佳设计和生产加工效果的可能性就越大。

④设计工具和生产能力。合适的计算机应用软件和相关工具可以使设计变得更为方便。一般使用精确度非常高的机器可以保证产品质量。

⑤供应商的质量和环境管理体系。如果供应商拥有一个全面的、持续改进的质量和环境管理体系,说明该供应商的产品设计、生产、物流以及其他关键程序和操

作等会在一个可控的、有效的方式下进行，这将有效地保证终端产品或服务能满足企业规格说明要求。

⑥提供类似产品或服务的经验。供应商拥有与企业所要求的产品或服务相关的生产或服务经验，则说明其有能力生产满足企业要求的产品或提供企业要求的服务。当然，某些供应商虽然只有很少相关产品生产或服务经验，也可能非常有能力满足企业要求。

2. 未来的质量能力

当企业希望与供应商建立长期合作关系时，评估的重点会相应调整，更为关心供应商的发展趋势，也就是未来的质量能力。对于供应商未来的质量能力，企业可以通过供应商提供符合质量要求产品的积极性这一方面来进行评价。很多用来评估供应商目前质量能力的标准，同样可以用于评估供应商的未来的质量能力。此外，评估供应商未来的质量能力还可以从以下几方面入手。

①供应商是否乐意通过开展联合价值分析/价值工程介入企业的产品设计。
②供应商能否提供柔性产品规格。
③供应商能否建立特别的质量控制检验体系，或安排所需的监测服务。
④供应商能否指派具备相关专业技能的员工参与企业的产品设计。
⑤供应商能否赋予企业转让技术及知识产权的权利。

（二）可获得性

可获得性是指供应商能够随时随地提供企业所需的产品或服务的能力。针对企业与供应商期望建立的不同合作关系，可以从供应商的目前可获得性、未来可获得性，以及供应商在可获得性方面的积极性等方面来评估。

1. 目前可获得性

对于供应商的目前可获得性，可以从以下几个方面进行评估。

①市场服务范围。供应商是否为企业所在市场提供服务，以及企业主要采购品项在其标准产品范围中所占的比例。所占比例越大，说明供应商能提供的产品范围越广，双方合作机会也越多。

②竞争对手服务。如果供应商同时为企业的竞争对手提供资源，企业获取所需资源的难度和竞争劣势将增加。

③供应商能力。评估供应商能否提供满足企业要求的产品或服务，特别是了解其分包人的能力。

④库存水平。供应商的库存水平会影响其对企业的响应速度和交货前置期。

⑤出口经验。在国际采购中，供应商的出口经验尤为重要。

⑥供应前景。供应商能在未来多长时间内保证供应，反映了其与企业长期合作的能力，这对于长期合同尤为重要。

⑦供应保障。对于长期采购而言，供应商的供应保障能力是关键，其具体包括市场地位、核心业务中采购品项的重要性、财务稳定性、原材料保障、交货可靠性等多个方面。

2. 未来可获得性

对于供应商的未来可获得性，可以从以下几个方面进行评估。
①供应商的产品范围（与企业需要相关的）是否曾经扩大或缩小。
②企业感兴趣的产品范围是否属于供应商的核心业务范畴。
③供应商供应的产品处于该产品生命周期的哪个阶段。

3. 供应商在可获得性方面的积极性

除了对供应商的基本能力进行了解外，企业还需要了解供应商是否有为保障供应而采取措施的积极性，这一点首先表现在其是否有兴趣为企业提供有关供应商可获得性的资料。此外，供应商在可获得性方面的积极性还表现在以下几个方面。
①根据企业的采购要求，投资开发产品线。
②与企业共享进行预测所需的信息。
③愿意采取提高供应效率和缩短前置期的措施。
④产品在数量和前置期方面具有更强的灵活性，提高对企业紧急需求的响应速度等。
⑤为企业提供长期供应保障。
⑥帮助企业处理国际货运安排等事宜。

（三）响应性

不同供应商对响应性的理解各异，有的以解决问题的速度为标准，有的则以问题发生频率或客户满意度调查结果为依据。因此，难以找到统一的评估标准。通常可以通过以下问题评估供应商的响应性：供应商的使命或目标中是否强调客户支持？供应商是否制定满足企业要求的客户服务方针或计划？是否有顾客投诉及纠正报告制度，响应和处理速度如何？是否成立了客户服务团队，团队员工的素质和专业水平如何？能否提供产品使用培训和现场指导，是否具备快速处理客户问题的信息系统？是否有持续改进客户服务的策略和体系？

供应商在响应性方面的积极性体现在其愿意配合企业提供有关客户支持服务和响应水平的信息，并优先满足企业在专业培训和联合应变计划等方面的需求。

（四）成本

1. 成本的评估标准

对于标准化品项，企业可以从以下几方面获得供应商成本的相关信息
①可提供的优惠条件，如标准价格或费率表、折扣水平、支付条件、可否赊销等。
②采购品项的产品生命周期成本。

2. 对未来成本的评估

如果企业希望与供应商建立长期合作关系，需要在评估供应商成本时考虑其长期成本结构和竞争力。关键因素包括以下几点。

①直接原材料成本。比如，关注原材料在产品总成本中的比例、供应商的议价能力、是否与上游供应商建立了长期协议或合作关系、是否有降低供应成本的可行方案。

②直接劳动力成本。通过劳动力费用率的变化趋势来评估劳动力成本的变化。

③企业管理成本。如果管理成本过高，可能导致成本劣势。如果过高是由管理软件或制度不合理导致，其在降低成本方面可能有较大空间。

④生产效率。通过评估生产设备的现代化程度、生产瓶颈、库存管理、工厂分布及生产计划体系的成熟度，来判断生产效率。

⑤外向物流成本。此成本影响产品分销，距离较远的供应商在竞争中处于劣势。未来物流成本的变化取决于在离采购商近的地方建立新机构的可行性。

⑥支付条件。对资金有限的企业而言，供应商提供的优惠支付条件可以有效降低成本。

（五）总体信誉和与企业的兼容性

除了考核供应商的质量、可获得性、响应性和成本相关的方面外，企业还需要对供应商的总体信誉和与企业的兼容性进行评估。企业越是希望与供应商建立长期的合作关系，这种评价就显得越重要。

1. 总体信誉

以下问题有助于企业对供应商的总体信誉进行评估。

①供应商从事该业务的时间有多长？
②供应商的所有者和管理者的能力、经验和信誉如何？
③供应商及其产品的市场形象如何？
④供应商对待客户的态度一般是公平合理还是苛刻强硬？
⑤供应商的员工是否敬业？
⑥企业对供应商在管理、组织和效率方面的总体印象如何？
⑦供应商使用现代信息技术的能力如何？

2. 与企业的兼容性

对于供应商与企业的兼容性，可以通过以下问题来评估。

①供应商与企业的文化是否一致？
②供应商与企业的业务定位和计划的相似性程度有多高？
③供应商与企业是否存在平等合作的基础，在规模和业务量方面是否大体一致？
④供应商与企业在客户定位、所关心的环境和社会问题、商业道德、健康与安全、雇佣惯例和员工保护、遵守法律等方面的政策是否一致？
⑤供应商与企业从事商业活动的条件和环境是否大体一致？

供应商愿意接受企业提出的合约条件或愿意在此基础上进行谈判的程度，可以反映该供应商与企业进行业务合作的积极性。

以上我们探讨了供应商评估的一般标准。在具体评估时，需要结合不同的采购

品项特征来进行。图5-9是某公司确定的潜在供应商评估标准。

图5-9 某公司确定的潜在供应商评估标准

项目任务

潜在供应商评价标准案例分析

任务描述

「任务情境」 假设你是一家大型制造企业的采购经理,负责制定供应战略并评估潜在供应商。最近,企业计划引进一种新的原材料,为此你需要确定潜在供应商评估标准。你意识到评估标准的制定对于选择合适的供应商至关重要,因此决定进行一次案例分析,以确定最佳的评估标准。

在案例分析中,你将考虑以下因素:不同采购品项的特定供应策略与供应商建立的关系类型;供应目标和优先级别;采购品项的定位。

你还将使用供应商评估的基本模型,综合考虑以下这些一般评估标准。

①质量。评估供应商目前的质量能力以及未来的质量能力。

②可获得性。评估供应商目前的可获得性和未来的可获得性,以及满足企业对于供应可获得性要求的积极性。

③响应性。

评估供应商的响应性以及满足企业对于供应响应性要求的积极性。

④成本。评估供应商的成本以及未来的成本,以及满足企业对于降低成本要求的积极性。

⑤总体信誉和与企业的兼容性。评估供应商的总体信誉和与企业的兼容性。

「任务要求」 在完成案例分析后,你需要根据所得到的评估标准,为企业制定确切的潜在供应商评价标准。这些标准将被用于评估潜在供应商的能力和适应性,以确定最佳的合作伙伴。同时,你需要提供合理的解释和依据,以支持所制定的评估标准的有效性和可行性。

任务实施

「步骤1」 教师布置实训项目所需要完成的任务。

「步骤2」 本着自愿原则,学生5~6人为一组,每组选出一名小组长,由组长进行任务分工、协调成员实训任务,并带领成员完成实训任务。

「步骤3」 研究不同采购品项的特定供应策略及与供应商建立的关系类型,了解每个品项的特点和重要性。

「步骤4」 确定供应目标和优先级别,根据企业的战略目标和需求确定供应商评估中的重要关注点。

「步骤5」 对采购品项进行定位,考虑其在产品价值链中的地位和对产品质量、成本、可获得性等方面的影响。

「步骤6」 使用供应商评估的基本模型,结合质量、可获得性、响应性、成本、总体信誉和与企业的兼容性等一般评价标准,制定具体的潜在供应商评价标准。

「步骤7」 提供合理的解释和依据,说明所制定的评估标准的有效性和可行性,以支持选择最佳合作伙伴的决策。

任务评价

层级	评价内容	满分	得分	自我评价
1	研究采购品项与供应商的关系	20		
2	确定供应目标和优先级	20		
3	确定采购品项在价值链中的地位	20		
4	使用相关模型制定评估标准	20		
5	解释评估标准的有效性和可行性	20		

任务 3　识别与调查供应商

任务目标

◆ **素养目标**
- 坚持公正客观的评估立场，强化对供应商负责的意识，确保合作关系稳定。
- 增强责任心，在供应商选择中担当重任。
- 提升沟通协调能力，构建和谐关系。
- 培养敏锐的洞察力，精准辨析供应商优劣势。
- 快速适应市场变化，灵活调整供应商策略，确保供应链具有竞争力与韧性。

◆ **知识目标**
- 了解供应商识别与调查的方法和流程。
- 掌握供应商的基本信息和关键指标。
- 熟悉不同类型供应商的特点和需求。

◆ **能力目标**
- 能够熟练运用各种方法识别潜在供应商。
- 能够根据设定的标准审核供应商。
- 掌握调查供应商的技巧，获取准确信息。

一、供应商的初步识别

（一）供应商识别的信息源

供应商信息的主要来源有很多，比如：国内外采购指南；国内外产品发布会；国内外新闻传播媒体；贸易与工业目录及采购指南；国内外采购协会；企业所在国的官方代表；互联网上的信息；企业的商务伙伴。

通过上述各种信息源以及与不同供应商进行接触，企业可获得各种信息。企业可以在此基础上，编制最初的、范围广泛的潜在供应商名单。这些潜在供应商将是企业进一步研究的对象。

（二）评估供应商能力和积极性的信息源

由于采购品项和供应商关系类型不同，企业所需信息也各异，可以通过多种渠道获取。这些信息源主要分为以下几类。

①已公开的信息源。这包括供应商网站、年报、宣传手册、行业期刊、金融报刊、股票交易所信息、贸易与工业目录、商会和行业协会等，获取供应商的战略、财务、法律及技术产品信息。

②供应商调查问卷。通过设计问卷进行调查，以获取所需信息。

③拜访供应商。直接拜访供应商，通过实地考察获取相关信息。

④供应商客户证明人。通过供应商的客户获取独立的、有价值的看法，了解供应商存在的特定问题。

二、供应商调查

（一）供应商调查的内容

供应商调查主要包括以下几个方面的内容。

1.管理人员水平

管理人员水平主要包括管理人员素质的高低、管理人员工作经验是否丰富、管理人员工作能力的高低等。

2.专业技术人员素质的高低

专业技术人员素质的高低主要包括技术人员的素质、技术人员的研发能力、技术人员各种专业技术能力等。

3.机器设备情况

机器设备情况主要包括机器设备的名称、规格、厂牌、使用年限及生产能力，机器设备的新旧、性能及维护状况等。

4.材料供应状况

材料供应状况主要包括产品所用原材料的供应来源、材料的供应渠道是否畅通、原材料的品质是否稳定、原料来源出现问题时的应变能力等。

5.品质控制能力

品质控制能力主要包括品质管理组织是否健全、品质管理人员素质的高低、品质管理制度是否完善、检验仪器是否精密及维护是否良好、原材料的选择及进料检验的严格程度、操作方法及制程管制标准、成品规格及成品检验标准是否规范、品质异常的追溯是否程序化、统计技术是否科学以及统计资料是否翔实等。

6.财务及信用状况

财务及信用状况主要包括每月的产值和销售额、来往的客户、来往的银行、经营的业绩及发展前景等。

7.管理规范制度

管理规范制度主要包括管理制度是否系统化科学化、工作指导规范是否完备、执行是否严格。

（二）供应商调查的方法

对供应商进行调查时，一般可以采用访问调查法。图 5-10 为供应商调查问卷示例。

```
供应商名称：_____
地址：_____
电话：_____ 传真：_____
电子邮件：_____
厂长（总经理）：_____ 业务联系人：_____
1. 基本情况
1.1 公司成立时间_____ 注册资本_____ 公司性质_____
股东（合伙人）情况（如有）
1.2 工厂占地____m²，建筑面积____m²，厂房自有、租赁（选择）
1.3 员工总数____人，其中直接生产工人____人，各类专业技术人员____人，
高级职称____人，中级职称____人，初级职称____人
1.4 工厂（公司）组织架构图如下（或附件）；
1.5 正常工作____天/周，生产班次____，各班时间____，办公时间____
1.6 主要产品  产量（前年）  产量（去年）  产量（今年）  平均出口比率（%）

1.7 工厂设计产量：现有产量_____
1.8 主要客户  主要产品  年供应量  交货周期  所占比例（%）

1.9 主要供应商  供应产品（零部件）  年供应量  供应发货周期（天）

2. 质量体系
2.1 质量方针/政策是：
2.2 质量代表及职位：
2.3 质量管理体系架构图（或附件）：
2.4 是否 ISO9000 认证？____若是，请附证书。____若否，计划何时？____是否获其他质量体系认证？
2.5 今年的质量目标主要有：
2.6 来料检验标准按_____标准执行，主要指标有：_____
2.7 过程质量目标为：
2.8 是否用 PPM？_____是否用 SPC？_____
2.9 交货质量执行的标准为：主要缺陷 AQL（或其他____）____；次要缺陷 AQL（或其他____）____
2.10 有质量实验室否？_____若有，主要设备及检测项目有_____
2.11 产品认证通过[ ]CCEE；[ ]UL；[ ]CSA；[ ]DVE；[ ]BSI；其他
```

图 5-10　供应商调查问卷示例

```
3. 生产计划及物料管理
3.1 企划部门、生产部门、采购部门、销售部门的关系与架构（或附件）：
3.2 相关人员数：生产计划____人，物料管制____人，客服（订单/送货安排）____人
3.3 接单、安排生产、交货的主要流程或程序为（或附件）：
3.4 交货时间（周期）：打样（板）____天，第一份订单交货周期____天，正常业务
   交货周期____天，在制品库存____天
3.5 原材料采购周期____天，原材料库存____天。本地原材料采购周期____天，
   占____%。进口原材料采购周期____天，占____%
3.6 有否最小生产批量？____若有，为多少？____
3.7 可接受的定单变化范围为±____%，确认订单需要时间____小时（天）
3.8 有否采用 MRP 或 ERP 或其他系统，若有，列出名称及应用范围
4. 生产技术、工艺水平及工程能力
4.1 开发、工程（工艺）部门的功能、架构为（或附件）：
4.2 产品研发____人，工艺（程）____人，过程工程师____人，其他工程技术人
   员（列明）____人
```

```
5. 环境管理
5.1 环境方针/政策有否？____如有，是：
5.2 环境管理者代表有否？____如有，系何人？____
5.3 是否 ISO14001 认证？____如有，请附证书。若否，计划何时认证？____
5.4 今年的主要环境管理目标为：
5.5 公司/工厂的产品设计/工厂建设有否进行环境影响评估？____如有，请简单介绍：
5.6 生产的产品或工艺过程是否含有或使用重金属，如有，含量是多少？如何控制？
5.7 公司/工厂生产的产品交货及生产过程中包装材料是否循环使用？如何使用？

综合该供应商的基本情况调查，初步意见为：
[  ]优秀  [  ]良好  [  ]一般  [  ]差
对该供应商评审认可的工作安排建议：[  ]继续  [  ]停止
评审人_____日期_____核定人_____
采购员：_____采购经理：_____
```

续图 5-10

（三）深入供应商调查

深入供应商调查，是指对经过初步调查后，准备发展为自己的供应商进行更加深入仔细的考察。这种考察是深入到供应商的生产线、各个生产工艺、质量检验环节甚至管理部门，对其现有的设备工艺、生产技术、管理技术等进行考察，看所采购的产品能否满足企业在生产工艺条件、质量保证体系和管理规范方面的要求。有的甚至要供应商根据所采购产品的生产要求，进行资源重组并进行样品试制。试制成功以后，才算考察合格。只有通过这样深入的供应商调查，才能发现可靠的供应商，建立比较稳定的物资采购供需关系。

进行深入的供应商调查，需要花费较多的时间和精力，调查的成本也高，并非对所有的供应商都必须进行。这种深入的供应商调查一般在以下情况下需要进行。

1. 准备发展为紧密关系的供应商

例如，在进行准时化（JIT）采购时，供应商的产品准时、免检、直接送上生产线进行装配，供应商与企业形成了非常紧密的关系。如果企业开始时就要选择这样紧密联系的供应商，就必须进行深入的供应商调查。

2.寻找关键零部件产品的供应商

如果企业所采购的是一种关键零部件产品,特别是精密度高、加工难度大、质量要求高、在企业的产品中起核心功能作用的零部件产品,在选择供应商时,就需要特别小心,要进行反复认真的深入考察审核。只有经过深入调查,发现供应商确实能够达到要求时,才确定发展它为企业的供应商。

除以上两种情况外,对于一般关系的供应商,或者非关键产品的供应商,可以不必进行深入的调查,只要进行简单初步的调查就可以了。

(四)建立供应商档案

可以通过访问有关人员获得信息,例如,可以访问供应商市场部有关人员,或者访问有关用户、有关市场主管人员,或者其他知情人士,建立供应商档案。供应商档案如图5-11所示。

公司基本情况	名称					
	地址					
	营业执照号			注册资本		
	联系人			部门、职务		
	电话			传真		
	E-mail			信用度		
产品情况	产品名	规格	价格	质量	可供量	市场份额
运输方式			运输时间		运输费用	
备注						

图5-11 供应商档案

图5-11也可以作为调查表,由供应商填写。

建立供应商档案是获得供应商信息的基础工作。供应商档案要根据情况的变化,经常进行维护、修改和更新。

在实行计算机信息管理的企业中,供应商管理应当纳入计算机管理系统,即把供应商档案的内容输入计算机中,利用数据库进行操作、维护和利用。

(五)供应商审核

在供应商审核过程中,除了参考从供应商调查问卷中获取的信息,据此做出下一步行动决定外,还要针对可能性较大的或重要的供应商进一步实施现场审核。供应商现场审核通常依事先制定的审核标准进行。供应商审核标准通常包括基本情况、企业管理、质量体系及保证、设计、工程与工艺、生产、企划与物流、环境管理、

市场、顾客服务与支持等。其中，每个方面又可以细分为若干审核要素。图5-12给出了一个供应商审核标准的企业环境部分的示例。其各审核要素中单个要素最高为100分、最低为0分，各相关要素的总分除以要素总数所得的要素总平均分即为该供应商的总体水平。供应商审核标准是对供应商审核各要素打分进行量化的评审工具。在实际执行中，针对不同的供应商，审核标准中的审核要素可进行相应的增减。只有经过审核的供应商，才能成为企业长期合作的供应商。

图5-12　供应商审核标准示例

项目任务
识别与调查供应商

📋 任务描述

「任务情境」　学校食堂每天要为数百名师生提供营养丰富的饭菜，为了确保食品安全和质量，同时控制成本，学校决定开展一次食材采购实训。学生们将分成若干小组，每个小组负责不同的食材品类，如蔬菜、水果、肉类、粮油等。

「任务要求」　本任务要求学生通过任务步骤，了解采购和供应管理过程和体系，重点掌握供应商选择、评估、发展等关键环节，最终实现降低成本、提升效率的目标。

📥 任务实施

「步骤1」　教师布置实训项目所需要完成的任务。

「步骤2」　本着自愿原则，学生5～6人为一组，每组选出一名小组长，由组长进行任务分工、协调成员实训任务，并带领成员完成实训任务。

「步骤3」　需求分析。

与学校食堂负责人沟通，了解食堂的日常食材需求、质量标准和预算限制，输出需求分析表。

「步骤4」　供应商识别。

「步骤5」　供应商筛选与调查。

「步骤6」 供应商评估标准。

「步骤7」 供应商调研。

通过网络搜索、咨询其他学校或供应商推荐等方式,收集潜在供应商信息,进行初步评估。

「步骤8」 实地考察。

选择几家潜在供应商进行实地考察,了解其生产能力、质量控制、物流配送等情况。

「步骤9」 供应商评估。

根据考察结果,对供应商进行综合评估,包括价格、质量、交货能力等方面。

「步骤10」 采购计划制定。

根据供应商评估结果和食堂需求,制订详细的采购计划,包括食材种类、数量、采购时间和预算分配。

「步骤11」 谈判与签约。

与选定的供应商进行价格谈判,争取更好的合作条件,签订采购合同。输出简要的谈判计划。

「步骤12」 采购执行与监控。

按照采购计划进行食材采购,及时跟踪供应商交货情况,确保按时送达。输出供应保障计划。

「步骤13」 质量检查。

对送达的食材进行质量检查,确保符合食堂的质量标准。

「步骤14」 问题处理。

如遇供应问题(如缺货、质量问题等),及时与供应商沟通解决。

「步骤15」 总结与反馈。

对整个采购过程进行总结,分析成功与不足之处,向学校食堂负责人反馈。

任务评价

层级	评价内容	满分	得分	自我评价
1	对流程先后顺序的理解	20		
2	对各流程目标的理解	20		
3	对采购管理与供应管理的理解	20		
4	供应商选择与评估的熟练程度	20		
5	供应商发展策略的制定与执行	20		

任务 4　供应商分类、激励与控制

任务目标

◆ **素养目标**

·树立共赢意识，与供应商建立长期稳定的合作关系，坚持诚信原则，严格遵守合作协议。

·提升沟通艺术，巩固与供应商的合作关系。

·增强责任心意识，有效管理供应商，激发创新思维，不断优化管理策略。

·秉持团队合作精神，跨部门协同，共促供应商管理卓越成效。

◆ **知识目标**

·了解供应商分类的方法和依据。

·掌握供应商激励的策略和手段。

·熟悉供应商控制的要点和方法。

◆ **技能目标**

·能够根据相关标准对供应商进行合理分类。

·能够运用激励措施提升供应商的合作积极性。

·掌握控制供应商的技巧，确保供应的稳定性。

一、供应商分类

（一）评价与选择供应商的基本原则

1.全面兼顾与突出重点原则

评价和选择供应商的指标体系必须全面反映供应商目前的综合水平，同时对于重点指标给予重点考虑。

2.科学性原则

评价和选择供应商的指标体系必须大小适宜，即指标体系的设置应有一定的科

学性。如果指标体系过大，那么指标层次过多、指标过细，就会将评价者的注意力吸引到细小的问题方面，而且容易把评价工作烦琐化；如果指标体系过小，那么指标层次过少、指标过粗，就不能充分反映供应商的水平。

3. 灵活性和可操作性原则

评价和选择供应商的指标体系应具有足够的灵活性和可操作性，使评价与选择工作易于进行。

（二）供应商的选择程序

不同企业对供应商的选择程序往往会存在一定的差异，但有几个基本步骤是企业共有的，可以将其归纳如下。

①成立供应商选定工作小组（以下简称工作小组），由企业的质量管理部门牵头，产品开发、生产、供应、服务等部门派人员参加，由企业主管质量的领导担任组长，统筹供应商评估与选择工作。

②工作小组确定供应商候选名单，并对候选供应商提交的材料进行审核。

③对候选供应商所供应的原材料或零部件进行检验，确保其符合企业的质量要求和法定标准。

④由工作小组派工作人员到供应商处进行现场考察。现场考察人员一般来自质量管理部门，在现场考察和取样检查结束后，形成综合分析意见的书面报告。必要时，进行供应商审核。

⑤工作小组对现场考察结果进行分析，选定供应商，将之纳入企业的供应商管理系统。

（三）供应商的分类方法

1. 确定供应商能力评估标准的总权重

这一过程是将评估标准转变为可测量的标准，如果缺乏可测量性，企业就很难客观地评价供应商。权重一般根据企业对该评估项目的重视程度来确定，一般重视程度越高，赋予的权重就越大。比如：用1表示"最低标准要求"，用10表示"绝对需要的、对合约成功起关键作用的标准要求"。

2. 将总权重分配给该评估项目的各个要素

比如，评估标准的可靠性为10分，可以做如下分配：低平均故障间隔期4分，低检修停工率3分，设备耐用性3分。

3. 利用评估标准和分值来评定供应商的能力等级

这里以平均故障间隔期为例，说明供应商能力等级的评定方法。

①设定能力等级得分标准,如图5-13所示。

评估标准的组成要素:平均故障间隔期(4分)					
能力等级分数	不可接受的——未符合任何适当标准的要求(0分)	可能不会被接受——仅符合最低要求(1分)	可接受的(底线)(2分)	可接受的——符合所有要求并且超过了部分标准的要求(3分)	可接受的——超过了所有标准的要求(4分)
供应商	能力描述				
	故障平均间隔期低于100天	故障平均间隔期为100~119天	故障平均间隔期为120~129天	故障平均间隔期为130~139天	故障平均间隔期等于或大于140天
供应商A				√	
供应商B			√		
供应商C				√	

图5-13 设定能力等级得分标准

②根据该特定评估标准的组成要素对三个供应商进行评价的结果为:供应商A和C各得3分,供应商B得2分。

③将供应商该项目的得分乘以该评估要素的权重,得到该供应商在该评估要素上的得分。如供应商A的加权分为:$3 \times 3 = 9$(分)。

④按上述方法,可以得出所有供应商的各项评估要素的加权得分;将各评估要素的加权得分相加,即为该供应商的最终得分。

⑤将各评估要素的满分(如上例中平均故障间隔期这一要素的满分为4分)乘以该评估要素的总权重(3分),即为该评估要素的总权重得分:$4 \times 3 = 12$(分)。将各评估要素的总权重得分相加,即为满分。

⑥计算供应商综合能力等级。计算公式为:综合能力等级=$\dfrac{某供应商最终得分}{满分} \times 100\%$。

⑦确定供应商级别。供应商级别一般可分为合格的供应商、可信任的供应商、优选供应商和丧失资格的供应商。合格的供应商指达到采购商的选择标准的供应商,如供应商综合得分超过企业要求的最低综合得分;可信任的供应商指那些已经让企业满意地完成了试订单交货,从而比被认可的供应商更让企业信任的供应商;优选供应商指比合格的和可信任的供应商更让企业满意的供应商;丧失资格的供应商指无法满足企业在供应商评估过程中制定的标准的供应商。

二、供应商激励与控制

为保证日常采购工作的正常进行,企业要采取一系列措施对供应商进行激励和控制。对供应商的激励与控制应当注意以下方面的工作。

(一)建立信息交流与共享机制

信息交流与共享有助于减少投机行为,促进重要生产信息的自由流动。企业加强与供应商的信息交流,可以从以下几个方面入手。

①企业与供应商进行有关成本、作业计划、质量控制信息的交流与沟通,保持信息的一致性和准确性。

②实施并行工程。企业在产品设计阶段就让供应商参与进来,便于供应商在原材料和零部件的性能和功能方面提供有关信息,为实施QFD(质量功能配置)的产品开发方法创造条件,将用户的价值需求及时转化为供应商的原材料和零部件的质量与功能要求。

③成立联合的任务小组解决双方共同关心的问题。双方的有关人员共同解决供应过程以及制造过程中遇到的各种问题。

④企业和供应商互访。企业与供应商采购部门应经常性互访,及时发现和解决各自在合作活动过程中存在的问题和困难,建立良好的合作关系。

⑤使用电子数据交换(EDI)和网络技术进行快速的数据传输。

(二)做好绩效管理工作

供应商绩效管理工作的主要目的是确保供应商供应的质量,保持与优秀供应商的合作,淘汰绩效差的供应商。供应商的绩效管理同时可以促使供应商改善其业绩,为日后更好地进行供应活动打下良好的基础。

1. 供应商绩效管理的基本原则

供应商绩效管理的基本原则包括以下几点:持续进行、定期评估;从供应商和企业自身各自的整体运作方面进行评估;根据整体性目标进行评估时,考虑外部因素的影响。

2. 建立完善的供应商绩效评价指标体系

完善的供应商绩效评价指标体系包括质量指标、供应指标、经济指标、支持、配合与服务指标。

(三)供应商的激励机制

企业要想和供应商保持长期的共赢关系,对供应商的激励是非常有必要的。在激励机制的设计上,要体现公平一致的原则。企业要给予供应商价格折扣和柔性合同,使供应商在与企业的合作中体会到双赢机制的好处。

企业要有意识地在供应商之间引入竞争机制,促使供应商在产品质量、服务质

量和价格水平等方面不断优化。

企业对于供应商的激励机制具体有以下几种：价格激励；订单激励；商誉激励；信息激励；淘汰激励；新产品/新技术的共同开发；组织激励。

（四）控制供应商与避免被供应商控制

1. 控制供应商的方法

控制供应商的方法有以下几种：完全竞争控制；合约控制；股权控制；管理输出控制；供应商激励机制。

2. 避免被供应商控制的方法

企业避免被供应商控制的方法包括：全球采购；再找一家供应商；增强相互依赖性；更好地掌握信息；利用供应商的垄断形象；注意业务经营的总成本；一次性采购；协商长期合同；与其他用户联手。

项目任务
供应商分类、激励与控制

任务描述

「任务情境」 学校食堂每天要为数百名师生提供营养丰富的饭菜，为了确保食品安全和质量，同时控制成本，学校决定开展一次食材采购实训。学生们将分成若干小组，每个小组负责不同的食材品类，如蔬菜、水果、肉类、粮油等。

「任务要求」 本任务要求学生通过任务步骤，了解采购和供应管理过程和体系，重点掌握供应商选择、评估、发展等关键环节，最终实现降低成本、提升效率的目标。

任务实施

「步骤1」 教师布置实训项目所需要完成的任务

「步骤2」 本着自愿原则，学生5～6人为一组，每组选出一名小组长，由组长进行任务分工、协调成员实训任务，并带领成员完成实训任务。

「步骤3」 需求分析。

与学校食堂负责人沟通，了解食堂的日常食材需求、质量标准和预算限制，输出需求分析表。

「步骤4」 供应商选择。

①全面兼顾与突出重点原则。评价和选择供应商的指标体系应全面反映供应商目前的综合水平，同时对重点指标给予重点考虑。

②科学性原则。评价和选择供应商的指标体系大小适宜，既有科学性又易于操作。

③供应商选择程序。成立供应商选定工作小组，审核候选供应商的材料，对原材料或零部件进行检验，现场考察供应商并出具报告，根据评价结果选定供应商，纳入供应商管理系统。

「步骤5」 供应商分类。

确定供应商能力评估标准总权重，将总权重分配给评估项目要素，评定供应商能力等级，计算综合能力等级和供应商级别。

「步骤6」 供应商激励与控制。

①建立信息交流与共享机制。加强与供应商之间的信息交流，如成本、作业计划、质量控制信息的沟通，实施并行工程，建立联合任务小组，互访，使用EDI和互联网技术。

②做好绩效管理工作。持续进行供应商绩效管理，遵循整体评估、考虑外部因素的原则，建立包括质量、供应、经济、支持配合与服务等指标在内的体系。

③供应商激励机制。设计公平一致的激励机制，如价格折扣、柔性合同、赠送股权、信息激励、淘汰激励、新产品/新技术共同开发、组织激励等。

④控制供应商与避免供应商控制。采用完全竞争、合约控制、股权控制、管理输出控制、供应商激励等方式控制供应商，通过全球采购、再找一家供应商、增强相互依赖性、更好地掌握信息、利用供应商的垄断形象、关注业务经营的总成本、一次性采购、协商长期合同、与其他用户联手等方式避免被供应商控制。

「步骤7」 供应商评估标准。

①评估范畴。设计评估标准，每个指标总分为100分。

②评估标准。在每个范畴设立具体标准，根据供应商情况赋分，以总分高低确定优先选择的供应商。

③次级评估标准。针对具体业务细化评估标准。

④供应商等级划分。根据评估结果划分供应商等级。

「步骤8」 供应商发展。

①制定供应商改进目标。根据评估结果对所有供应商提出改进目标。

②改进项目与讨论。实施有针对性的改进项目，组织讨论活动。

③咨询与剔除。提供咨询服务，剔除不合格供应商。

④供应商发展战略。制定供应商发展战略。

⑤供应商完善计划。与供应商共同确定完善计划。

「步骤9」 供应商调研。

通过网络搜索、咨询其他学校或供应商推荐等方式，收集潜在供应商信息，进行初步评估。

「步骤10」 实地考察。

选择几家潜在供应商进行实地考察，了解其生产能力、质量控制、物流配送等情况。

「步骤11」 供应商评估。

根据考察结果，对供应商进行综合评估，包括价格、质量、交货能力等方面。

「步骤12」 采购计划制订。

根据供应商评估结果和食堂需求，制订详细的采购计划，包括食材种类、数量、采购时间和预算分配。

「步骤13」 谈判与签约。

与选定的供应商进行价格谈判，争取更好的合作条件，签订采购合同。输出简要的谈判计划。

「步骤14」 采购执行与监控。

按照采购计划进行食材采购，及时跟踪供应商交货情况，确保按时送达。输出供应保障计划。

「步骤15」 质量检查。

对送达的食材进行质量检查，确保符合食堂的质量标准。

「步骤16」 问题处理。

如遇供应问题（如缺货、质量问题等），及时与供应商沟通解决。

「步骤17」 总结与反馈。

对整个采购过程进行总结，分析成功与不足之处，向学校食堂负责人反馈。

任务评价

层级	评价内容	满分	得分	自我评价
1	对流程先后顺序的理解	20		
2	对各流程目标的理解	20		
3	对采购与供应管理的理解	20		
4	供应商选择与评估的熟练程度	20		
5	供应商发展策略的制定与执行	20		

项目六 获取报价与商务谈判

任务 1　获取与选择报价的方法

任务 2　掌握并选择评估报价的标准

任务 3　确定供应商数量

任务 4　认识商务谈判

任务 5　获取谈判前准备信息

任务 6　确定谈判目标及策略

任务 7　进入谈判阶段

项目导学

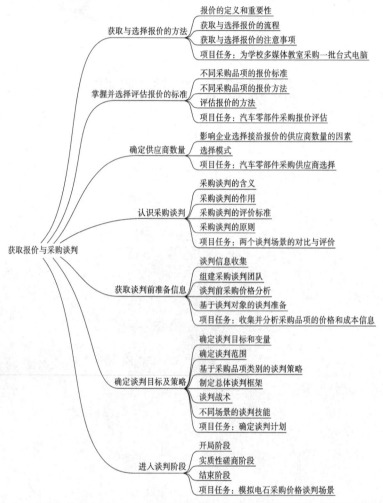

本项目的主题是"获取报价与商务谈判",旨在帮助您掌握获取报价和进行商务谈判的关键知识和技能。在任务1中,您将学习获取与选择报价的方法,并了解报价的定义和重要性以及获取与选择报价的流程及注意事项。在任务2中,您将掌握并选择评估报价的标准,包括不同采购品项的报价标准和评价方法、评估报价的方法等。任务3将引导您确定供应商数量,了解影响企业选择接洽报价供应商数量的因素,并探讨不同的选择模式。任务4将带领您认识采购谈判的含义、作用,以及评价标准和原则。任务5将帮助您获取谈判前准备信息,包括谈判信息收集、组建采购谈判团队、谈判前采购价格分析和基于谈判对象的谈判准备。任务6将引导您确定谈判目标及策略,包括谈判目标和变量、范围、策略、框架、战术和不同场景的谈判技能等。最后,在任务7中,您将学习谈判开局阶段、实质磋商阶段和结束阶段的不同策略。通过对本项目的学习,您将掌握获取报价和进行采购谈判的知识和技能,为您在采购与供应链管理领域取得成功打下坚实的基础。

思政导航

在采购与供应链管理中，获取报价与采购谈判是非常重要的环节，它们涉及商业伦理、公平竞争和诚信等问题。

首先，获取与选择报价的方法涉及公平竞争和诚信问题。在采购过程中，采购方应该确保供应商之间公平竞争，遵守合同和相关法律法规的规定，不偏袒任何一方。一个具体的案例是政府采购领域。我国《政府采购法》规定政府采购应当遵循公开透明原则、公平竞争原则、公正原则和诚实信用原则，强调采用公开招标、竞争性谈判等方式，确保供应商之间公平竞争。这种公平竞争可以维护社会公平正义，防止腐败和权力滥用。

其次，评估报价的标准涉及商业伦理和社会责任问题。在选择供应商时，采购方需要考虑价格、质量、交货期等因素，并根据企业的需求和利益进行综合评估。一个具体的案例是某电子商务平台的供应商评估。该电子商务平台为了保障消费者的权益，会对供应商进行信用评级和综合评估，以确保消费者购买到合格的产品和服务。这种评估报价标准的价值是促进商业诚信，维护消费者权益。

最后，采购谈判涉及诚信、合作和互利共赢等问题。在采购谈判中，双方应本着平等、诚实和互利共赢的原则进行谈判，遵守合同规定。一个具体的案例是中国企业与国外供应商的采购谈判。中国企业在与国外供应商进行谈判时，注重理解和尊重文化差异，遵循国际商务惯例，以实现互利共赢的合作。这种采购谈判的价值是促进国际交流与合作，推动经济全球化的可持续发展。

综上所述，在采购与供应链管理中，公平竞争、商业伦理、诚信、社会责任、合作与互利共赢等价值都扮演着重要的角色。通过学习和实践这些内容，学生能够培养道德品质、职业道德和社会责任感，为社会的可持续发展做贡献。

任务1 获取与选择报价的方法

◆ **素养目标**

·树立诚信观，遵循市场规范，规避不正当竞争，强化公平、公正、透明的价值认知。

·提升沟通力，促进团队协作，构建与供应商的稳健伙伴关系。

·提升问题解决技巧，灵活应对报价挑战，增强决策的灵活性。

·提升信息处理能力，精准分析报价数据，形成创新思维，探索高效的采购策略。

◆ **知识目标**

·了解报价的概念、种类和作用。

·熟悉市场行情和价格变动趋势，能够对不同报价进行分析和比较。

·掌握获取报价的渠道和方法，包括询价、招标、谈判等。

◆ **能力目标**

·能够根据需求制定合理的采购计划，并有效执行。

·熟练运用各种工具和技术，如网络搜索、电子邮件等，获取多家供应商的报价。

·具备评估报价能力，能够从质量、价格、交货期、服务等方面进行综合考虑和权衡。

·掌握与供应商进行谈判的技巧，以获取更有利的报价条件。

一、报价的定义和重要性

（一）报价的定义

报价是供应商向潜在客户提供的关于产品、服务或项目的价格信息。它通常包括单价、数量、总价、付款条件、交货时间等关键要素。

（二）报价的重要性

1. 决策依据

报价是采购决策的重要依据。通过比较不同供应商的报价，采购方可以评估成本、质量和其他关键因素，从而做出明智的选择。

2. 成本控制

合理的报价有助于控制采购成本。较低的报价可能意味着更低的成本，从而提高采购方项目的盈利能力。

3. 供应商评估

报价可以反映供应商的竞争力和能力。不同的报价水平可以帮助采购方评估供应商的市场地位、生产效率和成本管理能力。

4. 合同谈判基础

报价为合同谈判提供了起点。双方可以在报价的基础上进行协商，争取更有利的交易条件。

5. 商业关系建立

准确、透明的报价有助于建立信任和良好的商业关系。供应商的诚信和专业性在报价过程中也能得以体现。

二、获取与选择报价的流程

获取与选择报价的流程如图 6-1 所示。

预备工作主要包括如下内容：一是设定供应目标和优先级，如该采购品项对企业的重要程度、对供应商的吸引程度和成本等；二是分析供应市场，如能提供该采购品项的供应商数量的多少、采购价值占供应商业务量的比例大小等；三是定位采购品项，利用供应定位模型来决定采购品项的类型，确定花费多少时间和精力是比较合适的；四是确定特定采购品项的供应战略，不同的供应战略意味着不同的供应商关系类型，也意味着获取与选择报价的不同方法；五是识别和评估潜在的供应商，对于那些涉及高支出和/或高供应风险的采购，应进行谨慎的供应商评估，以此来识别并确定邀请投标的供应商。

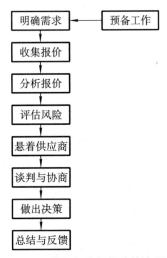

图 6-1 获取与选择报价的流程

三、获取与选择报价的注意事项

1. 明确需求

在获取报价之前,采购方必须首先明确自己的需求。这主要包括产品或服务的规格、质量标准、数量等细节。明确需求有助于采购方准确比较不同报价的差异。

2. 多方面收集报价

采购方不要仅依赖一两个供应商的报价,而应尽可能从多个可靠的供应商那里获取报价,以确保有充分的选择和竞争。

3. 详细比较报价

不仅仅比较价格,还要比较其他重要因素,如产品质量、交货时间、售后服务、供应商信誉等。综合考虑这些因素之后,选择最合适的报价。

4. 审查合同条款

在选择报价之前,采购方要仔细审查合同条款,注意其中的责任界定、违约处理、保密条款等内容,确保合同对双方都公平合理。

5. 考虑总成本

除了直接的价格,还要考虑其他相关成本,如运输费用、安装调试费用、培训费用等。采购方要综合考虑总成本,以做出更准确的决策。

6. 参考相关案例和经验

采购方可以了解供应商在类似项目中的经验和成功案例,也可以咨询其他用户或行业专家,获取他们的意见和建议。

7. 关注技术创新

在一些领域,技术创新可能会带来更好的解决方案。采购方要关注行业的最新发展态势,考虑是否有更先进的技术或方法可以选择。

8. 风险评估和应对

采购方要评估供应商的稳定性和可靠性,以及可能面临的风险,制定相应的风险应对策略,以减少潜在的影响。

9. 灵活性和可扩展性

采购方要考虑报价的灵活性和可扩展性,以适应未来可能的变化和需求增长。

10. 长期合作潜力

采购方要选择一个有潜力的供应商建立长期合作关系。良好的合作伙伴关系可能带来更大的价值、更多的合作机会。

11. 更新知识和信息

采购方要不断关注行业动态和最新科研结果，参考最新的研究和实践经验，以获取更准确有效的信息。

12. 团队协作和沟通

在获取和选择报价的过程中，要确保团队成员之间充分沟通与协作。团队成员的不同视角和专业知识可以对报价进行更全面的评估。

13. 审核和验证报价

采购方要对报价进行仔细审核和验证，确保其中的信息准确无误。如有必要，可以要求供应商提供更详细的说明或证明。

14. 确定评估标准

采购方要确定明确的评估标准，根据重要性对不同因素进行评分，以便更客观地比较不同报价。

15. 时间管理

采购方要确保在合理的时间范围内完成报价的收集和评估工作，避免拖延导致决策失误。

16. 法律和合规性

采购方要确保所选择的报价符合相关法律法规和伦理标准，避免潜在的法律风险。

17. 反馈和改进

在完成报价选择后，采购方要及时向供应商反馈，并评估整个过程的效果，不断总结经验，改进获取和选择报价的方法。

通过对以上注意事项的综合考虑，采购方可以更科学、合理地获取和选择报价。这需要采购方有充分的准备、细致的分析和紧密的团队协作，同时不断更新知识和经验，以适应不断变化的市场环境和技术发展。

项目任务

为学校多媒体教室采购一批台式电脑

📋 任务描述

「任务情境」 为学校多媒体教室采购一批台式电脑。配置要求为：CPU 不低于 i5，内存不低于 8 GB，硬盘不低于 512 GB SSD，显卡要求能支持高清视频播放。数量要求为 50 台；预算限制为每台电脑不超过 5000 元。交货时间为两周内。售后服务为：提供至少两年的质保服务，故障响应时间不超过 24 小时。

「任务要求」 完成获取报价与比较报价。

任务实施

「步骤1」 教师布置实训项目所需要完成的任务。

「步骤2」 本着自愿原则,学生5~6人为一组,每组选出一名小组长,由组长进行任务分工、协调成员实训任务,并带领成员完成实训任务。

「步骤3」 明确需求。

学生与学校相关部门沟通,确定多媒体教室对电脑的具体配置要求、数量、预算、交货时间和售后服务等,确定需求的刚性和柔性边界。

「步骤4」 收集报价。

学生分组,通过互联网、电话咨询或实地考察等方式,从不同的电脑供应商处收集符合要求的报价。记录每个供应商的报价细节,包括具体型号、价格、售后服务等,如表6-1所示。

表6-1 记录每个供应商的报价细节

供应商	联系方式	具体型号	价格(元)	售后服务	付款周期
供应商A					
供应商B					
供应商C					

「步骤5」 分析报价。

各小组对收集到的报价进行详细分析,比较不同供应商在价格、配置、售后等方面的差异。制作表格或图表,直观展示各家供应商的优势和劣势,如表6-2所示。

表6-2 对收集到的报价进行详细分析

供应商	电脑型号	价格(元)	CPU	显卡	内存	硬盘	售后服务	优势	劣势
供应商A									
供应商B									
供应商C									

「步骤6」 评估风险。

考虑供应商的信誉、规模、售后服务质量等因素,评估可能存在的风险。可以查看供应商的评价、咨询其他学校或客户的使用经验。

任务评价

层级	评价内容	满分	得分	自我评价
1	需求的明确性	20		
2	获取报价的全面性	30		
3	报价的可比性	30		
4	报价比较的客观性	20		

任务 2　掌握并选择评估报价的标准

任务目标

◆ **素养目标**

· 恪守诚实守信原则，坚持公平竞争，强化商业道德，抵制不当行为，维护市场正义。

· 培养社会责任感与可持续发展理念，评估采购策略对环境与资源的影响，推进绿色采购。

· 提升职业伦理观，尊重供应商权利，坚持公开透明原则，实现合作双方共赢。

· 培养严谨认真的工作态度，高效完成报价分析，确保决策精准。

· 提升跨部门及供应商的沟通效率，保障采购流程顺畅。

· 培养全局观，制定具有前瞻性的采购策略，强化团队合作意识，共创企业价值。

◆ **知识目标**

· 了解并掌握不同采购品项（常规型、杠杆型、瓶颈型、关键型）的报价标准和报价方法。

· 理解并区别非正式法、询价报价法和正式招标法等报价方法的特点和适用场景，以及在实际操作中的优缺点。

· 掌握最低价格法、所有权总成本法等报价评估方法，理解如何综合考虑采购成本、运行成本、货币时间价值等因素进行报价分析。

◆ 能力目标

· 能够根据采购品项的特性选择合适的报价标准和方法，有效地进行采购成本控制和风险管理。

· 能够独立或协作完成询价、招标、报价分析等采购活动，运用最低价格法、所有权总成本法等方法进行报价评估。

· 能够在采购过程中合理处理与供应商的关系，审慎对待替代方案，确保公平公正地评估所有供应商的报价。

· 能够组建跨职能团队，确定供应商选择标准，协同完成供应商评估与选择工作。

一、不同采购品项的报价标准

（一）常规型采购品项

由于常规型采购品项价值低，企业在采购时更关注的是如何节省时间和精力，而支付价格则是次要因素，所以报价标准和报价方法应以减少采购管理成本为出发点和原则，选择直接给予价格的报价标准，尽可能采用直接而简单的报价方法。

（二）杠杆型采购品项

由于支出水平较高，通过强化竞争获得更好的价格补偿是杠杆型采购品项报价的出发点和原则，选择基于价格的报价标准比较合适。采购支出水平越高，越趋向于使用正式的招标方法。

（三）瓶颈型采购品项

由于瓶颈型采购品项支出水平较低、对供应商的依赖程度较深，而交易量可能对供应商缺乏吸引力，所以供应商不希望花费过多的时间和精力来准备报价活动。为争取供应商的支持，应以方便供应商进行报价同时能降低供应风险为出发点和原则，重点关注供应商的积极性和能力，选择基于价格的标准，采用询价报价的方式。

（四）关键型采购品项

关键型采购品项具有较高的支出水平和高风险，因此应采取基于积极性与能力的评价标准。较高的支出水平能够使供应商产生较大的兴趣，对供应商的吸引力大，供应商会愿意投入较多的时间和精力去准备他们的报价。高风险要求企业对供应商的成本能力做深入的评估。所以，对于该类采购品项而言，正式招标法不仅是可行的，也是必要的。

图6-2概括了四种类型的采购品项获取与选择报价的方法及选择标准。

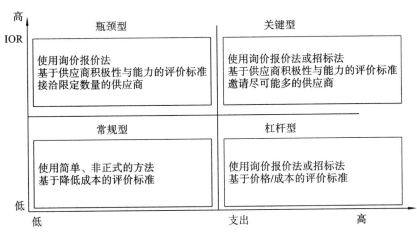

图 6-2 获取与选择报价的方法及选择标准

 二、报价方法

报价标准一般有以下三种：基于价格的标准、给予成本的标准和基于供应商能力和积极性的标准。对于不同的采购品项，应选择不同的标准。根据报价程序的正式性和严格性，报价方法可以分为非正式法、询价报价法和正式招标法。

（一）非正式法

非正式法即打电话向一两家供应商询价或浏览几家供应商网站查询其公布的产品规格及价格清单，直接与供应商下达订单或在线订购。非正式法通常用于处理订单的价值本身比较小而管理成本比较大、需要重点考虑降低管理成本的情况。比如办公用品的采购报价。但这种方法可能会因为报价的供应商数量过多而导致处理报价的管理成本过高，因此，通常需要限定报价的供应商数量。

（二）询价报价法

询价报价法介于非正式法和正式招标法之间。当企业希望与预选的一定数量的供应商进行交易时，通常使用这种方法向供应商发出书面（或电子）询价，邀请供应商提供报价。在运用此方法时，要确保让供应商感到与企业打交道是完全可信的，感到企业的选择是公平公正的，否则会损害企业形象，回复企业询价的供应商会越来越少，这势必收窄企业今后的选择余地。

询价报价法与非正式法相比，需要花费更多的成本和时间，而与正式招标法相比，成本更低且更快捷。

（三）正式招标法

正式招标法是获取与选择供应商报价的最正规的方法，企业采用全面的文件化方式，向潜在的投标人传递需求信息，然后按规定的方法记录和评估供应商的报价。由于招标方式通常是面对复杂的需求，本身具有相当强的严格性，因此，这种方法要耗费相当多的时间、精力和成本。

三、评估报价的方法

有很多方法可以用来评估供应商报价，常见的评估报价的方法有最低价格法和所有权总成本法。

（一）最低价格法

最低价格法是一种最简单的评估报价的方法，即在供应商报价中选择报价最低的供应商作为优选供应商。需要注意的是，在采用该方法进行评估时，必须考虑产品质量或交货条件等因素，只有能满足企业其他最低需求标准时，能提供最低价格的供应商才能成为企业的供应商。

在采购需求相对明确且能以公认的标准或得到广泛认可的规格说明进行采购的场合，最低价格法是理想的评估报价的方法。

（二）所有权总成本法

所有权总成本是指从获得物品到全部使用或处置期间的所有成本，包括可能的负成本，如产品报废的残值。该方法以所有权总成本作为评估标准，而非仅比较采购价格。由于某些成本在消费过程中产生，所以需要考虑货币的时间价值，使用净现值（NPV）来计算总成本。

所有权总成本法适用于持续运行成本较高、需平衡采购成本与其他成本的情况，且在所有成本清晰的前提下才能确定真实价值。然而，不同部门产生的成本要素可能阻碍企业用该标准评估报价。

在收到供应商的建议书后，企业需审核其与招标书的规格和需求是否一致。如有差异，需告知内部利益相关者以确定可接受性。不符合规格的报价可能影响采购结果，采购人员需确保所有报价依据可对比的规格进行。

许多组织在报价过程中提供售前技术服务，采购人员应确保不利用这种服务获得不公平优势。招标书通常包含合同条款，采购人员需考虑这些条款与评估因素的结合，仔细审查供应商的回应，以降低风险。

采购人员应当检查供应商的过去和现在的客户参考。例如，许多采购组织不仅要求供应商提供现有客户，还要求其提供过去几年中与供应商停止业务往来的客户。

对于重要的采购，由关键利益相关者组成跨职能团队，共同确定合适的供应商选择标准和权重。根据采购类型的不同，利益相关者的部门构成也会有所不同。例如，对于用于制造产品的部件，内部利益相关者可能包括运营、工艺工程、设计工程、质量、销售和运营计划、库存管理和收货等部门。团队成员根据选择标准仔细评估每个供应商的报价，有助于确保所有利益相关者与寻源决策保持一致。

项目任务
汽车零部件采购报价评估

任务描述

「任务情境」 假如你所在的汽车制造公司现在需要采购一批零部件，包括发动机零件、车身零件、电子元件和关键部件。这些零部件分别对应不同的采购品项。

「任务要求」 根据不同采购品项的特点，选择合适的报价标准和方法；收集供应商的报价，并进行详细评估；考虑成本、质量、交货期、技术能力等因素，做出采购决策。

任务实施

「步骤1」 教师布置实训项目所需要完成的任务。

「步骤2」 本着自愿原则，学生5～6人为一组，每组选出一名小组长，由组长进行任务分工、协调成员实训任务，并带领成员完成实训任务。

「步骤3」 采购品项分析。

①对发动机零件、车身零件、电子元件和关键部件进行分类，确定其属于常规型采购品项、杠杆型采购品项、瓶颈型采购品项还是关键型采购品项。

②分析每个采购品项的重要性、成本、技术要求等。

「步骤4」 报价标准选择。

①对于发动机零件，可能更关注价格和质量，可选择基于价格和质量的报价标准。

②车身零件可能更注重成本和交货期，可选择与成本和交货期相关的报价标准。

③电子元件可能需要考虑技术能力和售后服务，可选择基于技术能力和服务的报价标准。

④关键部件可能需要综合考虑多个因素，可采用综合评价的报价标准。

「步骤5」 收集报价信息。

①向潜在供应商发送详细的询价函，要求其提供每个采购品项的详细报价，包括价格、质量标准、交货期、售后服务等信息。

②确保报价信息的准确性和完整性。

「步骤6」 报价评估。

①根据选定的报价标准，对收集的报价进行详细评估和比较。

②分析每个供应商的优势和劣势，考虑成本、质量、交货期、技术能力等因素。

③可以采用评分表格或其他可量化的方法进行评估。

「步骤7」 采购决策。

①根据报价评估结果，确定每个采购品项的优选供应商。

②综合考虑各方面因素，做出最终的采购决策，确保满足公司的需求和目标。

「步骤8」 总结与反馈。
①对整个实训任务进行总结，包括报价选择的合理性、供应商表现等。
②反馈实训过程中遇到的问题和经验教训，为今后的采购工作提供参考。

任务评价

层级	评价内容	满分	得分	自我评价
1	采购品项定位的精准度	40		
2	采购品项定位后对应的评估逻辑正确性	30		
3	列表对比的数据准确性	30		

任务3　确定供应商数量

任务目标

◆ 素养目标

·强化诚信意识，确保合作时遵循高标准道德规范，重视可持续发展，关注环保与社会责任。

·培养全面分析供应链各环节的系统思维，优化资源配置。

·提升复杂情境下解决问题的能力，有效应对供应商管理挑战。

·激发团队合作意识，协同完成供应商甄选任务，促进集体智慧与成果共享。

◆ 知识目标

·理解供应商数量对供应链的影响，包括成本、风险和灵活性等方面。

·了解不同的供应商选择策略及其适用场景。

·掌握评估供应商的关键指标和方法。

◆ 能力目标

·能够运用合适的工具和技术对供应商进行分析和评估。

·学会制定合理的供应商数量决策，能够权衡多种因素的作用。

·培养有效沟通和协商能力，与供应商建立良好的合作关系。

一、影响企业决定选择接洽报价的供应商数量的因素

影响企业决定选择接洽报价的供应商数量的因素主要包括以下几种：采购品项的类别；采购价值的大小；供应风险水平；获取与选择报价的费用。

（一）采购品项的类别

常规型采购品项存在许多供应商，且要采购的产品或服务容易获得，采购品项为标准件，支出水平低，对企业来说风险较小，采购额在单个供应商营业额中所占比重很小。因此，对于常规型采购品项，采购人员不必花费太多的精力，选择报价的供应商数量应少。

杠杆型采购品项跟常规型采购品项一样，存在许多供应商，且要采购的产品或服务容易获得，采购品项为标准件，对企业来说风险较低。只是杠杆型采购品项专业性强，支出水平较高，企业希望尽可能压低价格，因此，选择报价的供应商数量应多。

瓶颈型采购品项的风险水平高，供应商数量少，采购品项为非标准件，专业性极强，企业在该品项上的支出水平很低，因此企业对于供应商没有太大的选择余地。

关键型采购品项为非标准件，供应商数量少且不存在替代品，会给企业带来较高的风险，支出水平高。企业虽然没有太大的选择余地，但有机会发掘新的供应商。

（二）采购价值的大小

当采购价值较大时，一般应增加所邀请的供应商数量，以增强竞争力并发现最佳交易机会。当采购价值较小时，评估过多的供应商报价的成本会超过通过增加竞争所获得的成本优势。

（三）供应风险水平

当供应风险水平上升时，一般应增加所邀请的供应商数量（与潜在供应商的总体数量有关），这样可以增加发现具有最低风险的供应商的机会。

（四）获取与选择报价的费用

在采购流程中，获取与选择报价的费用指的是在评估和选择供应商报价过程中产生的各种成本。这包括：收集信息（如收集不同供应商的报价信息）的成本；与供应商进行交流以了解报价详情的沟通成本；对供应商的报价进行综合评估的评估成本；包括选择最合适报价的过程在内的决策成本；文档处理（如询价单、报价单等文档的填写和管理）成本；确保采购过程符合法律法规要求的法律合规成本；对技术产品或服务进行专业评估的技术评估成本；评估和管理采购风险的风险管理成本；与供应商进行价格和其他条款的谈判成本等。这些成本的管理和控制对于提高采购效率和降低总体成本而言至关重要。

二、选择模式

(一) 仅选择一个供应商

在一些情况下，会仅选择一个供应商。

1. 少量采购

采购价值太小以至于不值得去寻找不同的供应来源，处理报价花费的时间和精力甚至超过多供应来源所节约的成本。

2. 唯一可用的供应商

这往往存在如下情形：专有的或独家生产的产品、备件和其他后续采购；资金来源受到束缚；临时应急；已成惯例的供应源。

(二) 邀请少数事先选定的供应商

这是私营企业最常用的采购方法。具体做法是从企业已有的供应商档案中寻找供应商，具体选择数量取决于所面临的供应风险和采购价值的大小。另一种可能的做法是仅邀请已履行过试验订单的供应商，此前通过试验订单考察这些供应商是否具有满足企业需求的能力。

(三) 让所有潜在感兴趣的供应商展开竞争

具体做法为通过广告、互联网等形式告之尽可能多的供应商，让他们来报价。这种方法通常适用于以下两种情形：一是花费大量资金购买标准品项，且这些品项的供应商能够提供不同的价格；二是采购成本或风险相当大，且企业技术知识和供应市场有限。

汽车零部件采购供应商选择

任务描述

「任务情境」 某汽车制造公司需要选择一家供应商为其提供零部件。有以下三家供应商可供选择：供应商 A、供应商 B 和供应商 C。

在质量方面，供应商 A 的产品质量得分为 90 分，供应商 B 的产品质量得分为 85 分，供应商 C 的产品质量得分为 95 分。

在价格方面，供应商 A 的报价为每件 100 元，供应商 B 的报价为每件 95 元，供应商 C 的报价为每件 105 元。

在交货期方面，供应商 A 的交货期为 15 天，供应商 B 的交货期为 20 天，供应商 C 的交货期为 10 天。

在售后服务方面,供应商 A 提供 12 个月的售后服务,供应商 B 提供 9 个月的售后服务,供应商 C 提供 6 个月的售后服务。

「任务要求」 根据一定的供应商选择标准,对三家供应商进行分析,确定最合适的供应商。

任务实施

「步骤1」 教师布置实训项目所需要完成的任务。

「步骤2」 本着自愿原则,学生 5~6 人为一组,每组选出一名小组长,由组长进行任务分工、协调成员实训任务,并带领成员完成实训任务。

「步骤3」 确定权重。

根据供应商选择标准,确定质量权重、价格权重、交货期权重和售后服务权重。假设质量权重为 40%,价格权重为 30%,交货期权重为 20%,售后服务权重为 10%。

「步骤4」 计算得分。

根据供应商各个维度的数据,按照以下方式计算得分。

质量得分:供应商 A 得分为 90×40%=36(分),供应商 B 得分为 85×40%=34(分),供应商 C 得分为 95×40%=38(分)。

价格得分(结果保留一位小数):供应商 A、B、C 中最低价为供应商 B(报价 95 元),因此,A 价格得分为(95÷100)×100×30%=28.5(分);B 价格得分为(95÷95)×100×30%=30(分);C 价格得分为(95÷105)×100×30%=27.1(分)。

交货期得分(结果保留一位小数):供应商 A、B、C 中最短交货天数为供应商 C(10 天),因此,A 交货期得分为(10÷15)×100×20%=13.3(分);B 交货期得分为(10÷20)×100×20%=10(分);C 交货期得分为(10÷10)×100×20%=20(分)。

售后服务得分:供应商 A、B、C 中售后服务时间最长的为供应商 A(12 个月),供应商 A 得分为(12÷12)×100×10%=10(分),供应商 B 得分为(9÷12)×100×10%=7.5(分),供应商 C 得分为(6÷12)×100×10%=5(分)。

「步骤5」 计算综合得分。

将每个供应商在各个维度的得分相加,得到综合得分如表 6-3 所示。

表6-3 每个供应商综合得分

供应商	质量得分	价格得分	交货期得分	售后服务得分	综合得分
A	36	28.5	13.3	10	87.8
B	34	30	10	7.5	81.5
C	38	27.1	20	5	90.1

「步骤6」 选择供应商。

比较三个供应商的综合得分，选择得分最高的供应商。供应商 C 的综合得分最高，因此应选择供应商 C。

任务评价

层级	评价内容	满分	得分	自我评价
1	质量得分的折算	20		
2	价格得分的计算	20		
3	交货期得分的计算	20		
4	售后服务得分的计算	20		
5	综合得分的计算	20		

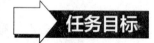

任务4　认识采购谈判

任务目标

◆ 素养目标

·树立诚信的职业道德观，明确谈判中诚信的重要性，增强法律意识。
·培养团队精神，强调合作协调，提升逻辑思维及问题分析能力，助力理性决策。
·激发创新思维，提出新颖的谈判方案，灵活应对，提升谈判成效。

◆ 知识目标

·理解采购谈判的概念、目的和特点。
·了解采购谈判的基本原则和策略。
·掌握采购谈判的流程和各个阶段的要点。
·熟悉采购谈判中的沟通技巧和方法。

◆ 能力目标

·能够分析采购谈判中的利益关系，制定谈判策略。
·学会运用有效的沟通技巧进行采购谈判。
·培养谈判能力和应变能力，能够应对复杂的谈判情境。
·提高团队协作能力，共同完成采购谈判任务。

一、采购谈判的含义

（一）采购谈判的含义

所谓"谈判"即人们为了改善彼此之间的关系而相互协调与沟通，以期在某些方面达成共识的行为和过程。

采购谈判指企业为采购商品，作为买方与供应商对购销业务有关事项，如商品的品种、规格、技术标准、质量保证、订购数量、包装要求、售后服务、价格、交货日期与地点、运输方式、付款条件等进行反复磋商，谋求达成协议（以合同形式体现），建立双方都满意的购销关系。

成功的采购谈判是一种买卖双方经过计划、检讨及分析的过程，达成彼此均可接受的协议或折中方案。这些协议或折中方案里包含所有交易的条件，而非只有价格。"双赢"是双方谈判所追求的目标之一。

（二）采购谈判的特点

1. 合作性与冲突性

合作性表明双方的利益有共同的一面，冲突性表明双方的利益有分歧的一面。

2. 原则性和可调整性

原则性指谈判双方在谈判中最后退让的界限，即谈判的底线。可调整性是指谈判双方在坚持彼此基本原则的基础上可以向对方做出一定让步和妥协的方面。

3. 经济利益中心性

经济利益是采购谈判的出发点和落脚点。在谈判过程中，双方都在寻求自身利益最大化，这可能包括降低成本、提高利润、优化资源配置等。

（三）采购谈判的影响因素

采购谈判的影响因素有很多，比如交易内容对双方的重要性、各方对交易内容和交易条件的满意程度、竞争状态、对于商业行情的了解程度、企业的信誉和实力、对谈判时间因素的反应、谈判的艺术和技巧等。

二、采购谈判的作用

采购谈判在采购活动中的作用包括以下几点：可以争取降低采购成本；可以争取保证产品质量，如品质、耐用性和性能等；可以争取采购物资及时送货，缩短各种提前期；可以争取获得比较优惠的服务项目；可以争取降低采购风险，改进或提高供应商的可靠性；可以妥善处理纠纷，维护双方的效益及正常关系，为后续合作创造条件。

三、采购谈判的评价标准

谈判不是比赛,不要求决出胜负;也不是一场战争,不是要将对方消灭或置于死地。相反,谈判是一项双方互惠的合作事业。从这个观点出发,可以把采购谈判是否成功的评价标准归纳实现目标、优化成本、建立人际关系这三个方面。

(一)实现目标

采购谈判成功的第一个标准是实现目标,也就是说,谈判的结果应该实现预期的目标,因为采购谈判是双方为了达成某种共识而进行的活动,如签订一份采购合同等。谈判有输有赢,而最好的结果是能够实现双方共赢,即达成双方都比较满意的结果。没有人愿意为一个不能实现的目标去耗费时间和精力地谈判。

(二)优化成本

采购谈判成功的第二个标准是优化成本。通常一场采购谈判包括三种成本:一是为达成协议所做的让步,也就是预期谈判收益与实际谈判收益的差距,这是谈判的基本成本;二是人们为谈判所耗费的各种资源,如投入的人力、物力和时间,这也是谈判的直接成本;三是因参加该项谈判而占用了资源,失去了其他获利机会,损失了有望获得的其他价值,即谈判的机会成本。在这三种成本中,由于人们常常特别注重谈判桌上的得失,所以往往较多地注重第一种成本,而忽视第二种成本,对第三种成本考虑得更少,这是需要予以注意的。

(三)建立人际关系

采购谈判成功的第三个标准是增进或至少不损害双方利益,建立良好的人际关系。采购谈判不仅体现在价格上,还体现在建立的伙伴关系上。

谈判与竞技比赛不同。虽然两者都旨在满足各自的利益,但谈判中的利益可以调和,而竞技中的双方则是完全对立的。谈判通过理解彼此的利益,在协商基础上调和利益矛盾;而竞技则是通过各种手段使对方失败。

最终,谈判应使双方利益得到满足,并建立友好关系,而竞技则以一方胜利为代价,导致利益对立。因此,将谈判视为友好协商有助于实现目标,而将其视为竞技则可能导致协议难以履行。

四、采购谈判的原则

谈判原则是指导千头万绪、错综复杂的谈判事务的准则,它反映了社会经济关系运行的规律,具有普遍适用性。在采购谈判问题上,谈判者必须遵循以下几项基本原则。

(一)平等互利原则

双方不管经济实力强弱,在谈判过程中应处于平等地位,进行等价交换。双方

都应根据实际需要和客观可能,"有给有取",利益均沾,共同获益。

(二) 兼容原则

兼容原则要求谈判者在谈判过程中心胸宽广,遇到难题时,能将谈判的原则性和灵活性有机结合起来,以退为进,避开冲突,以对方易于接受的方式达成目的。

(三) 守法原则

在采购谈判及其合同签订的过程中,应遵守相关法律法规或政策规定。任何与法律法规或政策规定相抵触的采购谈判,不管交易双方的主观意愿如何,都是损害国家和社会利益的,交易最终也难以实现。

(四) 守信原则

决定采购谈判进度及其结果的首要因素,是谈判双方彼此间相互尊重、相互信赖的关系。只有守信,才能获得对方的信任,才能营造一种真挚和谐的谈判氛围,进而促使交易成功。谈判者在谈判过程中不要轻易许诺,这是守信的重要前提。

(五) 灵活性原则

灵活性即在谈判中要灵活运用多种谈判技巧以使谈判获得成功。谈判的过程是一个不断思考和协调的过程,在守信的原则下,还需要灵活掌握各种谈判技巧,预测对方的想法与计策,使自己在谈判中始终占据有利位置。要时刻注意在坚持重大原则的前提下,通过灵活的谈判技巧实现总体目标。特别是要根据不同的谈判对象、不同的市场竞争情况、不同的谈判意图,采用不同的谈判技巧。

项目任务
两个谈判场景的对比与评价

任务描述

「任务情境」 现有如下两个谈判场景。

场景一:汽车制造企业与钢材供应商的谈判。某汽车制造企业需要采购大量钢材来生产汽车零部件。经过市场调研,有两家供应商 A 和 B 进入了最后的谈判阶段。供应商 A 提供的钢材质量较高,但价格也相对较高;供应商 B 提供的钢材价格较低,但质量稍逊一筹。该汽车制造企业试图通过与两家供应商谈判,争取最优惠的价格、质量可靠的钢材,并确保按时交付。

场景二:科技公司与软件开发商的谈判。某科技公司计划开发一款新的软件产品,有两家软件开发商 C 和 D 参与竞标。开发商 C 具有丰富的行业经验和技术实力,但报价较高;开发商 D 则是一家新兴企业,报价相对较低,但技术实力尚待验

证。要求在满足项目需求的前提下，选择性价比较高的软件开发商，并确保项目进度和质量。

「任务要求」针对上述谈判场景，使用谈判的评判标准和行业特性等，进行谈判场景的对比。

任务实施

「步骤1」教师布置实训项目所需要完成的任务。

「步骤2」本着自愿原则，学生5~6人为一组，每组选出一名小组长，由组长进行任务分工、协调成员实训任务，并带领成员完成实训任务。

「步骤3」不同小组针对谈判场景一和场景二进行两两洽谈，其他小组是谈判的观察者。

「步骤4」谈判双方分别对自己打分、对对方打分、对本场谈判打分，其他小组对整个谈判打分。

「步骤5」形成矩阵式打分表，进行对比，说明原因。

任务评价

层级	评价内容	满分	得分	自我评价
1	小组谈判目标的设定	30		
2	小组在优化成本方面的表现	20		
3	小组在建立人际关系以及与供应商持续性发展方面做出的努力	25		
4	小组的最终谈判结果	25		

任务 5　获取谈判前准备信息

任务目标

◆ 素养目标

· 深化供应链管理伦理观，践行公正诚信，推动可持续发展，强化环保与社会

责任意识，积极影响社会环境。

·优化团队合作精神，精进沟通协调艺术，高效引领采购协商团队。
·提升全方位分析能力，精准判断供应商成本与价值，确保高效决策。
·激发自学潜能，加强问题导向的解决策略与创新决策，促进供应链管理的革新实践。

◆ **知识目标**

·了解采购与供应链管理中获取谈判前准备信息的重要性和方法。
·掌握分析供应商提供的产品或服务价格及其成本构成的技巧和工具。
·熟悉组建采购谈判团队的原则和步骤，了解谈判团队成员的业务构成和性格构成。

◆ **能力目标**

·能够收集和分析相关信息，包括供应市场环境、采购和供应战略等，为谈判做准备。
·能够进行采购价格分析，了解供应商的总生产成本和市场价格信息。
·能够根据不同的谈判对象，制定基于成本、付款方式和服务水平的采购谈判准备。

采购谈判准备工作的重要性不容忽视。它是谈判成功的基石，通过充分了解市场行情、供应商情况和自身需求，采购方可以制定更具针对性的谈判策略。同时，明确谈判目标和底线，能够帮助采购方在谈判中坚守原则，避免陷入不利局面。此外，谈判前的准备工作还包括团队成员的培训和沟通，确保各方在谈判过程中协调一致。综上所述，精心的准备工作将为采购方在谈判中取得有利结果奠定坚实基础。

一、谈判信息收集

（一）收集和分析相关信息

在谈判之前必须收集和分析相关信息，比如产品质量、需求数量、交货时间、交货地点、服务水平、采购预算等。

为确认需求，参与采购谈判的人员必须与客户（内部或外部）和最终用户保持密切联系，也必须了解在供应过程中为满足这些需求（如运输时刻表、库存能力等）所产生的压力。只有准确掌握这些需求，才能就最优的交易条件进行谈判。

（二）供应市场环境

在全球化经济背景下，了解国际市场的成本、风险和机会至关重要。准备谈判时，需要获取以下信息：所采购产品或服务的供应情况，包括产能、交通、采购提前期和发展趋势；当前价格及其变动趋势，如平均价格、波动范围和影响因素；主

要成本因素，如仓储、运输和意外损失。

此外，还需关注技术进步和替代产品的机会，市场结构和竞争程度，包括：供应商的数量及市场份额；不同的供应细分市场及其形成原因；影响市场的经济和社会环境，如通货膨胀、汇率和基础设施状况等。

（三）供应战略

供应战略具体包括运用供应定位模型判断采购品项的类别、确定与供应方建立的关系类型等。

（四）分析供应商提供的产品或服务的价格及其成本构成

这主要包括获取成本和价格的市场信息、建立成本模型、分析供应商的报价、分析降低采购总成本的途径等。

（五）了解供应商的组织及供应商对企业的业务态度

这主要包括了解供应商的技术能力、财务状况、市场运作能力、管理能力、管理文化和风格、行业关系，了解可能采用的超越竞争对手、获得优势条件的方法，了解供应商把企业作为潜在业务伙伴来看待的兴趣的大小。

（六）了解供应商谈判人员

这主要包括了解供应商主谈人及其谈判风格、了解供应商谈判人员的需求和社会关系等。

（七）供应商关系类型

交易双方的商业关系根据强度、相互性、信任度和承诺的差异在很大范围内变化，如图6-3所示，从左端的松散型一次性交易关系逐渐延伸到右端的长期合作伙伴关系。

图6-3　商业关系图谱

采购中可根据采购品项与供应商建立不同类型的关系，比如某些采购品项应向最好的供应商定点即时购买，如常规型采购品项；而某些采购品项则要与同一个供应商建立长期的合作关系，如关键型采购品项。

二、组建采购谈判团队

采购谈判团队的人员构成包括组织构成、业务构成、性格构成三方面内容。

（一）谈判团队的组织构成

采购谈判的组织构成包括谈判负责人、主谈人和陪谈人。谈判负责人是采购方在谈判桌前的领导者，负责实现谈判目标的任务。主谈人（也叫首席谈判代表）是谈判桌上的主要发言人，其职责是将采购方的谈判目标和谈判策略在谈判桌上加以实施。主谈人与谈判负责人可以是同一个人，也可以不是同一个人。当两者不是同一个人时，要注意相互配合，主谈人既不能越俎代庖，又要拾遗补阙，与谈判负责人达到珠联璧合的效果。陪谈人一般包括各类职能专家和记录人员。他们的职责主要是：辅助主谈人，提供信息或参考意见，进行本专业部分的谈判；记录谈判的主要情节，协助主谈人完成谈判任务。

（二）谈判团队的业务构成

采购谈判的业务构成包括多类职能专家，如采购管理专家、工程技术专家、法律专家和金融专家。采购管理专家通常是主谈人，负责收集经济信息、进行可行性分析，并协商合同中的数量、价格和交货期限等要素，同时与其他专家协作论证谈判方案。工程技术专家主要负责合同中涉及的生产工艺、设备性能和产品质量控制等技术条款的谈判，需熟悉相关专业技术。法律专家则负责合同的合法性，草拟和解释合同文本，需精通法律和国际商法。金融专家关注信用保证、支付方式和资金担保等条款。此外，在涉外经济谈判中，翻译人员的角色也很重要，他们需精通外语并了解相关技术和管理知识，以确保准确表达。尽管各类专家有明确分工，但谈判是一个有机整体，所有人员团结一致、通力协作以实现谈判目标。

（三）谈判团队的性格构成

一个较为合理而完整的谈判团队中，谈判人员的性格是互补协调的。具体来说，谈判人员的性格可分为以下三组。

1.独立型与顺应型

前者遇事冷静、处事果断、责任心与进取心强，善于洞察对方心理，乐于从事发挥个性的工作；后者则相反，他们温和柔顺、独立性差，为人随和大度，善于从事正常的按部就班的工作。

2.活跃型与沉稳型

前者性格外露、精力旺盛、思维敏捷、情感丰富、情绪易于波动，适合从事流动性强、交际面广的工作；后者性格内向、性情孤傲、不善交际、有耐心、做事沉着稳健，适合从事少交往的独立性工作。

3.急躁型与精细型

前者性格急躁、热情、慷慨且不拘小节，适合快速完成简单工作；后者沉着冷静、条理分明，适合完成精细工作。

不同性格的人有各自匹配的工作类型。我们将独立型、活跃型和急躁型称为外向型，将顺应型、沉稳型和精细型称为内向型。在采购谈判中，外向型性格的人适

合担任主谈工作或负责收集信息,而内向型性格的人则可作为陪谈,专注于信息分析和其他内务工作。

三、谈判前采购价格分析

价格与成本是采购谈判的核心要素,因此,选取准确的最新的信息是非常重要的。

(一)了解供应商的总生产成本

供应商的总生产成本主要由原材料、劳动力、管理费用构成,通常将成本分为直接成本和间接成本。如图6-4所示,一个生产企业的总生产成本、销售和配送管理费以及行政管理费加在一起,构成了企业的总成本。

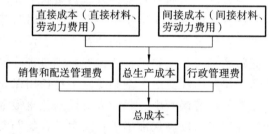

图6-4 生产企业的总成本

(二)获取供应商成本和价格的市场信息

谈判之前,应尽可能多地从市场中获得采购品项的价格和成本信息。这有助于采购方形成独立的判断及评估供应商的报价,并设定采购价格或成本目标。

1. 磋商前报价

谈判之前,可以要求潜在供应商给出报价,然后将这些价格进行比较。在谈判报价阶段甚至可以要求供应商提供成本细目的资料,但有些供应商不会轻易给出这些信息,或者提供一些带有偏向性的信息,因此必须通过其他来源获取和证实这些信息。

2. 参考价格

对于许多产品的参考价格信息,可以通过其他供应商的目录、经贸杂志、已出版的行业和市场调查、市场人脉、专业行业协会等途径来获取。

3. 原材料价格

多数情况下,原材料成本是产品生产成本的重要组成部分。原材料在有组织的商品市场中进行交易时(如伦敦金属交易所),可以获悉它们的价格并进行分析。即使没有使用这种方式进行交易,一些产品如化工产品、水泥、纸张和其他产品等,通常也可以在经贸杂志和其他资源中获得原材料价格。

4. 趋势分析

通过已有的统计方法和工具获取过去的信息,并以此推测将来的趋势。

5. 专家独立评估

在签订重要合同时,聘请一个专家(如专业工程师)进行必要的成本估价是很好的方法。如果专家的评估有助于企业在谈判中很大程度地降低价格,取得这种专家意见的成本将得到数倍的补偿。

四、基于谈判对象的谈判准备

(一)基于成本的采购谈判准备

如前所述,供应商总生产成本由原材料、劳动力、管理费用构成,其产品价格则需要再加上一定的利润。采购方在谈判之前可要求供应商提供这些成本的细目,也可从市场中获得采购品项的价格和成本信息,综合分析、评估和证实这些成本,为谈判做好准备。

1. 原材料

这部分费用通常指原材料(包括零件、零配件)及耗材,即生产过程中"输入"的费用。采购方在谈判前需要获得如下详细信息:生产每单位产品所用的原材料的质量与数量(包括废料率);供应商所拥有的这些原材料的供应源;供应商为这些原材料所支付的价格。

2. 劳动力

这部分费用指供应商雇用工作人员的工资。采购方谈判前需要了解以下信息:生产每单位产品所耗费的劳动时间;供应商的平均劳动工资水平。

3. 管理费用

管理费用指那些虽然投入到生产过程中,但不能直接分配到所出产的产品上,且与维持生产和正常运作相关的花费。可具体划分为生产或制造管理费、行政管理费、销售和配送管理费等。采购方谈判前需要了解供应商的市场营销部门与采购方交易所用的时间与费用、供应商履行合同所用的时间和费用、合理计入账户的供应商资产的贬值数值。

4. 利润

利润即产品销售价格(或某产品销售总收入)与产品成本之间的差额。不管是采购方还是供应商,都有诸多追求利润的理由,因此采购方在谈判中尽力扩大自己的利润空间时,给供应商留下合理的利润空间也很重要。

（二）基于付款方式的采购谈判准备

采购交易中的付款方式非常多，不同的支付方式有不同的特点和各自的利弊，不能单纯讲哪种支付方式更为合理，而要综合考虑双方的财务状况、交易方式与范围、交易货物特性、付款方式的成本与风险、信誉等因素。双方往往要结合价格来谈付款条款，通过谈判磋商双方共同都能接受的付款方式。当前常见的付款方式有如下几种。

知识拓展：
电汇

1. 电汇

电汇是贸易中常见的一种付款方式，指买方直接将资金打入卖方账户。作为一种国际贸易付款方式时，电汇一般存在电报和电传两种方式。

2. 信用证

银行（即开证行）依照进口商（即开证申请人）的要求和指示，对出口商（即受益人）发出的授权出口商签发以银行或进口商为付款人的汇票，保证在交来符合信用证条款规定的汇票和单据时必定承兑和付款的文件。也就是说，由银行出面担保，只要卖方按信用证的规定交货，就可以拿到货款，而买方无须在卖方履行合同规定的交货义务前支付货款。

3. 货到付款（COD）

货到付款是指在对外贸易中，出口商先发货，进口商后付款的结算方式，实质上属于赊账交易。在电子商务中，货到付款是快递公司代收货款，客户在验货后支付给送货员，确保"一手交钱一手交货"。客户可以在验货时检查货物的真实性和质量，如不符可拒签。

在现代电商环境下，货到付款的流程通过技术整合变得更加高效、安全。买家可通过智能物流实时监控配送状态，并使用移动支付扫码结算。AI技术可以帮助识别商品真伪，区块链确保交易记录透明且不可篡改。大数据分析用于防范欺诈，维护卖家利益。交易完成后，电子签名简化签收流程，云存储保护电子发票和交易记录信息。客户可在线反馈，享受系统提供的便捷的售后服务，简化退换货流程。同时，环保包装和个性化推荐提升了客户的购物体验。

4. 记账月结

这种方式适用于交易频繁但每次交易金额不大的情况，可减少重复多次的付款。例如，30天账期，每月10日为结算日，结算前一个月的欠款。

5. 远期支票/即期支票

远期支票是指支票日期在实际支票日之后，目的是推迟付款。虽然各国票据法对支票的必要记载事项有相关规定，但对远期支票并无明确要求。在商业实践中，交易双方通常会约定延迟付款的日期，形成远期支票的商业习惯。

相对而言，即期支票要求买家在见票后立即支付货款，付款后可向银行领取提货单据。需要注意的是，不同国家和地区对支票的规定有所不同，具体情况需要依据当地法律法规和商业惯例。

6.承兑汇票

承兑汇票按承兑人不同,可以分为银行承兑汇票和商业承兑汇票。期限一般从30天到180天。根据中国人民银行《支付结算办法》第八十七条规定,商业承兑汇票的付款期限,最长不得超过6个月。即商业承兑汇票票据从"出票日期"起至"汇票到期日"止,最长不得超过6个月。

7.分包合同中"背靠背"付款

客户付款后,总包方再向分包方支付工程款,这种"背靠背"付款方式在分包合同中相当常见。然而,这种方式可能引发纠纷,特别是在业主付款延迟或争议时。为减少纠纷,合同中应详细规定"背靠背"条款,包括付款条件、时间和金额,并明确风险和责任分配。

要建立有效的沟通渠道,确保在客户付款延迟时,总包方和分包方能及时协调解决方案。分包方可在合同中加入保护条款,如违约金或要求总包方提供信用证等,以避免损失。同时,合同应包含争议解决条款,明确处理流程。总包方应及时分享客户付款进度,建立信任关系。分包方在签合同前应仔细审查条款,评估风险并寻求专业意见,考虑提出备选付款方案,以维护自身利益。通过这些措施,可以减少"背靠背"付款引发的纠纷,维持良好合作关系。

8.托收

托收是出口商(债权人)为向国外进口商(债务人)收取货款,开具汇票委托出口地银行通过其在进口地银行的联行或代理行向进口商收款的结算方式。出口商把提单发票等象征货物所有权的单据交给银行,委托银行收货款。但当国外进口商拒绝付款时,银行会把单据交回出口商。部分外贸公司会使用此种方式。

除此之外,还有信汇、承兑交单、银行保函等多种付款方式。采购方要在熟悉每种付款方式的基础上,确定对自己有利的付款方式(可选择几种,并进行排序),再通过谈判,了解、分析供应商要求的付款方式,结合价格等谈判条款,找到谈判双方博弈的均衡点。

知识拓展:
几种常见付款方式

(三)基于服务水平的采购谈判准备

服务水平是指供应商内部各作业环节能够配合采购者的能力与态度。服务水平因采购项目不同会有较大的区别,评价供应商服务水平的主要指标有以下几个。

1.响应速度

响应速度指针对采购方提出的服务请求,供应商相关人员与之沟通交流达成共识,并进行下一步操作的时间。在可能的情况下,采购方应利用具体的指标明确对供应商响应速度的要求,例如:"对所提问题,两天之内通过电子邮件做出答复"。

2.技术支持与培训

信息时代的产品更新换代速度非常快,供应商提供免费或者有偿的升级服务等

技术支持对采购方有很大的吸引力,也是供应商竞争力的体现。如果采购方对如何使用所采购的产品不甚了解,供应商有责任向采购方培训相关产品的使用知识。一份采购合同还可以明确包括供应商最少要保证提供多长时间的技术支持。供应商对产品售前和售后的培训工作情况,也会大大影响采购方对供应商的选择。

3.安装与维修维护服务

如果供应商能够提供安装服务,采购方可以缩短设备投产时间,这对其非常有吸引力。采购方可以将维护维修纳入采购合同并加以明确规定,例如要求免费维修。这不仅保障了客户利益,还促使供应商提高产品质量,以减少免费维修的情况。

在某些采购服务款项中,可以规定免费维修的期限,如五年,并进一步细化到五年内零件和劳动力均免费,五年后仅劳动力免费,零件收费等。总之,采购方应了解供应商的服务能力,根据需求和供应商关系类型,确定有利的服务要求,并通过量化指标明确这些要求,在谈判中与供应商达成一致后写入采购合同。

项目任务
收集并分析采购品项的价格和成本信息

任务描述

「任务情境」 假定某公司正在筹备一个重要的采购项目(自行车刹车配件),需要与供应商进行谈判以获取最佳的价格和条件。为了在谈判中占据有利地位,该公司需要全面了解采购品项的价格和成本信息。

「任务要求」 获取采购品项的价格和成本信息并分析,为谈判做准备。

任务实施

「步骤1」 教师布置实训项目所需要完成的任务。

「步骤2」 本着自愿原则,学生5~6人为一组,每组选出一名小组长,由组长进行任务分工、协调成员实训任务,并带领成员完成实训任务。

「步骤3」 确定采购品项的规格与详细需求,输出采购品项的市场调研价格和相关成本信息。

「步骤4」 向供应商索取价格和成本信息,同时从市场获取相关数据,如表6-4所示。

表6-4 获取相应信息

采购品项	供应商A价格	供应商A成本构成	市场平均价格	供应商B价格	供应商B成本构成
自行车刹车配件	[价格详情]	[成本明细]	[市场价格]	[价格详情]	[成本明细]

「步骤5」 分析所收集的信息，评估成本构成的合理性以及成本降低的空间，如表6-5所示。

表6-5 评估成本构成的合理性以及成本降低的空间

采购品项	成本构成分析	合理性评估	成本降低的空间
[具体名称]	直接材料成本：[描述]	价格是否合理：[评估结果]	降低材料成本的可能性：[描述]
	直接劳动力成本：[描述]	成本构成是否合理：[评估结果]	优化生产流程的机会：[描述]
	间接成本：[描述]	……	降低间接成本的途径：[描述]
	……	……	……

任务评价

层级	评价内容	满分	得分	自我评价
1	成本分解的深度	20		
2	成本分解的全面性	20		
3	成本构成的合理性评估	20		
4	材料成本降低的可能性分析	20		
5	间接成本降低的可能性分析	20		

任务6　确定谈判目标及策略

◆ 素养目标

·深化商业伦理观，坚持契约精神，强化社会责任感与职业道德，秉持共赢理念，平衡竞合关系，推动可持续发展。

·提升沟通艺术，确保信息的准确传递与深入理解，构建稳固互信的合作伙伴关系。

·优化团队协作机制,强化组织协调能力,引领团队高效推进谈判进程,携手实现共同目标。

◆ 知识目标

·理解并掌握谈判目标的分类,并能根据不同谈判情境灵活设定和调整目标。

·熟悉谈判范围的界定,包括谈判地点、价格水平、支付方式、交易时间和交易量等因素,并能综合分析这些因素对谈判结果的影响。

·理解不同采购品项的特点、供应策略、供应商关系类型和谈判方法,能运用供应定位模型进行策略选择。

·学会制定总体谈判框架思路,包括设定初始立场、决定是否披露立场、安排谈判次序、选择谈判战术等,并能根据谈判实际情况灵活运用各种谈判战术。

◆ 能力目标

·能够根据采购需求和市场环境设定合理、明确的谈判目标,并根据不同谈判阶段灵活调整谈判策略。

·提升应急响应与危机处理能力,灵活调整策略以应对突发情况,确保目标达成。

·能够针对不同类型、不同场景的谈判,如现场谈判、电话谈判和网络谈判,运用相应的谈判技巧和策略。

·能够在谈判过程中有效运用各种战术,并根据谈判动态灵活调整战术。

一、确定谈判目标和变量

谈判目标是指谈判要达到的具体目标,它指明了谈判的方向和要达到的目的、企业对本次谈判的期望水平等。采购谈判的目标通常包括以下几点:一是更低的价格;二是改善的关系;三是更大的折扣;四是更快的交货速度或者更优质的售后服务(或发生纠纷时能够友好协商、妥善解决,不影响双方的关系)。

谈判目标可以归纳为四类,即理想目标、实际需求目标、可接受目标(中间目标)、最低目标。

(一)理想目标

理想目标也叫最优期望目标,它是采购方在采购谈判中所要追求的最高目标,也往往是供应商所能忍受的最大限度。如果超过这个目标,可能要面临谈判破裂的危险。在实践中,理想目标一般是可望而不可即的理想方向。

(二)实际需求目标

实际需求目标是谈判各方根据主客观因素,考虑各方面情况,经过科学论证、预测和核算后,纳入谈判计划的目标。

（三）可接受目标

可接受目标即可交易目标，是经过综合权衡、满足谈判方部分需求的目标，也是在谈判过程中可努力争取或做出让步的范围，对谈判双方都有较强的驱动力。在谈判实战中，可接受目标通常具有一定的弹性，经过努力可以实现。但要注意的是，不要过早暴露这一目标，否则容易被对方拿捏。

（四）最低目标

最低目标是谈判的底线和最低要求，通常是企业机密。在谈判中，最低目标与理想目标有内在联系。尽管表面上可能提出较高的要价，实际上这是为了保护最低目标，通过反复讨价还价，最终可能达成一个可接受的中间值。

确定谈判目标至关重要。在确定谈判目标时需要注意以下几点。首先，不能过于乐观，如果只关注理想目标而忽视可能遇到的困难，就容易导致陷入被动。目标应具弹性，设定上、中、下目标，以便根据实际情况调整。其次，理想目标可能不止一个，应对目标进行排序，优先实现最重要的目标，而对次要目标可适当让步。最后，最低目标必须严格保密，避免泄露给非谈判人员，以防对方利用这一信息，使己方处于被动局面。

表6-6为某企业制定的采购目标。

表6-6　某企业制定的采购目标

类别	采购目标	潜在的谈判杠杆
产品	·保证矿石品位符合××的要求； ·保证矿石粒度符合××的要求。	·因矿石品位而异的价格折扣； ·因矿石粒度而异的价格折扣。
供货	·确保在偏差20%的范围以内保证供货； ·最低运输成本。	·供货量和时间的保证； ·卸车时间保证； ·协助优化运输。
价格	·实现比市场价低5%的采购价格（12.51元/吨，包括破碎费和过磅费）； ·价格保护战略，避免市场波动。	·成本结构分析； ·付款条件； ·价格子项谈判； ·最低到位价格比较； ·采购量的扩大； ·签订长期供货合同。

二、确定谈判范围

采购的谈判范围主要包括谈判地点、价格水平、支付方式、交易时间、交易量

的大小等。对于主要的交易条件，必须进行综合平衡，用对比、筛选、剔除、合并等方法减少目标数量，确定各目标的主次与连带关系，使各目标保持内容上的协调一致，避免相互抵触。

（一）谈判地点

谈判地点涉及环境心理这一问题，谈判应尽量选择对己方有优势的地点。谈判地点一般有以下四种选择：一是在己方国家或公司所在地；二是在对方国家或公司所在地；三是选择双方的交叉地；四是谈判双方所在地之外的地点。采购谈判时，要根据不同的谈判内容进行具体分析，正确地进行选择，使各目标之间保持内容上的协调一致。有时，谈判地点的选择会显示谈判双方的势力和关系，并影响谈判双方的心理状态。

（二）价格水平

价格水平是谈判双方最关注的议题，是双方磋商的焦点，也是分割谈判利益最直接的方式。在确定价格水平时，要针对成本、需求、竞争、产品品质等多方面因素进行谈判。

（三）支付方式

货款的支付方式有多种，如现金结算、支票、信用证、支付宝、微信、以产品抵偿、一次性付款、分期付款、延期付款等。不同的支付方式会对综合报价产生重要的影响。在谈判中，如果采购方能提出易于被供应商接受的支付方式和时间，将会使己方在谈判中占据优势地位。

（四）交易时间

旺季产品畅销，供不应求，价格上涨，供应商的价格可能会高一些；淡季滞销，供大于求，供应商的价格就会低一些。

（五）交易量的大小

大宗交易或一揽子交易可减少价格因素在谈判中的阻力，可以使采购方在价格上得到一定的优惠。

三、基于采购品项类别的谈判策略

供应战略关注降低成本与供应风险，可通过权衡采购品项的相对重要性进行分析。供应定位模型可为合理安排与供应商谈判过程中投入精力的优先级、决定谈判重点提供指导。四类采购品项的谈判策略如表6-7所示。

表6-7 四类采购品项的谈判策略

品项类别	特点	谈判策略
常规型采购品项	低IOR等级和低支出水平	目标是使管理费用最小化。谈判重点应集中于降低管理成本。多数常规型采购品项几乎不需要进行谈判,根据供应商能否提供所要求的产品或服务,便可以充分了解供应商情况,并据此直接确认订单
杠杆型采购品项	低IOR等级和高支出水平	由于支出水平高,谈判重点应集中于降低价格和总体成本
瓶颈型采购品项	高IOR等级和低支出水平	这种采购品项的采购量较少且对供应商的吸引力不大,很难让供应商相信值得花费时间与精力进行谈判,因此以降低供应风险为目标
关键型采购品项	高IOR等级和高支出水平	这种采购品项是区分企业产品或实现企业成本优势的基础,也是构成收益率的关键因素,谈判的主要目标是在削减成本的同时保证供应的连续性和质量

四、制定总体谈判框架

制定谈判策略包括确定那些最有利于实现谈判目标的方法。准备阶段所收集的所有信息都有助于采购方制定谈判策略。制定谈判策略实际上是将谈判之前考虑到的所有问题集中到一起。具体包括:谈判目的和目标(围绕采购战略和所希望形成的关系);对方的立场和可能的利益;双方反映在实力对比上的优劣势。

制定采购谈判策略涉及一系列决策,包括:是采取双赢还是单赢的方法;企业的初始立场;是否披露初始立场;谈判的次序;说服技巧的使用;使用哪些谈判战术;谈判团队的人员构成;谈判的地点;谈判时间的选定和谈判持续的时间;当发生错误或者有意外情况发生时,应急计划是什么。

(一)决定初始立场

立场涉及说过的想要的东西、说过的将做或不做的事情。采购方要在设定目标的基础上,决定在谈判的哪一点上愿意适当或者完全改变立场。如采购方资金非常紧张,为获得供应商优惠的条件,可能会改变某些对自己而言不那么重要的立场或条件。

有时采购方的目标可能与供应商的目标不协调,导致谈判失败。这时需要使用双赢的方法去达成协议,即超越各自的目标和立场去寻找一种能够实现双方更大范围的目标和利益的解决方法。

(二)是否披露初始立场

当采购方不清楚供应商立场时,通常选择不披露初始立场,以便充分了解对方

提议，判断其潜在好处，可能会获得超出预期的报价。如果采购方掌握了足够多的信息，表明初始立场（理想目标）可能是明智的选择。

若供应商立场过于极端且难以妥协，采购方应尽早亮明立场，以推动谈判进程。在采购方与供应商建立了公开信任关系的情况下，采购方可以告知对方最低目标，明确低于某一点将不会达成协议，从而在相互摊牌的基础上继续谈判。

（三）安排谈判的次序

在谈判中，所讨论问题的排序至关重要。可以选择将容易解决的问题放在前面，以营造进展感；也可以先处理主要问题，让双方在后续问题上感到轻松。

在谈判前提供草拟议程有助于采购方占据有利位置，议程应涵盖所有重要方面。此外，采购方还需要制定内部议程，以提高谈判活动的灵活性。内部议程用于提示额外问题、规划谈判进展及记录团队信号（如暂停请求）。

五、谈判战术

谈判策略通常包含在谈判中使用的战术。谈判战术可能会非常有用，但要注意，战术本身不是最终目的，不能过度使用。下面这些谈判战术可供选择。

（一）设置障碍

这个战术很有力，且非常简单，易于使用。具体做法就是在谈判桌上得到供应商的报价，然后进一步要求更好的报价（如额外的数量、合同期的延长、供应范围的扩大、更低的价格等），如此一步步深入下去。例如，可以说："你在一年期合同中给了我满意的价格，但如果延长到两年会怎样呢？"

（二）沉默

沉默能给对方很大的压力。当提出一个问题时，沉默表示你只想等一个答案。

（三）重复

这是一个试图制约对方的战术。如果多次重复同一件事情，最终对方或许就会开始相信并接受它。

（四）暂停

如果谈判陷入僵局，或者对方提出了一些己方没有预料到的问题，应该要求暂停。己方谈判团队可以开一个短会来决定如何将谈判向前推进。

（五）分割和控制

分割和控制指通过向特定人员提问来割裂供应商谈判团队的观点。

（六）争取同情

这是一个希望用来获得对方理解的战术。例如，询问对方："如果你是我，你会

怎么做？"该战术和感情说服同时使用会收到更好的效果。

（七）再次调整需求

这个战术可以和威胁一起使用。例如，可以这样说："如果在这一点上不能有所改变，那么恐怕我们必须回到最初的立场了。"

这个战术也可用于谈判即将结束时，以得到供应商进一步的让步。可以这样来表述："好了，我认为已经差不多了，只是还有一件事情需要商讨。"当供应商可能同意做最后的让步来保证达成协议的时候，这可以获取供应商更大的让步。但它也很危险，可能导致谈判回到起点。

（八）最后期限

供应商通常会使用这样的解释："你只有在月末前签署协议才能得到10%的折扣。"最后期限是一种非常普遍的战术，也可以用其来争取优惠。

（九）节制

这个战术通常与讨价还价相联系，建议企业一点一点地做出让步，并且以得到某些回报作为交换。

需要注意的是，在采购方使用这些战术时，供应商可能会用同样的战术来应对。在准备阶段，企业必须决定在谈判中最适合使用的战术，这能为实现谈判策略提供帮助；企业还要保证整个谈判团队的成员了解并同意使用这些战术，并为每个特定战术的使用设置相关信号。

六、不同场景的谈判技能

（一）现场谈判

1. 现场谈判的适用范围

①复杂交易的谈判。
②重要谈判。
③大型谈判。
④各方首次交易的谈判。
⑤谈判各方认为面对面谈判是最佳选择。

2. 现场谈判的技巧

①注意非语言信号。
②有效利用沉默战术。
③保持冷静，避免出现情绪化反应。
④有效利用茶歇等非正式谈判场合的沟通。
⑤注意对方的文化敏感性，尊重对方文化。
⑥充分准备，有效利用时间。

⑦清晰记录要点，根据谈判计划适时主动出击。
⑧选择合适且有利的谈判地点。
⑨掌握主动权，引导对方。
⑩换位思考，建立良好关系。
⑪以退为进，谨慎决策。
⑫谈判前进行情境模拟，谈判后正确看待谈判结果。

（二）电话谈判

1. 电话谈判的适用范围

电话谈判是一种独特的商务沟通方式，具有即时反馈、加快谈判进程的优势。其非正式性质有助于建立亲近关系，特别是在某些文化中被视为友好的交流方式。此外，电话谈判节省了时间和成本，这在国际谈判中尤为明显。

然而，电话谈判也存在一些局限，如缺乏非语言交流可能导致误解，并且可能受到技术问题的影响，影响谈判的流畅性。此外，难以共享复杂的视觉资料限制了双方对细节的讨论，缺乏正式记录也可能在后续参考时造成问题。尽管如此，电话谈判在需要快速决策和响应时仍是有价值的方式。

在以下情况下运用电话谈判方式，可能取得比现场谈判更好的效果。

①如果想要快速沟通、尽早联系并尽快成交，电话谈判是实现这一目标、取得谈判成功的捷径。

②当希望在谈判中占据优势地位时，可以选择电话谈判，并主动给对方打电话。这样，从双方的状态来看，你是有准备的，而对方可能是匆忙应对的，相比之下，主动打电话的一方自然会占上风。

③如果希望谈判信息的传播范围较小，适合采用电话谈判。因为电话两端通常只有一个人，有利于保密。

④如果想要降低谈判双方地位的差距，电话谈判可以达到预期的效果。无论对方担任什么职务，谈判双方面对的只是一部电话。通过电话，双方可以各自阐述自己的条件和要求，电话两端的人的身份、地位和职务都不那么重要。

⑤在拒绝谈判对手或想要中断谈判时，电话谈判更为简便易行。这样，拒绝的话更容易说出口，也不会出现尴尬难堪的局面。

⑥当故意表现出对某项业务或某次谈判不关心，或者故意表现出己方强硬的谈判态度和坚定的立场时，采用电话谈判的方式可能会达到预期的效果。

⑦对于难以沟通和应对的谈判对手，使用电话谈判方式会更加有效。如前所述，由于电话铃声通常让人难以抗拒，即使是难以沟通和应对的谈判对手也会拿起电话进行沟通和洽谈。

⑧当面对面的谈判方式难以进行时，采用电话谈判可能会收到意想不到的效果。

2.电话谈判的技巧

①开场白干脆利落。
②确认对方是否有时间跟自己谈。
③注意通话时的音量。
④态度积极。
⑤因为通电话是个交互的过程,所以利用电话谈判时,一定要注意效率。

(三)网络谈判

1.网络谈判的优点

网络谈判具有以下优点:加强信息交流;有利于慎重决策;能够降低成本;可以提升服务质量;可以增强企业的竞争力;能够提高谈判效率。

2.网络谈判应注意的问题

网络谈判是一种基于互联网的新型谈判方式,包括询盘、发盘、还盘、接受和签订合同等步骤。其重点在于通过网络建立与客户和合作伙伴的新型关系,提高满意度,降低成本,提高灵活性,缩短谈判时间,提高工作效率。

实现这些目标需要注意以下几个方面:首先,加快网络谈判专业人才的培养,这些人才既要掌握采购知识和谈判技巧,又要熟悉IT技术;其次,强化与客户关系的维护,因网络谈判信息公开,竞争对手可轻易获取相关信息,所以需要增强情感投入和服务水平;再次,加强资料的存档和保管,确保谈判资料及时下载并打印,以防止因网络问题失去联系;最后,必须签订书面合同,以明确各自的权利义务,增强责任感,确保双方按合同履行。

确定谈判计划

📋 任务描述

「任务情境」 被誉为"鱼米之乡、丝绸之府"的湖州,盛产各式各样的小吃,如丁莲芳千张包子、周生记馄饨、周生记鸡爪、诸老大粽子等,其中以"江南第一爪"周生记鸡爪最为有名,深受当地百姓喜爱。人们常以此为特产赠送亲朋好友。某超市湖州分店针对消费人群的需要,特设湖州特产礼品专柜采购周生记的鸡爪。

「任务要求」 输出该超市作为采购方的谈判计划和谈判目标。

任务实施

「步骤1」 教师布置实训项目所需要完成的任务。

「步骤2」 本着自愿原则，学生5~6人为一组，每组选出一名小组长，由组长进行任务分工、协调成员实训任务，并带领成员完成实训任务。

「步骤3」 谈判人员构成。

①首席谈判代表。掌控谈判全局，监督谈判程序，把握谈判进程；组织协调专业人员和谈判团队的意见，决定谈判过程中的重要事项，有领导权和决策权；汇报谈判工作，代表企业签约。

②商务代表。商务代表即专业谈判员，阐述己方谈判目的和条件，了解对方的目的和条件，找出双方的分歧和差距；与对方进行采购谈判细节的磋商；向首席谈判代表提出谈判的基本思路和财务分析意见；修改草拟谈判文书的有关条款。

③法律代表。确认对方经济组织的法人地位，监督谈判在法律许可的范围内进行，检查谈判文件的合法性、真实性和完整性，草拟相关法律文件。

④财务代表。对谈判中的价格核算、支付条件、支付方式、结算货币等与财务相关的问题进行把关。

⑤技术代表。负责生产技术、食品安全检测、质量标准、产品验收、技术服务等相关问题的谈判，也可为谈判中的价格决策进行技术指导。

⑥记录员。准确、完整、及时地记录和整理谈判内容。

「步骤4」 确定谈判目标。

①价格目标。周生记鸡爪市场价格24元/斤，超市期望价格17元/斤，底线价格22元/斤；若按只算，市场价格2元/只，超市期望价格1.5元/只，底线价格1.8元/只；若按盒装12只/盒，期望价同上。找到谈判范围的重叠区域，形成ZOPA（可达成协议的空间），如果按斤采购，超市谈判区间为[17, 22]，市场价格24元是散客价，批量大的情况下24元下降到22元肯定有空间，至于能否达到17元，需要由谈判过程、五力模型进一步确定；如果按只采购，超市谈判区间为[1.5, 1.8]，对方市场价2元，依然有批量大情况下的降价空间，存在重叠区域ZOPA，可以进行谈判。

②交货期目标。超市对订单的要求非常高，订单一旦发出去，供应商必须在24小时之内按照订单上面的数量发货。如果不能，必须在24小时之内给予回复，以便超市重新下订单。

③付款方式目标。采用分批交货、分批付款的方式，每批支付的金额只是合同总金额的一部分。

④数量目标。超市采用大批量购买方式，可以规定一定的溢短装条款；将数量和价格挂钩。分为两种数量要求，即盒装和散装，并确保每盒个数一致，单价和散装一致。

⑤质量目标。所有食物生产日期必须在24小时之内，保证新鲜程度。每只鸡爪都采用真空包装形式，包装上要标注明百年老店周生记的防伪识别标志、生产日期、保质期、厂商等基本信息，且选择大小、重量接近的鸡爪，以方便超市按个或盒促销。

任务评价

层级	评价内容	满分	得分	自我评价
1	谈判内容确定的完整性	30		
2	谈判每项内容确定的清晰性	30		
3	谈判计划设计的得当性	40		

任务7 进入谈判阶段

◆ **素养目标**

· 树立诚信、公平的社会道德观,增强责任感;尊重多元文化,培养包容合作的国际视角。

· 高效沟通,建立互相信任的关系,营造和谐的谈判氛围,理性交流,适应团队角色,协同推进谈判进程。

· 树立利益风险评估意识,明智灵活,坚守原则。

· 运用创新策略化解分歧,提升团队冲突解决技巧,共创谈判佳绩。

◆ **知识目标**

· 理解采购谈判三个阶段的特点、目标和任务,掌握各个阶段对应的谈判策略和技巧。

· 掌握采购谈判中的报价原则,清楚报价起点的确定技巧、讨价还价的策略。

· 掌握采购谈判中的环境布局、个人形象塑造、开场陈述、谈判氛围营造、谈判记录整理、协议签订等方面的知识。

◆ **能力目标**

· 能够独立或协作完成采购谈判的准备工作,包括但不限于谈判环境布置、谈判议程规划、谈判目标设定等。

· 熟练运用采购谈判的各类策略,有效推动谈判进程。

· 能够在谈判破裂和谈判达成的不同情况下,运用适当的谈判技巧妥善处理收

尾工作，签订合法有效的协议，并对协议进行有效执行和跟进。

采购谈判的进程通常可以划分为三个阶段：开局阶段、实质性磋商阶段以及结束阶段（见图6-5）。每个阶段都有自己的特点、目标和任务，因此需要制定相应的谈判策略。

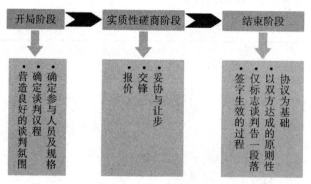

图6-5 采购谈判的进程

一、开局阶段

谈判的初始阶段是指从双方会面开始，到进入具体实质性谈判之前的这个阶段。该阶段涵盖掌控开场氛围、交流意见以及阐述各自观点和立场等内容。

（一）掌控开场

1. 精心布置谈判环境

①谈判环境布置时应注意以下事项：谈判场所内外应宽敞、雅致、舒适，让人心情愉悦；确保通信设备性能良好；准备必要的记录工具、饮品、水果等；在谈判室附近设置多种休息区域，便于谈判人员私下交流、增进感情；若非双方同意，勿配备录音设备，经验表明，这可能产生较大的副作用，会限制言论自由。

②谈判座位安排对谈判成效至关重要，应根据参与人数进行调整。对于双人谈判，通常使用长方形桌，双方面对面坐，显得正式。多人参与时，如多边谈判，建议使用长方形或椭圆形桌，负责人居中平等相对，其他人员坐两侧，职位越高者离负责人越近。在座位上提前放置姓名标识可以避免入座混乱。在双边团体谈判中，圆桌也可营造轻松氛围，便于交流，圆桌通常较大并可分段设置，各方负责人围坐，翻译人员和其他成员则坐在其旁或身后，体现正式与平等。

③妥善安排食宿。东道主应为来访人员提供周到、便利、舒适的食宿安排，但不必追求奢华，按照国内或当地标准安排即可。适当组织客人参观、游览、参加文体活动等也非常有益，有助于调节客人情绪，增进彼此的了解与沟通，为谈判顺利进行创造良好条件。

2. 注重个人形象

服饰可以传递个人的文化素养和社会地位，应根据谈判的正式程度选择合适的服装，正式谈判时着装需更正式，非正式时可相对随意。此外，一致的着装风格有助于给对方留下稳定的印象。

3. 营造良好的开场氛围

营造良好的开场氛围也至关重要。理想的谈判氛围应活跃、融洽。谈判初期的短暂接触是关键，双方在握手时需注意分寸，开场话题应选择中性、轻松的内容，以引起对方兴趣，促进气氛融洽。破题的过程因谈判性质而异，短时间谈判可简短寒暄，长时间谈判则可通过共进晚餐等方式延续交流。

4. 初步达成一致

在实质性谈判前，双方要交换意见，在谈判目标、议程和人员安排方面初步达成一致。首先，明确谈判目标，寻找共同点和获利可能性；其次，制定议程表，明确讨论议题和规则；最后，了解谈判团队的构成和职责。这些内容最好以书面形式呈现，以备后续使用。

（二）开场陈述

完成"破题"后，双方开始正式谈判，开场陈述各自阐述看法和基本原则，重点在于原则性问题而非细节。陈述应简明扼要，内容包括目标、谈判进度、人员情况、对议题的理解及共同利益等。表达时需真诚、轻松，要求合理，在原则问题上坚持，在非原则问题上可适度让步。

为了实现目标，谈判人员需注意以下几点：发言要简洁明了，避免因措辞不当激怒对方；发言后留时间让对方发言，倾听意见以找出双方共同点；发言时间控制在两分钟内，避免造成听众疲劳；正确评估自己的能力，不被对方身份或态度吓倒；谨慎假设对方的弱点，避免暴露自身弱点；如对方建议合理，应尽量表示同意。

（三）开局策略

谈判双方在开局时可能因目标差异而遇到麻烦。为避免这种情况，双方应在会谈目标、计划进度和参与人员等方面达成一致，这是控制开局的基本策略，适用于各种谈判。

留有余地是一种保留手段，要求谈判人员在陈述时留有空间，以便之后讨价还价。这种策略与坦诚相待并不矛盾，二者共同目标是达成双方都能接受的协议，但实现方式不同。留有余地的策略应根据具体情况而定，一般在不完全了解对方或坦诚交流无效时使用。

开局陈述应简洁明了、真诚友好，以促进信任并抓住要点。可采用两种策略：一是率先发言，争取主动权，确定谈判方向，并在宣传观点时进行必要暗示；二是保持沉默，迫使对方先发言，施加心理压力，迫使对方暴露真实情况。如果双方都沉默，东道主应主动发言以打破僵局。

二、实质性磋商阶段

谈判的实质性磋商阶段指的是双方就所提出的交易条件展开广泛商讨的阶段。在此阶段，通过对交易条件的报价和讨价还价，双方从分歧、对立走向让步与协调一致，进而决定谈判是迅速决断进行、拖延进行或是直接破裂。所以，这一阶段的把握情况对于能否实现预期目标、取得谈判成功，具有决定性作用。

（一）报价

谈判中的报价不仅指价格，还包括对方提出的所有要求，如商品质量、数量、包装、支付等。无论是企业并购还是合作谈判，各方都会提出各种要求，这些要求构成了谈判的核心议题。

报价取决于双方地位和利益的差异：卖方希望成交价高，而买方则希望低。报价必须在对方接受的前提下才能促成交易，因此谈判者需要在报价时考虑利益与可接受性之间的平衡。

确定报价起点时，谈判者应了解市场行情并分析预测，参照近期成交价格，结合自身谈判目标，拟订报价范围。无论报价是高是低，表达必须明确果断，避免使用模糊词语如"大概""大约"等。

（二）讨价还价

1. 讨价还价的概念及准则

讨价是指在评估报价后，认为其与自身期望相差较大，要求报价方重新报价的行为；而还价是指在对方报价后，另一方对其进行评价并提出自己的价格。

讨价还价的基本准则包括：尝试在谈判条件上做出妥协；在对自身无价值但对对方有价值的变量上让步；关注所有变量并进行关联考量；在非原则问题上做小让步，在关键问题上坚守；记录所有妥协；避免无计划的妥协；不偏离谈判目标。

2. 讨价还价的策略

在讨价还价之前，必须全面了解对方报价的所有内容，并准确理解其真实意图。这要求识别报价中的关键条件、附加条件和诱惑性条件，倾听对方的解释，避免主观揣测，以防误解。

精准的讨价还价应控制在双方协议区域内，即各自底线和期望值之间。如果对方报价与己方条件差距过大，应先拒绝对方报价，必要时可中断谈判以便重新报价。

讨价还价时应避免与对方争执无关事项，保持冷静心态。在谈判陷入僵局时，双方应适当调整目标，做出妥协，朝着达成交易的目标努力。

3. 出现强信号

强信号的出现标志着交易的迹象，每位谈判者使用的信号形式各不相同。常见的成交信号包括以下几点。

① 用简洁的话语阐明立场，表达承诺意向但不带讹诈意味。

② 提出的建议完整明确，暗示若未被采纳，除非中断谈判，否则别无他法。
③ 阐述观点时，态度严肃认真，眼神专注，语调和神态展现出期待。
④ 回答对方问题时简洁，通常只用"是"或"否"，表明没有妥协空间。
⑤ 最终报价通常在谈判结束阶段的建设性讨论中提出。给出最终报价时应评估谈判形势，最好在对方报价后再提出，同时做出较小让步，并附加条件以留有余地和争取对方回应。

三、结束阶段

任何一项采购谈判活动，无论进行时长或开展次数如何，最终都会有一个结束阶段，其结果无非破裂或成功。

（一）谈判破裂的收尾

谈判破裂是双方都不希望看到的结果，但这种情况常常因交易条件差距过大而发生。面对谈判破裂，谈判人员应采取合适的方式处理。

首先，正确看待破裂，保持良好的谈判观。无法达成一致往往意味着一方拒绝了另一方的提议，这会引发失望情绪。应尽量控制这种情绪，在和谐氛围中让对方接受拒绝的结果，做到"生意不成情意在"，微笑握手道别。

其次，把握可能出现的转机。当对方宣布最终立场时，谈判者应以友好和诚恳的态度回应，争取最后的机会。例如，可以表示理解对方态度，并邀请其在有新建议时继续讨论。这种方式为那些以"结束谈判"要挟对方的人留出余地，有时能让谈判出现意想不到的转机。

（二）谈判成功的收尾

谈判取得成果，双方达成交易后，谈判者应当有始有终，做好谈判记录的整理与签订书面协议等工作。

1. 谈判记录的整理

每次洽谈结束后，应就达成共识的议题列出简短报告或纪要，并向双方公布，获得双方认可。在长期且复杂甚至需要多次会谈的大型谈判中，每当一个问题谈妥后，都需要通读双方的记录，查对一致，避免存在模糊不清之处。

2. 签订书面协议

交易达成后，双方通常需签订书面协议。该协议一旦签字生效，便具有法律约束力。签订协议时需注意以下几点。

首先，协议应简洁明了，内容具体，涉及专业术语时需共同确认含义，避免分歧。所有必要项目应全面列出，并考虑可能的变化情况。

其次，在正式签字前，需细致审核协议内容，确保与双方共识一致。如发现问题，应妥善解决，避免退让，以免造成不必要的损失。

最后，协议需由双方当事人或授权代表签字，使其成为有效的法律文件。签署

后，双方应持续关注对方的经营状况，观察是否有影响协议执行的因素，并及时采取对策。协议的签订是新的起点，只有在协议执行完毕后才算结束，任何一方违反协议都须承担法律责任。

（三）谈判结束阶段的策略

在谈判的结束阶段，谈判目标主要包含两方面：一是力求尽快达成协议，二是尽量确保已获得的利益，在可能的情况下争取最后的利益。为实现这些目标，可采用以下谈判策略。

1. 提供选择

为尽快达成协议，谈判者需要提供两种或以上的不同选择，引导对方选择成交方案。此策略通过将成交的主动权交予对方，促使其消除疑虑，做出结束谈判的决定。具体做法是在不损害己方基本利益的前提下，提供单一条款的不同选择或多项条款的不同选择，或是提供与原有方案大同小异但易被对方接受的选择方案。

2. 分段决定

为避免谈判在定局时产生较大的矛盾和阻力，可将谈判的结束工作分段进行，即把需要决定的较大规模买卖或重要条件分为几部分，让对方分段决定。尤其是在大型或高级谈判中，可以将重大原则问题与细节问题区分开来，让高级人员洽谈基本原则，中、低级人员则洽谈辅助事项；先谈容易解决的问题，有重大争议的问题留到最后解决，以巩固谈判成果，加快谈判进程。

3. 利益诱导

谈判的一方可通过许诺对方某种利益以催促其结束谈判。例如，提供价格折扣、分期付款、附加赠品、提前送货、免费试用等特定优惠，以诱使对方尽快做出最终决定。采用此策略时需要注意，这种利益许诺的幅度不宜过大，且应与最后定局紧密相关，即以对方同意定局为条件。可寻找合适机会，要求对方管理部门的高级人员出面谈判，或许更易达成目的。

4. 分担差额

在谈判的最后时刻，如果双方就一些重要条件仍存在分歧，为加速交易的达成，谈判双方可采用分担差额的方式来解决最后的难题。分担差额不一定是双方各自承担一半，也可以是 2/3 给己方、1/3 给对方。若己方率先提出此解决办法，要确保尽快结束谈判带来的好处足以弥补在此条件上做出的让步。

5. 结果比较

在谈判结束阶段，一方可为对方分析签约与不签约的利害得失，并强调当下时机有利。使用这种策略时要注意措辞得当，避免使对方产生受威胁感。

6. 截止期限

对于双方而言，谈判通常都存在截止期限的问题。这个截止期限对谈判双方的约束力和所能产生的影响是有差异的。对于截止期限无所谓的一方通常不急于定局，

有时还会利用这一时间因素增加谈判筹码，给对方施加某种压力。而对于截止期限具有较强约束力且会因此遭受损失的一方来说，要求对方确定交易的迫切性就较强，往往会主动在截止期限到来前提出成交的暗示。在此情况下，应注意不给对方造成急于求成的印象，而应巧妙运用各种手段和技巧，顺其自然地提出成交的要求。

模拟电石采购价格谈判场景

📋 任务描述

「任务情境」 日本 A 公司向中国 B 公司购买电石，这是两个企业进行交易的第五个年头。上一年谈价时，A 公司将每吨电石价格压低了 30 万美元，今年又想要每吨往下压 20 美元，即从每吨 410 美元压到 390 美元。据 A 公司谈判人讲，他已拿到多家报价，有每吨 430 美元的，有每吨 370 美元的，也有每吨 390 美元的。据 B 公司了解，每吨 370 美元是个体户报的价，每吨 430 美元是生产能力较小的工厂供的货。供货工厂的厂长与 B 公司代表共 4 人组成了谈判小组，公司代表为主谈人。谈判前，工厂厂长与 B 公司代表达成了价格共同的意见，工厂可以 390 美元的价格成交，因为工厂需要订单进行连续生产。B 公司代表要求工厂厂长对外保密。B 公司代表又向其主管领导汇报，分析价格形势。主管领导认为价格不取最低，因为作为大公司要讲质量、讲服务。谈判中可以灵活，但步子要小。若在 400 美元以上拿下，则可成交，拿不下时把价格定在 405~410 美元，然后主管领导再出面谈。B 公司代表将此意见向工厂厂长转达，并达成共识，和工厂厂长一起在谈判桌争取该条件。在谈判时，经过交锋，每吨电石价格仅降了 10 美元，以 400 美元成交。工厂代表十分满意，A 公司也非常满意。

「任务要求」 熟悉案例的背景信息和相关数据，通过运用采购谈判的基本技巧和策略的运用，达成双方都能接受的价格协议。

⬇ 任务实施

「步骤 1」 教师布置实训项目所需要完成的任务。

「步骤 2」 本着自愿原则，学生 5~6 人为一组，每组选出一名小组长，由组长进行任务分工、协调成员实训任务，并带领成员完成实训任务。

「步骤 3」 将学生分成若干小组，每组包括 A 公司代表、工厂厂长和 B 公司代表。

「步骤 4」 各小组熟悉案例背景，分析双方的利益和底线。

「步骤 5」 根据本单元知识点，模拟谈判开场，营造良好的谈判氛围。

「步骤 6」 进入实质性磋商阶段，进行讨价还价。

「步骤 7」 捕捉交易强信号并预测谈判结果趋势。

「步骤 8」 谈判结束，各小组总结经验教训并进行汇报。

✓ 任务评价

层级	评价内容	满分	得分	自我评价
1	谈判准备的充分性	20		
2	谈判目标设定的明确性	25		
3	谈判开场效率	10		
4	实质性磋商阶段重点战术的运用	20		
5	谈判总结的深入性	25		

项目七 拟订与管理采购合同

任务1　认识采购合同

任务2　准备采购合同

任务3　掌握不同类型的采购合同

任务4　识别与规避合同违约

项目导学

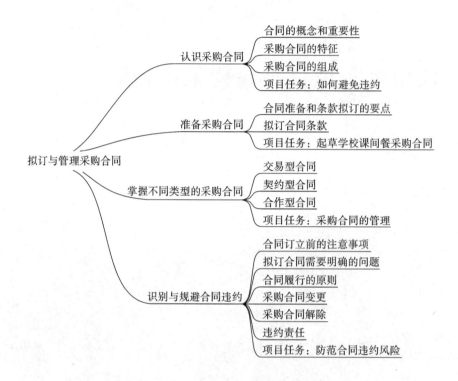

在本项目的任务 1 中，您将了解采购合同的概念、特征和组成，为后续学习打下基础。在任务 2 中，您将学习合同准备和条款拟订的要点，以及拟订合同条款的具体步骤，以确保合同的准确性和完整性。在任务 3 中，您将掌握不同类型的采购合同，包括交易型合同、契约型合同、合作型合同，为不同采购需求做出适当选择。在任务 4 中，您将学习识别与规避合同违约的重要事项，包括合同订立前的注意事项、拟订合同需要明确的问题、合同履行的原则、采购合同的变更和解除以及违约责任。通过本项目的学习，您将全面掌握采购合同的关键知识和技能，为未来的采购与供应链管理工作提供有力支持。

思政导航

采购合同是商业合作的重要组成部分,涉及经济利益及公平、诚信和社会责任等价值观。

首先,采购合同的签订与履行应体现公平公正原则。供应商与采购方在签订合同时应遵循公平竞争原则,确保不受非经济因素影响;履行合同时则需遵循诚实守信原则,维护自身合法权益。

其次,采购合同管理与社会责任和可持续发展密切相关。现代企业越来越重视将社会责任纳入采购决策,通过合同要求供应商遵守相关法律法规。

最后,采购合同的违约问题与法治建设及法律意识培养相关。双方应遵守合同约定,若违约,另一方可依法维护自身权益。越来越多的合同纠纷通过法律途径解决,有助于提升公民的法律意识。

综上所述,采购合同管理不仅关乎经济活动,还涉及公平、诚信、社会责任和法治。通过学习与思考,我们能更好地理解采购合同的重要性,更好地进行采购合同管理,为建设和谐社会、推动社会可持续发展贡献力量。

任务1　认识采购合同

任务目标

◆ **素养目标**
- 提升法律意识，了解合同中的权利义务及法律责任。
- 培养责任心与诚信意识。

◆ **知识目标**
- 清楚合同的基本概念和重要性，了解采购合同的特征和主要特点。
- 了解采购合同的组成部分。

◆ **能力目标**
- 具备起草简单的采购合同的能力。
- 提升文字表达能力，学会条理清晰、精准表达，注重合同细节与条款的精确性。
- 能够运用所学知识，识别和理解采购合同中的关键条款和要求。

一、合同的概念和重要性

合同是双方或多方当事人之间的一份法律协议。这份协议可在当事人之间为实现一定的经济目的、明确双方权利义务关系而建立一种具有法律约束力的关系。一份有效的合同必须具备以下要素：要约；承诺；当事人的合同签约资格（能力）；某种价值的对价；受法律约束的关系。

知识拓展：
对价

二、采购合同的特征

（一）一般合同的基本特征

一般合同的基本特征为：主体限定于法人；内容限定于法人之间进行经济行为的各种事项。

（二）采购合同的主要特征

采购合同除了具有一般合同的基本特征外，还有如下特征：是转移标的物所有权或经营权的合同；主体比较广泛；与流通过程联系密切。

三、采购合同的组成

合同、合约、协议等作为正式契约，应该条款具体、内容详细完整。一份采购合同主要由首部、正文与尾部三部分组成。

（一）首部

采购合同的首部主要包括以下内容：名称，如生产用原材料采购合同、品质协议书、设备采购合同、知识产权协议、加工合同等；编号，如2024年第1号；签订日期；签订地点；买卖双方的名称；合同序言。

（二）正文

1. 主要内容

合同正文的主要内容包括以下几点。

①商品名称，即所要采购物品的名称。

②品质规格。该条款的主要内容包括技术规范、质量标准、规格和品牌等。

③数量。该条款的主要内容有交货数量、单位、计量方式等。必要时还应该清楚地说明误差范围以及对交付数量超出或不足情况的处理方式。

④单价与总价。该条款的主要内容包括计量单位的价格金额、货币类型、国际贸易术语、物品的定价方式（如固定价格、浮动价格）。

⑤包装。该条款的主要内容包括包装标识、包装方法、包装材料要求、包装容量、质量要求、环保要求、规格、成本、分拣运输成本等。

⑥装运。该条款的主要内容包括运输方式、装运时间、装运地与目的地、装运方式（如分批、转运）和装运通知等。

⑦到货期限，即约定的最晚到货时间。

⑧到货地点，即货物到达的目的地。

⑨付款方式。该条款的主要内容包括支付手段、支付时间、支付地点等。

⑩保险。该条款的主要内容包括确定保险类别及保险金额，指明投保人并支付保险费。

⑪商品检验。该条款的主要内容是商品到达后按照事先约定的质量条款进行检验。

⑫纷争与仲裁。该条款的主要内容包括仲裁机构、适用的仲裁程序、仲裁地点、裁决效力等。

⑬不可抗力。该条款的主要内容包括不可抗力的含义、适用范围、法律后果、双方的权利义务等。

2. 选择内容

合同正文的选择内容包括以下几点。

①保值条款。

②价格调整条款。

③误差范围条款。

④法律适用条款，即买卖双方在合同中明确说明合同适用于何国或何地法律的条款。

（三）尾部

合同的尾部包括：合同的份数；使用语言及效力；附件；合同的生效日期；双方的签字盖章。

项目任务
如何避免违约

任务描述

「任务情境」 甲、乙双方于2013年7月12日签订了一份简单的购销合同，约定乙方向甲方购买50万米涤纶哔叽，由于当时货物的价格变化大，不便将价格在合同中定死，双方一致同意合同价格只写明依市场价定，同时双方约定交货时间为2013年年底，除上述简单约定，合同中无其他条款。

合同签署后，甲方开始组织生产，到2013年11月底甲方已生产40万米货物。为防止仓库仓储货物过多，同时收取部分货款，甲方电告乙方，要求乙方先交付已生产的40万米货物。乙方复函表示同意。货物送达乙方后，乙方根据相关验收标准组织相关工作人员进行了初步检验，认为货物布中跳丝、接头太多，遂提出产品质量问题，但乙方认为考虑到该产品在市场上仍有销路，且与甲方有多年的良好合作关系，遂同意接收该批货物，并对剩下的10万米货物提出了明确的质量要求。在收取货物的15天后，乙方向甲方按5元/米的价格汇去了200万元人民币货款。甲方收到货款后认为价格过低，提出市场价格为6.8元/米，按照双方合同约定的价格确定方式，乙方应按照市场价格以1.8元/米补足全部货款，但是乙方一直未予回复。

2013年12月20日，甲方向乙方发函提出剩下货物已经生产完毕，要求发货并要求乙方补足第一批货物货款。乙方提出该批货物质量太差，没有销路，要求退回全部货物，双方因此发生纠纷。

「任务要求」 请分析该合同存在哪些问题,以及如何避免案例中的问题出现。

任务实施

「步骤1」 教师布置实训项目需要完成的任务。

「步骤2」 本着自愿原则,学生5~6人为一组,每组选出一名小组长,由组长进行任务分工、协调成员实训任务,并带领成员完成实训任务。

「步骤3」 小组成员研读任务情境中的资料,分析案例中存在的问题。

「步骤4」 针对问题,提出在合同中需要明确的内容,明确如何维护自身权益。

「步骤5」 完成案例分析报告。

任务评价

层级	评价内容	满分	得分	自我评价
1	对合同条款的理解	10		
2	小组分工是否明确和均衡,小组成员的能力是否得到充分的发挥	20		
3	调研方法选择是否得当,操作是否规范	20		
4	小组案例分析报告思路是否清晰,内容是否充实,重点是否突出	50		

任务2 准备采购合同

任务目标

◆ 素养目标
· 培养法律意识与职业道德观念,强化对合同法律约束力的认知。
· 培养严谨、诚信的工作态度。

◆ 知识目标
· 掌握合同结构、要素,明确当事人、标的、权责及违约的概念。
· 精通基础性法律法规,能够辨析合同的有效性。
· 能够鉴别条款风险,如表述模糊、不平等待遇等。

·熟悉谈判、修订至签约的全流程技巧。
◆ 能力目标
·精准评估合同背景风险，确保条款合理可行。
·培养高效沟通的能力。
·提升文字表达能力，能撰写表述清晰准确的条款，规避歧义，符合法律规定。
·能运用法律知识应对争议，提出有效的解决方案。

 一、 合同准备和条款拟订的要点

企业在准备合同时，应注意以下要点。

①知道企业要获得什么、避免什么，以及如果事情做错，备选方案是什么。明确上述问题，将帮助企业明确合同中要处理问题的类型，提高合同文件的质量。

②了解供应商。如果起草合同时没有很好地了解供应商，会增加企业的风险。例如：最低出价投标人有长期意图，即低价投标得到合同，然后加压迫使买方接受附加条件；一些国家在进行国际贸易时有特种关税。供应商实际履行合同的能力取决于其生产和分销设施，而不是取决于其市场服务。了解这些情况有助于帮助企业避免合同履行中的困难。

③着眼于双赢。如果各方都对促成合同没有足够的兴趣，就会增加合同失败的风险。当各方都为达成合同而努力时，就有更大的弹性空间去解决分歧。长期合作关系可能从最初合同发展而来。

④尽量使用专业术语。这样可以使合同的不同参与方对义务有相同的理解。

⑤在考虑文件和设计条款之前，考虑"基于知识"的资源范围（如商标、版权、专利权、技术秘诀和商业秘密）是非常必要的，而这些资源可能会为企业带来战略优势。

⑥设立明确的争议解决条款。尤其是在不可能使用尽可能清楚的语言时，明确的争议解决条款可以使各方知道解决争议的程序和方法。

⑦有明确的终止条款。

⑧留意文化差异。在国际环境条件下，意识到与供应商的文化差异有助于确保起草的合同令人满意。

 二、 拟订合同条款

（一）确认当事人

1.设立目的

确定同意签订合约的当事人（个人和组织）。明确地分辨其实体身份，有助于确定与证实该实体是否有能力为即将到来的特定交易类型订立合同；当发生与合同有关的争议时，合同索赔是否会存在困难等。

2. 内容

条款的内容包括合同中每个当事人确切名称的陈述，也可包括公司类型、公司注册地和注册编号（如果有的话）、公司授权代表的姓名及职务。此外，每个国家的地方法规可能有的特殊要求，也应包括在内。合同条款中确认当事人范例如图 7-1 所示。

```
立约人　××股份有限公司　　　　　　（以下简称甲方）
　　　　××市对外贸易有限公司　　　　（以下简称乙方）

　　兹甲方拟向乙方订购热水器水箱组（零件）及其他零件，乙方同意制造提供甲方生产销售，经双方同意订立条款如下：
```

图 7-1　合同条款中确认当事人示例

（来源：《如何准备合同》，注册采购师职业资格认证系列教材，图 7-2 到图 7-16 同）

（二）标的物说明

1. 设立目的

对所供应的产品、服务或资本投资的说明，这有助于确定商品是否符合质量要求。

2. 内容

条款的内容应尽可能详细，包括质量等级的信息（含可能接受的缺陷和损耗百分比）、重量（含正负偏差）、规格（含允许公差）、花色（含允许偏差）、检验方法等。合同条款中标的物说明范例如图 7-2 所示。

```
第1条：订购标的产品
　　1.1　品名：水箱组（零件）及其他要项。
　　1.2　规格：依甲方提供之图面（如附件一）及样品。
```

图 7-2　合同条款中标的物说明范例

（三）价格

1. 设立目的

确定买方支付货款的数量或货款的计算方式。

2. 内容

所购标的物的单价或合同总价款、货币种类、计算方式和价格调整等内容。合同条款中价格范例如图 7-3 所示。

```
1.3 零件价格（FOB 宁波港）
    电解铜基价依公元2002年1月11日之London Metal Exchange公告期货现金价格为基价，
价格变动正负15%以内，零件价格依附件二计，超过正负15%，零件价格双方再协议之。
```

图 7-3 合同条款中价格范例

（四）交付

1. 设立目的

明确卖方应在何时、何地交货，买方应在何时、何地接收货物，以及确定卖方是否履行其义务。

2. 内容

规定交货的地点、时间（给定的日期，如 2019 年 6 月 15 日）或给定的一段时间（如"6月15日的那一周"）、交货方式（海运、空运、铁路运输、公路运输）和手段。在国际采购合同中，该条款将包括对国际商会国际贸易术语解释通则的选择。

（五）买方的商品检验

1. 设立目的

使买方能够检验商品、服务的结果或资本投资是否满足合同的要求，使卖方知晓怎样履行其义务来提交商品给买方检验。

2. 内容

首先要明确什么时候开始商品检验，其次应明确是否由第三方进行商品检验，最后应明确在哪里进行商品检验。如果不是在卖方所在地进行，随之而来的问题是，谁来承担将商品、劳动或资本投资项目送至商品检验地的费用。

合同这部分内容应明确约定检验的一般方法。如果有必要增添新的检验项目，可在买方的采购间歇期按一定要求对合同条款进行修改。

（六）所有权保留

1. 设立目的

决定谁拥有商品、工程或资本投资的所有权，并决定拥有所有权的期限。

2. 内容

明确当事人保留所有权资格的意图。合同条款中所有权保留范例如图 7-4 所示。

```
条款8：所有权保留
    双方同意在买方支付完货款之前，货物的所有权归卖方所有。
```

图 7-4 合同条款中所有权保留范例

（七）支付条件

1. 设立目的

解释买方如何支付相应的款项。

2. 内容

详细列举支付条件和方式方法。

（八）文件

1. 设立目的

明确卖方应提供哪些文件以便其完成合同义务。

2. 内容

这些文件包括一系列货运单证和其他文件，如发票、装箱单、保险单、货物原产地证明、检验合格证书、形式发票等。文件随合同项下商品的不同而有所变化，或随交货地所属国的不同而有所不同。合同条款中文件范例如图7-5所示。

条款8：文件

卖方向买方或买方制定的银行递交下列文件：

商业发票（一份原件，五份复印件）；

运输文件（装箱单、保险单、原产地证明、检验证明，仅限正本）；

海关文件（各复印两份，须确认）；

所有复印件都要经过有关的权威部门证明。

图7-5 合同条款中文件范例

（九）延期交货、到期未交及补救措施

1. 设立目的

明确交货中出现问题的解决办法。

2. 内容

一般而言，条款应明确如何处理交货中有关问题的框架结构。交货日期应在前面的交货条款中有明确规定，如果需要的话，也包括允许的偏差。

该条款应明确如果交货迟延，买方应向卖方出具相应的迟延通知，以及这种延迟的后果（即约定按照到期合同总额的每天/周/月的百分比计算，直至到达某个上限为止）。

该条款也应约定，如果卖方未在合同约定的日期内交货，买方是否有权单方面终止合同，以及终止合同的通知方式。

终止合同还要考虑的问题是卖方是否要向买方支付违约金，以及违约金的具体数额或比例，最后还要明确这种赔偿的排他性内容。

(十)交货不符的责任范围

1. 设立目的

为使合同公平合理,当事人希望在法律允许的范围内,事先约定当交货不符合合同约定时的后果。

2. 内容

明确买方检验商品的职责,如果买方认为某项目不符合要求,必须通知卖方。检验方式已经在涉及买方的商品检验的内容中进行了介绍,这里不再赘述。

通常,买方既可接收(获得降价的回报)又可拒收不符合要求的商品。如果买方拒收商品,卖方只能选择更换、修理或退款。

因更换或修理导致迟延交货时,买方有权要求卖方支付违约金,有关内容已在延期交货、到期未交及补救措施中进行了讨论。

卖方对不符合要求商品所承担的责任应约定一个期限,规定从确定时起的一段时间内履行,如可约定从交货日期开始计算。某些国家法律更进一步地规定了卖方对商品缺陷应承担的责任。

合同条款中交货不符的责任范围范例如图7-6所示。

条款10:交货不符的法律责任

条款10.1 除非有不侵权保证,关于不符产品、缺陷产品或者保修的违约的卖方责任和对买方的全部赔偿,在此明确规定了卖方的几项选择:①对不符产品、缺陷产品进行修理;②用符合合同条款的产品更换;③降低不符产品、缺陷产品价格。修理、更换和降价时须返还不符产品或缺陷产品,这些成本经卖方检查和买方接到卖方的装船指示后由买方承担。

条款10.2 买方从接到卖方提供的货物开始有15日的检验期,以确定货物是否符合约定、有缺陷,或是否有其他问题存在。如果买方想要对交货不符、缺陷货物或货物短少情况提出索赔,则必须在15日到期之内提前以书面的形式通知卖方,并允许卖方对该货物的检验,在没有得到卖方的书面认可之前不能退回货物。

图7-6 合同条款中交货不符的责任范围范例

(十一)产品责任索赔或其他要求

1. 设立目的

在消费者因商品提出索赔要求时,在当事人之间就产生了一种合同性协助义务。

2. 内容

一方当事人的基本义务成为他方的索赔要求时,应通知另一方当事人;除此之外,当事人可以约定当买方的客户提出索赔要求时,双方当事人相互协助。

还可约定更复杂的问题,比如当事人许诺在诉讼上给予援助,如果问题由卖方引起,则由卖方代替买方处理该问题,卖方也同意承担这种诉讼的全部费用。

合同条款中产品责任索赔或其他要求范例如图7-7所示。

条款11：产品责任索赔

11.1 买方在对卖方提供的产品进行处理之前，有义务对它们进行质量检验。如果质量与合同约定不符或买方有理由认为该质量会增加使用难度时，买方不能对货物进行处理，除非得到卖方的书面或电传的确认。

11.2 ……

11.3 买方可能的索赔：

如果货物从外表或包装上可以确定缺陷，可以立即索赔；

通过取样，发现重量、尺寸、颜色、清洁、长度或其他方面有缺陷时应尽快或者30日内索赔；

当不能通过肉眼或与样品校对而发现缺陷时，应尽快或至少应在3个月内索赔；

所有日期从货物到达目的地卸货开始计算。

图7-7 合同条款中产品责任索赔或其他要求范例

（十二）不可抗力

1. 设立目的

在合同执行过程中出现买卖双方不可控制的因素导致合同不可履行或没有履行的必要时，有一定的处理依据，以规避或减少损失。

2. 内容

如果出现不可抗力或履行合同的背景发生重大变化，导致合同履行没有必要，买方应如何处理。

（十三）法律适用

1. 设立目的

帮助当事人解释他们的合同义务，帮助法官或仲裁员确定合同义务。

2. 内容

本条款详细说明合同可适用的法律。合同条款中法律适用范例如图7-8所示。

条款13：法律适用

买方和卖方之间的合法关系由卖方国家的法律决定

或

合同应当以买方国家的法律进行解释

或

合同受中国法律制约

图7-8 合同条款中法律适用范例

（十四）争议解决

1. 设立目的

确定争议解决的程序。

2. 内容

本条款可涉及调解、鉴定和其他各种争议解决方法的使用，还可涉及选择适用的仲裁机构或普通法院等。如果选择仲裁机构，且前面还没有相关规定的话，还可规定仲裁规则、仲裁地点、仲裁语言和适用的法律。合同条款中争议解决范例如图7-9所示。

条款14：争议解决
　　甲乙双方在执行本合约时，如产生争执应本着友好的态度采取仲裁方式解决，并以上海的仲裁机构为最后裁决机构。

图7-9　合同条款中争议解决范例

（十五）合同语言

1. 设立目的

规定当事人在合同中所用的语言。在对外贸易合同的拟订过程中，合同语言的规定更为重要，可以避免在翻译上出现错误。

2. 内容

规定合同使用的语言。如果约定了多种语言，则应明确以某种语言为准。合同条款中合同语言范例如图7-10所示。

条款15：合同语言
　　合同应该以招标说明用的语言书写，双方交换的属于合同的所有通信和其他文本都应以相同的语言书写。

图7-10　合同条款中合同语言范例

（十六）合同生效的条件

1. 设立目的

如果合同的生效实施需要有其他条件的实现为前提，则须明确合同生效的条件。

2. 内容

本条款的主要内容包括详细规定谁有义务办理正式批准手续、正式批准手续对合同生效的影响，还应包括某一段合理时间内手续没有获得批准的后果。合同条款中合同生效的条件范例如图7-11所示。

条款16：合同生效的条件
　　假如买方能在三个月之内从指定的政府机构获得要求的进口许可证，双方能够就买卖的货物达成一致，合同即可生效；否则，合同无法生效。

图7-11　合同条款中合同生效的条件范例

（十七）界定术语

1. 设立目的

在合同正文中，确定当事人对某些术语的特定解释。

2. 内容

这部分内容包括当事人认为需要明确界定的任何术语。当事人将查看核实合同的不同部分，以避免因疏忽而使同一术语在合同不同条款中有两种及两种以上的含义。

（十八）通知和联系方法

1. 设立目的

确定当事人如何以有效的方式保持联系。

2. 内容

这部分内容主要包括当事人确定和谁进行联系、以什么方式联系（挂号信、平信、能确认副本的传真件、电报、电子邮件等）、联系什么类型的问题等。当事人还需要规定副本需要发送到确定的地方。当事人有责任互相告诉地址的变化情况，否则如果按所给的原地址进行联系，即便没有联系上，在法律上也被认定为有效的联系。通常情况下，当事人应列出有权代表自己和对方进行与合同有关联系的人的名单。合同条款中通知和联系方法范例如图7-12所示。

> 18.1 依照合同，一方当事人给予另一方当事人的通知应当以书面形式、按照合同首页所列地址经由"次日送达"的方式或用挂号信寄给当事人。
>
> 18.2 生效日期以通知送达或通知生效日期中较晚的时间来确定。

图7-12　合同条款中通知和联系方法范例

（十九）把标题含义排除在责任之外

1. 设立目的

避免通过参考每一条款的标题来理解和解释该条款下的合同内容。

2. 内容

这部分内容供当事人说明标题使用只是为了方便，而不是对合同的分析和解释。合同条款中把标题含义排除在责任之外范例如图7-13所示。

> 条款19：法律解释
>
> 19.1 条款标题仅仅代表一种信息，除非在正式的合同中存在其他一致同意的解释，否则不能以条款标题来进行相关合同内容的解释。

图7-13　合同条款中把标题含义排除在责任之外范例

（二十）合并

1. 设立目的

阐明初期协商结果对合同的影响。

2. 内容

这部分内容明确在双方当事人之间哪些文件或备忘录更重要，以及合同与附件之间的效力体系。

（二十一）合同的变更

1. 设立目的

本条款应明确合同的变更只有双方协商一致，并签署书面文件后方可生效。

2. 内容

这部分内容说明变更合同程序的通行做法。合同的变更范例如图7-14所示。

> 条款21：协议的完成和修改
>
> 　21.1 本协议取代了之前当事人之间的所有谈判约定。买方和卖方之间在此不存在没有完全解释清楚的理解或共识。到此为止，在签字之前或签字当时也不存在任何约束当事人口头或书面的声明或协议。除非本协议当事人在此以书面形式特定一致声明对本协议做出一致的更改，否则本协议的条款不得改动。

图7-14　合同的变更范例

（二十二）保险

1. 设立目的

确定由谁负担保险费，甚至保险费用的支付方式。

2. 内容

这部分内容包括谁来支付保险费、保险费支付的方式以及保险公司的选择等。合同条款中保险范例如图7-15所示。

> 条款22：保险
>
> 　如果合同要求并授权卖方投保，除非对此有文字形式的认可，卖方将就以下内容投保：(i)保险额为CIF货价的110%；(ii)一切险（附带货物保险条款）或者相当条款；(iii)商誉良好的承保人和保险公司。卖方在买方提出特殊要求并承担费用时，投保附加险种。

图7-15　合同条款中保险范例

（二十三）保密

1.设立目的

保护企业的知识产权。

2.内容

这部分包括明确需要保密的内容、保护的具体措施等。合同条款中保密范例如图7-16所示。

第12条：保密责任

12.1 乙方对于甲方提供之产销计划、技术数据及采购有关之质量、成本、纳期等信息，不论以有形之文字、图形、照片、实物、协议记录等或无形之口述、联系等方式直接或间接取得，均应负保密责任，非经甲方事前书面同意，不得泄露于第三者。

12.2 甲方所提供之图面、规格、式样书、指示书、样品及相关之技术资料，为甲方智慧财产权，禁止以任何形式之复制、流用。

12.3 乙方违反上述规定，除赔偿甲方之损失外，甲方有权终止交易合约书。本合约终止时，乙方即无权再使用由甲方所提供之所有数据及信息，并应即刻将所持有之甲方所提供之数据送还甲方。

第13条：特别限制

乙方依甲方提供图面及数据进行开模与生产，其产品之使用权属甲方。乙方贩卖之产品，若其机构、外观、测试条件、功能规格等近似于甲方产品，乙方必须经甲方同意后，方可转售予非甲方以外之第三者，但其销售价格于同样交易条件下，应高于售予甲方价格至少10%，其不足之价差应回馈于供应甲方之零件价格降低上。

图7-16 合同条款中保密范例

（二十四）合同终止

1.设立目的

详述买方在哪些情况下有权终止合同。

2.内容

本条款应对买方有权终止合同的各种情况进行明确约定。不管这些情况是累积地发生（一起发生），还是单独地发生，都应明确界定。同时，应明确终止合同的通知程序，并明确是否给予违约方采取补救措施的期限，此外，还应明确合同终止后，如何处理有关文件单据、知识产权、付款等问题。

项目任务
起草学校课间餐采购合同

任务描述

「任务情境」 某学校与可可食品有限公司经过谈判达成初步协议，该校1200名学生2023—2024学年第一学期的课间餐由可可食品有限公司提供。合同执行期为2023年8月26日至2024年1月10日。除法定节假日以外的工作日均须供餐。课间餐预算为每人每天3元。可可食品有限公司根据预算安排配餐，原则上每周五天工作日的课间餐品种不重复（须附配餐表）。可可食品有限公司送货上门，工作日8：45从学校北门进校，在学生食堂门口卸货，工作人员在9：00前按班级订单分餐，9：00—9：15为学生领餐时间，之后工作人员即刻离校。

「任务要求」 请根据上述要求，以学校的名义起草一份采购合同，要求合同主要条款内容完整。

任务实施

「步骤1」 教师布置实训项目所需要完成的任务。

「步骤2」 本着自愿原则，学生5~6人为一组，每组选出一名小组长，由组长进行任务分工、协调成员实训任务，并带领成员完成实训任务。

「步骤3」 明确需求。

根据背景资料，将甲方（学校）的需求罗列出来。

「步骤4」 明确需要规避的问题。

收集相关资料，发现此类合作可能出现的问题，明确要规避的风险。

「步骤5」 明确补救措施。

如果出现问题，明确如何采取补救措施，以降低损失。

「步骤6」 完成采购合同的编制。

任务评价

层级	评价内容	满分	得分	自我评价
1	对合同条款的理解	10		
2	小组分工是否明确和均衡，小组成员的能力是否得到充分发挥	20		
3	调研方法选择是否得当，操作是否规范	20		
4	成果思路是否清晰，内容是否充实，重点是否突出	50		

任务3　掌握不同类型的采购合同

任务目标

◆ **素养目标**
- 深化对合同法律意义的认识，树立严格履行合同的责任感与诚信观。
- 培养高度的责任感，对待工作严谨认真。
- 确保合同内容的准确性、完整性和可执行性。

◆ **知识目标**
- 掌握不同类型的采购合同的概念和特点。
- 理解不同类型的采购合同的区别，包括合同的性质、约定方式、履行方式、风险承担等方面的差异。

◆ **能力目标**
- 能够准确描述交易型合同和契约型合同的特点和要求。
- 能够分辨不同类型的采购合同的区别，根据实际情况选择合适的采购合同类型。

采购商根据不同的采购品项分类，可以从希望与供应商建立的关系类型的角度对潜在供应商进行评估，这取决于企业希望如何满足供应需要、降低供应风险并利用自身所拥有的采购优势。根据供应商与采购商之间合作关系的紧密程度，采购合同可以分为交易型合同、契约型合同和合作型合同。

一、交易型合同

交易型合同包括现货采购合同和定期采购合同。

现货采购是一种采购方直接通过市场充分自主地向供应商协商定价，即时进行钱货交换的采购方式。采购方与能提供最好的交易条件的供应商进行交易，交易后仅希望供应商能完成合同上的承诺，双方是交易型关系，都希望以最小的成本换取最大的利益。

定期采购是重复的现货采购，但交易条件没有固化。每次采购都是独立的，采购方可通过多次采购行为与供应商建立紧密的合作关系。

二、契约型合同

契约型合同包括无定额采购合同和定额采购合同。

无定额采购合同也称"一揽子合同"或"框架协议",实际上是供应商给采购方一个固定报价,而采购方不必就交易数量向供应商做出承诺,对采购金额没有限定。在无定额合同中,双方可以协商订立一份在某段时间内对所有买卖都有效的协议,以有效节省交易时间和成本。

定额采购合同是指采购方与供应商签订定期协议,此协议除了包含价格条款外,还增加了承诺在一定期间内购买数量的条款。

三、合作型合同

合作型合同包括合作伙伴型采购合同和合资持股型采购合同。

合作伙伴型采购合同也称"联盟合同",其基于双方在高度信任的基础上形成的一种长期合作关系。

合资持股型采购合同是指由两个或多个母公司设立并拥有的独立实体。在合伙和合资情况下,采购方与供应商关系密切,双方相互依存、高度信任、互动频繁,通过分享整个供应链的信息来降低成本和风险,提高整个供应链的效率、增强竞争力。

采购合同的管理

任务描述

「任务情境」 假如你是某公司的合同管理人员,现在手头有四份合同(见数字资源),你需要将这些合同按照不同的类型进行归类存放。

「任务要求」 按照合同归档管理规范化要求,明确合同的类型,对合同进行分类归档,完成合同归档工作。

数字资源:
四份合同

任务实施

「步骤1」 教师布置实训项目需要完成的任务。

「步骤2」 学习并掌握不同类型合同的特点。

「步骤3」 明确不同合同的管理要求。

「步骤4」 明确合同归档前所需要完成的工作。

「步骤5」 查阅合同归档的规范化操作流程。
「步骤6」 撰写合同归档工作方案。

任务评价

层级	评价内容	满分	得分	自我评价
1	理解采购合同的类型特点，正确对相关合同进行归类	30		
2	明确合同归档前需要完成的相关工作；掌握合同归档的规范化操作流程	20		
3	合同归档方案思路是否清晰，内容是否充实，重点是否突出	50		

任务4 识别与规避合同违约

任务目标

◆ **素养目标**

· 内化诚信原则，强化对合同条款承诺的尊重与履行责任的担当。

· 重视合同订立前的主体资质审查，确保对方具备合法资格与良好履约能力，培养严谨的审查习惯。

· 学会识别合同履行中可能遇到的各种违约风险，培养具有前瞻性的风险意识。

◆ **知识目标**

· 掌握合同订立前需要注意的事项，包括卖方当事人的合同资格审查、卖方当事人的资信和履约能力审查等关键要点。

· 了解采购合同的拟订需要明确的问题，包括卖方和买方的基本义务、共同义务等内容，以及履行的原则和采购合同的变更与解除。

◆ **能力目标**

· 具备识别合同违约风险的能力，能够分析合同订立过程中可能存在的问题和风险，并提出相应的防范措施。

·能够分析合同违约责任的形式和可能的后果，掌握应对合同违约的技巧和方法。

·增强面对合同风险时的分析决策能力，掌握有效的风险防范与应对措施，提升解决问题的灵活性。

采购合同的履行是指采购合同当事人按照合同履行其约定的义务的过程，如交付货物、提供服务、支付报酬或价款、保守秘密等。履行合同是实现采购合同目的最重要、最关键的环节，直接关系到采购合同当事人的利益。为确保签订的采购合同得以顺利履行，企业应当设置专门机构或专职人员，建立合同登记制度、汇报检查制度，统一保管合同、统一监督和检查合同的执行情况，及时发现问题，并采取措施处理违约、提出索赔、解决纠纷。同时，需要加强与对方的联系，做好双方的协调工作。

一、合同订立前的注意事项

合同依法订立后，双方必须严格执行。因此，采购人员在签订采购合同前，必须审查卖方当事人的合同资格、资信和履约能力，按经济合同法的要求，逐条订立采购合同的各项必备条款。

（一）审查卖方的合同资格

为了避免或减少采购合同执行过程中的纠纷，在正式签订合同之前，采购人员首先应审查卖方当事人的合同资格。合同资格就是订立合同的当事人及其经办人必须具有法定的订立经济合同的权利。审查卖方当事人的合同资格，目的在于确定对方是否具有合法签约的能力，这一点直接关系到所签合同是否具有法律效力。

1. 法人资格审查

在审查卖方的法人资格时，需确认其是否为经过国家审批程序成立的法人组织。法人具备独立财产、经营场所，并能独立承担民事责任，主要通过工商行政管理机关颁发的营业执照来判断。国有企业、集体企业、私营企业及其他经济联合体等均可具备法人资格，成为合法的签约对象。

审查时需注意，未取得法人资格的组织或被取消法人资格的企业无权签订采购合同。同时，要警惕那些未依法办理工商登记的"公司"，它们可能通过伪造公章或冒用他人名义签订合同，意图骗取买方款项。此外，还需识别那些没有设备、技术、资金和组织机构的"四无"企业，这些企业往往通过虚假手段申请营业执照，虽签合同并收款，但实际上并不具备供货能力。

2. 法人能力审查

审查卖方的经营活动是否超出营业执照批准的范围。超越业务范围以外的经济合同属无效合同。

法人能力审查还包括对签约的具体经办人的审查。采购合同必须由法人的代表人或法定代表人授权证明的承办人签订。法人的法定代表人就是法人的主要负责人，如厂长、经理等。他们代表法人签订合同。法人代表也可授权业务人员如推销员、采购员作为承办人，以法人的名义订立采购合同。承办人只有在有正式授权证明书时，方可对外签订采购合同。法人的法定代表人在签订采购合同时，应出示身份证明、营业执照或其副本；法人委托的经办人在签订采购合同时，应出示本人的身份证明、法人的委托书、营业执照或副本等。

（二）审查卖方的资信和履约能力

资信即资金和信用。审查卖方当事人的资信情况、了解当事人的履约能力，对于在采购合同中确定权利义务条款具有非常重要的作用。

1. 资信审查

具有固定的生产经营场所、生产设备和与生产经营规模相适应的资金，特别是拥有一定比例的自有资金，是一个法人对外签订采购合同起码的物质基础。准备签订采购合同时，采购人员在向卖方当事人提供自己的资信情况证明的同时，要认真审查卖方的资信情况，从而建立相互依赖的关系。

2. 履约能力审查

履约能力是指卖方在技术、生产、原材料供应、加工能力、产品质量和信誉等方面的综合能力。履约能力可以反映卖方是否具备履行采购合同所需的人力、物力和财力保障。如果卖方资金短缺、技术落后或信誉不佳，则不应与其签订采购合同。

审查卖方资信和履约能力的方法包括：通过提供的开户银行信息了解其债务和资金情况；通过主管部门了解其生产经营和资产情况；通过其他用户获取产品质量和供货情况的信息；通过工商行政管理部门确认其法人资格和注册资本；通过消费者协会和法院了解其投诉和诉讼情况。对于复杂、高质量的产品采购，建议组建考察小组实地考察卖方的经营场所，以全面评估其资信和履约能力。此外，采购人员应收集企业履约情况和市场信息，作为签订合同的参考依据。

二、拟订合同需要明确的问题

（一）卖方的基本义务

卖方的基本义务主要包括以下几个方面。

①在当事人指定的场所，按一定方式及时交货或提供服务。

②交付与产品或服务有关的单证，如物权凭证、原产地证明、提单、保险单、使用手册等。

③转移商品所有权。商品所有权的转移或许可发生在签订合同时、交付时、全部付款之后。

④确保商品与合同规定的要求一致。

⑤诚信公正。卖方有责任对买方如何顺利地履行合同提供建议。

⑥产品责任。在商品造成人身或物品损害时，卖方将承担相应的民事责任。一般而言，在这种情况下，制造商以及供应商必须为商品造成的损害承担责任。

（二）买方的基本义务

买方的基本义务主要包括以下几个方面。

①接收商品或服务。除非产品存在缺陷，否则买方应无条件地接收与合同要求相符的产品。

②按议定价格在规定的时间以规定的方式进行支付。

③诚信公正。买方在意识到会出现增加卖方工作难度的问题时，应向卖方反映。

④在商品造成人身或物品损害时，承担民事责任。在这种情况下，买方可以追究制造商以及供应商的责任。

（三）卖方和买方的共同义务

合同关系基于双方的对等义务。权利义务的平衡是合同顺利履行的关键，因此合作是确保交易顺利进行的最佳方式。

获取产品、服务或资本投资需明确前提，企业负责人必须清楚合同目标，以便制定相应条款。这包括了解采购类型（重复或一次性采购）和供应市场状况，从而决定合同的长期或短期性质及关键条款。

在明确目标后，企业还需要识别想要规避的风险，如缺货、供应商变动或质量问题。企业通常倾向于选择往来账户结算，避免使用预付款和保证金方式；若选择单一供应渠道，应防止被置于次要地位。这些因素在合同条款中应予以考虑。

最后，设立相应条款以便在问题出现时顺利解除合同。若资源充裕，保持合同短期有利；应设定履约保证金处理方式和适当的终止条款，并明确不可抗力及争议解决条款，以简化救济程序。

三、合同履行的原则

（一）全面履行原则

全面履行原则又称适当履行原则或正确履行原则。我国《合同法》第60条第1款规定："当事人应当按照约定全面履行自己的义务。"这一规定确立了全面履行原则，它要求采购合同当事人按照合同约定的标的及其质量、数量、履行期限、履行地点以及适当的履行方式，全面完成合同义务的履行。

知识链接：
国际采购与供应合同中常出现的问题

(二) 诚实信用原则

我国《合同法》第60条第2款规定:"当事人应当遵循诚实信用原则,根据合同的性质、目的和交易习惯履行通知、协助、保密等义务。"诚实信用原则由此被理解为在采购合同履行问题上的一个基本原则。

(三) 情势变更原则

情势变更原则是指采购合同成立起至履行完毕前,合同存在的基础和环境发生了不可归属于当事人的原因变更,若继续履行合同将显示不公平,则应允许变更采购合同或者解除采购合同。

四、采购合同变更

(一) 采购合同变更的概念

广义的采购合同变更是指采购合同主体和内容的变更,是采购合同债权或债务的转让,即由新的债权人或债务人替代原债权人或债务人,而合同的内容没有变化,可以理解为合同的转让;狭义的采购合同变更是指采购合同当事人权利义务发生变化,是合同内容发生变化。从我国《合同法》第五章"合同的变更和转让"有关规定来看,我国采购合同的变更一般是狭义的采购合同变更,即采购合同内容的变更。

(二) 采购合同变更的条件

①只针对原已存在的有效的采购合同关系。采购合同变更是改变原采购合同关系,必须以原已存在的采购合同关系为前提。如果原有采购合同是非法无效的,如采购合同无效、采购合同被撤销、追认权人拒绝追认效力未定的采购合同,也无采购合同变更的余地。

②采购合同当事人愿意就采购合同内容做相应的变更。我国《合同法》第77条第1款规定:"当事人协商一致,可以变更合同。"采购合同变更通常是当事人双方合议的结果,也可以基于法律规定或法院裁决而变更,如《合同法》第54条规定,当事人一方可以请求人民法院或者仲裁机构对因重大误解订立的或在订立合同时显失公平的合同予以变更或者撤销。

③变更采购合同应当办理批准、登记等手续,应遵守法律法规的相关规定。

(三) 采购合同变更的效力

采购合同变更的实质是用变更后的采购合同替代原采购合同。因此,采购合同变更后,当事人应当按变更后的采购合同内容履行合同。

采购合同变更原则上对将来发生效力,未变更的权利和义务继续有效,已经履行的债务不因采购合同的变更而失去合法性,如果因采购合同变更致使某一当事人受到损失,原则上应由提出变更的一方担负赔偿责任。

五、采购合同解除

(一) 采购合同解除的概念

采购合同解除是指在特定条件下,通过当事人单方行为或双方合意终止合同效力的行为。其法律特征包括以下几点。

①有效合同的解除。合同解除针对的是已经有效成立的合同,与合同无效或撤销不同,其主要解决的是有效合同的提前解除问题。

②解除事由的必要性。一旦合同有效成立,双方必须遵守约定,只有在主客观条件变化导致合同履行不必要或不可能时,才允许解除,否则将构成违约。

③解除行为的实现。合同解除需通过特定行为实现,包括双方协商同意或拥有解除权的一方单方表示。

④合同解除后,采购合同的当事人合作关系将消失。

(二) 采购合同解除的分类

1. 单方解除与协议解除

单方解除指拥有解除权的一方当事人依单方面的意愿表示解除合同关系;协议解除指当事人双方通过协商同意将合同解除的行为。

2. 依法解除与约定解除

依法解除是指采购合同解除的条件由法律直接加以规定;约定解除是指当事人以合同形式约定为一方或双方设定解除权的解除,解除权的设定可以在订立合同时约定,也可以在合同成立后另外订立解除权的合同。

(三) 采购合同解除的法定条件

1. 不可抗力致使合同不能实现

不可抗力致使合同履行不能实现或继续履行已失去意义时,我国合同法允许当事人通过行使解除权的方式解除合同关系。

2. 债务人拒绝履行、毁约

当事人一方明确表示或者以自己的行为表明不履行主要债务,即债务人拒绝履行或毁约时,可以解除合同。这种情况的采购合同解除条件有三个:一是确定债务人有过错;二是拒绝违法行为(无合法理由);三是有履行能力。

3. 供应方延迟履行

一般来说,履行期限在采购合同的内容中不是特别重要、在履行期届满后履行也不至于使采购合同目标落空时,原则上不允许采购方立即解除合同,采购方应向供应方发出履行催告,给予适当的履行宽限期。但在宽限期届满时仍未能履行的,采购方有权解除采购合同。

4.违约行为致使合同目标不能实现

供应方除延迟履行外的其他违约行为致使采购合同目标不能实现时,采购方有权解除采购合同。

六、违约责任

(一)违约责任的概念

违约责任是指采购合同当事人一方不履行采购合同义务或履行采购合同义务不符合采购合同约定所应承担的民事责任。

(二)违约责任的形式

我国《合同法》第107条规定:"当事人一方不履行合同义务或者履行合同义务不符合约定的,应当承担继续履行、采取补救措施或者赔偿损失等违约责任。"其中,继续履行也称强制履行,是指违约方根据对方当事人的要求继续履行采购合同规定的义务的违约责任形式。采取补救措施,是指矫正采购合同不适当履行、使履行缺陷得以消除的具体措施,是一种独立的违约责任形式。这种责任形式与继续履行和赔偿损失具有互补性。赔偿损失,在合同法中也称违约损害赔偿,是指违约方以支付金钱的方式弥补受害方因违约行为所减少的财产或者所丧失的利益的责任形式。赔偿损失的确定方式有两种,即法定损害赔偿和约定损害赔偿。赔偿损失一般有支付违约金或罚没定金等赔偿形式。

防范合同违约风险

任务描述

「任务情境」 假如你是某公司的法务助理,现在需要对任务3"项目任务"中的4份合同进行审查。

「任务要求」 识别其中可能存在的违规风险,对合同条款进行完善,确保合同的合法性、合规性与合理性,避免未来合作中出现不必要的法律纠纷。

任务实施

「步骤1」 教师布置实训项目需要完成的任务。

「步骤2」 本着自愿原则,学生5~6人为一组,每组选出一名小组长,由组长进行任务分工、协调成员实训任务,并带领成员完成实训任务。

「步骤3」 讨论分析。

通过实地采访、调查以及网络查询等途径进行合同纠纷相关案例的资料收集,

罗列违约风险发生点和具体情形并进行分类整理。

「步骤4」 完善合同条款。

根据所学知识对合同相关条款进行完善。

「步骤5」 完成采购合同的拟订。

任务评价

层级	评价内容	满分	得分	自我评价
1	对不同类型合同特点的理解	30		
2	小组分工是否明确和均衡，小组成员的能力是否得到充分的发挥	20		
3	合同形式是否完整，合同条款是否完善，文字表达是否准确	50		

项目八 控制采购绩效

任务 1 控制采购成本

任务 2 提升准时交货率

任务 3 提升库存周转率

任务 4 控制采购质量

任务 5 提升供应商服务水平

项目导学

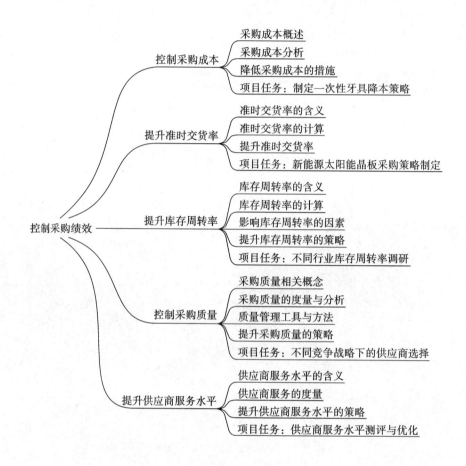

在本项目中,您将探索如何控制采购绩效,以提高采购效率和降低成本。首先,在任务1中,您将了解采购成本的概念和分析方法,以及降低采购成本的措施。接着,在任务2中,您将学习准时交货率的含义和计算方法,并懂得如何提升准时交货率,确保供应链的顺畅运作。在任务3中,您将了解库存周转率的含义和计算方法,分析影响库存周转率的因素,并学习提升库存周转率的策略。任务4将重点关注控制采购质量,您将了解采购质量相关概念、度量与分析方法,以及质量管理的工具与方法,最终学习如何提升采购质量的策略。最后,在任务5中,您将学习供应商服务水平的含义和度量,以及提升供应商服务水平的策略。通过本项目的学习,您将掌握控制采购绩效的关键知识和技能,为实现高效的采购与供应链管理提供支持。

思政导航

项目八的学习内容集中在控制采购绩效,包括控制采购成本、提升准时交货率、提升库存周转率、控制采购质量及提升供应商服务水平。

首先,控制采购成本是关键绩效指标。企业需通过有效的成本控制手段降低采购成本,以提高盈利能力。例如,华为通过与供应商建立长期合作关系,共同创新采购模式,成功控制采购成本,提升供应链效率。

其次,提升准时交货率同样重要。这需要企业注重供应链的协调与管理。阿里巴巴通过强大的供应链网络和优化供应商管理,实现高准时交货率,体现了合作共赢的管理理念。

此外,提升库存周转率也是关键指标。联想集团通过与供应商紧密合作,共同制定库存管理策略,提高库存周转率,并采取环保措施,体现可持续发展理念。

最后,控制采购质量及提升供应商服务水平对采购绩效至关重要。丰田通过严格的质量控制体系和供应商管理,确保零部件质量,并通过技术支持和共享最佳实践提升供应商服务水平,体现了质量优先和持续改进的管理哲学。

任务 1　控制采购成本

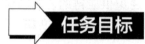

◆ **素养目标**
- 深化成本控制与质量优先思维，明确规格对降本增效的意义。
- 增强对采购的职业认同，理解其在组织中的协同增值作用。
- 提升分析解难能力，确保采购任务高效完成。
- 优化沟通技巧，强化团队合作意识，促进内部客户紧密联系。
- 强调自我学习，适应采购数字化，提升个人及团队效能。

◆ **知识目标**
- 掌握采购成本的含义。
- 掌握采购成本构成和评价采购成本的价格体系。
- 掌握采购成本核算方法。
- 掌握降低采购成本的常见措施。

◆ **能力目标**
- 培养使用采购成本核算方法核算采购成本的能力。
- 培养使用采购成本分析方法分析采购成本的能力。
- 培养制定降低采购成本措施的能力。

一、采购成本概述

根据职业生涯规划和技术能力，采购人员可分为初级（如采购专员、助理）、中级（如采购经理）和高级（如采购总监、顾问）三个层次。不同层次的人员在采购成本控制中发挥的作用不同，但均需具备成本分析能力。学习采购成本相关内容对于人们理解供应市场、竞争、质量问题及供应商管理等非常重要。

在企业中，存在两种采购成本观点：一种是"采购价格成本观"，认为采购成本仅为采购价格；另一种是"采购支出成本观"，认为采购成本包括与采购相关的所有费用，如物流费用和管理费用，强调管理效率和削减成本的途径。第一种观点通常适用于初级采购人员，而第二种观点则适用于经验丰富的高级采购人员。

本教材面向财经商贸类专业毕业生，他们初次就业可能从事"小采购"，因此这里将采购成本定义为采购物料的购入价格，即供应商产品成本加供应商利润。在这一基础上，明确采购成本的公式为：采购成本＝采购物料的购入价格＝供应商产品成本＋供应商利润＝供应商销售价格。

初级采购人员与高级采购人员对于成本关注范围的区别与联系如图8-1所示。

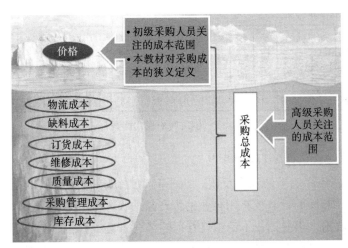

图8-1　初级采购人员与高级采购人员对于成本关注范围的区别与联系

二、采购成本分析

（一）供应商产品成本构成

供应商产品成本构成如表8-1所示，主要包括原材料费用、人工费用、制造费用、利税等；从费用产生的显著性来看，又可以分为直接成本和间接成本。

表8-1　供应商产品成本构成

序号	成本构成	说明
1	原材料费用	原材料指加工类产品所需的原始物料，经过加工成为产品的一部分或变质原型。原材料费用具体包括原材料的货值、运费以及仓储费用，需要扣减购货的折扣
2	人工费用	人工指直接从事产品生产的工作人员，如加工与装配人员、品检人员、班/组长人员等。人工费用主要包括人员的薪酬与相关福利
3	制造费用	制造费用指刨去原材料费用和人工费之外的一切制造成本，包括间接材料，如生产过程中的低值易耗品（如生产所用的夹具、治具、模具、洗剂以及其他相关工具），间接人工费用（不参与直接生产但与产品间接相关的人员，如各级管理人员、品管人员、维修人员及保洁人员等），制造所用机器设备的折旧费用、水电费用、租金、保险费、维修费、返工费等。同时，还包括财务费用、营销费用以及研发费用等。
4	利税	利税指供应商支付的各类税费，主要包括企业所得税等。

供应商的成本构成如图8-2所示。

销售收入															
总成本															公司利润（税前）
制造成本										期间费用					
实物成本				加工费											
				人工成本	制造费用										
原材料	外购件	半成品	辅料	人工直接成本	动能费用	维修费用	专用工具	质量成本	物料消耗	折旧	其他	销售费用	财务费用	管理费用	研发费用	信息费用	物流费用

| 销售收入－制造成本=毛利 | 毛利－期间费用等=营业利润 | 营业利润－所得税=净利润 |

图 8-2　供应商的成本构成

（二）供应商利润及行业利润

利润是企业经营效果的综合反映，也是其最终成果的具体体现。利润是企业盈利的表现形式。利润的计算就是用企业销售产品的收入减去成本价格和税金之后的余额。这里可以看出，供应商成本的消耗在一定条件下是固定的，但是利润目标是灵活机动的。供应商的目标是尽量提高销售价格，以便使利润获得充足的空间。对于采购人员来说，降低采购成本就是通过相关途径尽量压缩供应商的利润空间。图8-3能够清晰地表达供应商利润空间、采购人员的目标以及采购价格控制的焦点。

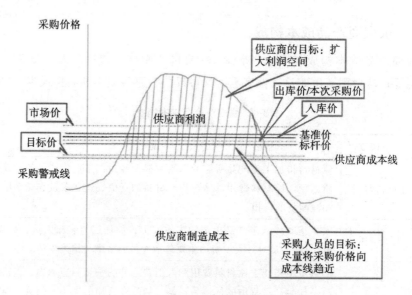

图 8-3　供应商利润与采购成本控制之间的关系

供应商利润与采购成本控制之间的关系较为复杂，我们举一个简单的例子来说明。例如，采购一款3.5 mm入耳式耳机，采购员李宇下达订单给供应商的采购订单上价格项为含税价每条5.1元，本次采购单价为5.1元。供应商打样和生产过程中通过实际测算得到每条耳机的成本为2.4元，那么，供应商成本线为2.4元。已知去年

同期，同款耳机采购价为每条5.8元，因此，在本年度进行成本降幅计算时就会以每条5.8元或者各个历史价的滑动平均值作为基准价进行对比，看李宇采购的耳机价格到底上涨了还是下降了，如果下降了，下降了多少，这个对比的标准/基准就是基准价，对于基准价的选择会基于不同考核背景进行定制化考量。本案例简单假定基准价为每条5.8元。李宇了解到，该型号耳机很多厂家都有生产，可以算作常规物料，竞争也相对激烈，市场价格当前为每条5.5元，而受降价压力影响，李宇需要将该耳机采购价格下调到目标价为每条4.5元才能完全满足公司手机整机年底竞标完全取胜的需要。李宇还查到，这款耳机实施HUB仓管理，即由供应商生产完毕后先送交HUB仓，货物交到该仓时，物权还未发生转移，付款周期也还未开始计算，当李宇所在的公司真正实施包装出货时才正式入原料库，那么入HUB库的价格和出HUB库的价格以及入原料库的价格都会略有不同，从李宇这样的采购人员角度讲，他最为关心的是入原料库的价格，因为这个价格是计算付款周期和物权转移的时间点，这个时间点对应的价格有可能因为新一轮的谈判而下降了，因此，前一次的入库价为每条5.6元，本次耳机在真正使用时的价格，即本次入库价应该是小于或等于每条5.1元的。目标价看起来有些遥不可及，然而李宇通过强有力的信息挖掘和竞情分析发现，其第一大竞争对手也使用该款耳机，且其该款耳机的当前采购价格为含税每条4.8元，这是业界已经达成的价格，为此，这个价格就可以看作标杆价，即标杆价为每条4.8元。接下来，我们用一个表格来将这个复杂的故事中各个价格进行梳理，得到如表8-2所示的案例背景条件下不同核算的价格项一览表。

表8-2 不同核算的价格项一览表

序号	价格项	本案例对应价格（元）
1	本次采购单价	5.1
2	供应商成本线	2.4
3	基准价	5.8
4	当前市场价	5.5
5	目标价	4.5
6	前一次入库价	5.6
7	本次入库价	小于或等于5.1
8	标杆价	4.8

（三）评价采购成本的价格体系

对采购成本的评价通常是通过比较得到的。评价当前通过实际采购行为获得的采购价格的优劣程度存在几种指标。通俗地讲，就是该次采购价格需要跟一个标准进行比较，通过比较获得该次价格的优劣程度。在价格比较的标准体系中，企业通常将基准价、目标价、标杆价、市场价以及出库价和入库价等作为比较对象，从而

获得比较后的分析结果或考核结果。

1. 基准价

通俗地讲,基准价就是评价采购价格的主体设定的得分为100分的那个价格。基准价通常会出现在招标过程中,评标基准价是指在招标评标过程中,先设置一个价格为基准价,之后按招标文件投标报价的计算方法对各投标单位的投标报价进行打分,实际上评标基准价就是一个价格基准,偏离该基准价的投标报价将按设定的规则计算分值。一般情况下,在投标过程中,低于自己预设价格的最低投标价通常被设置为基准价。不同行业、不同产品的规格都有不同的基准价设定方法,但是所有的基准价都依托于一系列信息的支撑,采购价格的评估者通过掌握最新行情、所用材料、人工费用、物流费用等核算采购基准价的具体数值。

采购基准价是供应商内部管理用到的价格,用来计算采购价的折扣前价格。通常,采购价=默认的采购基准价×产品线的折扣比例。企业可以产品的统一零售价或产品的吊牌价作为采购基准价。

2. 目标价

在采购谈判中,采购方通常设定目标价,以激励供应商并实现双方共赢。目标价是根据企业降成本战略逐层分解得出的,其附着在具体的采购物料上。在采购方撤销该价格之前,若供应商能实现目标价,合同通常会生效。采购人员会根据物料的技术要求、需求数量、原材料价格走势和供应商的历史表现等因素,提出建议性价格。

目标价是市场导向下的理想结果,旨在制定采购物料的价格,并设定最低边界。采购人员在确定目标价时,并非无底线地压价,而是通过科学核算计算出性价比最高的物料,从而为企业节约成本并贡献利润。某设备涉及的目标价如图8-4所示。

假设某公司总成本为1000万美元,年生产能力为80万件。若目标成本利润率为20%,则其目标利润额为200万美元(1000×20%),公司预计总收入为1200万美元(1000+200),公司产品目标价格为每件15美元(1200÷80)。

假设某公司采购LED液晶显示屏,数量50000件。三家供应商初始的报价分别为34美元、35美元和39美元,鉴于当前该公司采购成本战略需要,对于该LED液晶显示屏的采购价格定的目标价为29美元,因此,三家供应商需要在当前报价基础上分别降14.7%、17.1%和25.6%才能达到该公司要求的目标价。

3. 标杆价

标杆价是由中立第三方机构通过特定方法,及时准确地采集价格并经过审核后发布的市场基准价或价格指数。它经过长期市场验证,能客观反映主流市场的成交和供需变化,广泛应用于交易参照、定价、结算和市场研究等领域。标杆价具备及时性、准确性、权威性、可追溯性等特点。

由于运输距离和产销区域的差异,标杆价具有区域属性,并可分为出厂、市场、批发、零售以及国际贸易的离岸和到岸标杆价等类型。标杆价可以全面反映市场主

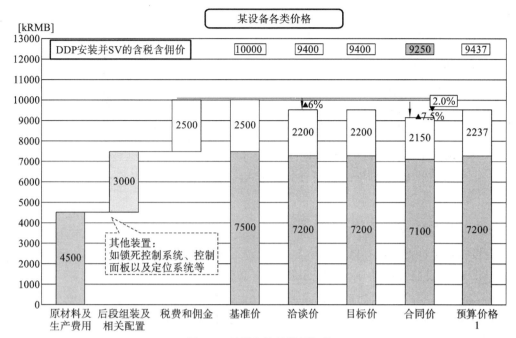

图8-4 某设备涉及的目标价

体的运行情况,各参与方可以利用其进行产品定价、规避风险、调整产需、交易和成本核算等工作。

4.市场价

市场价指产品在市场上出售时的价格,也称市值,比如专卖店的指定价、图书的定价。市场价代表生产部门所耗费的社会必要劳动时间形成的商品的社会价值,其是自愿买方和自愿卖方在各自理性行事且未受任何强迫的情况下竞价后产生的双方都能接受的价格。

5.出库价和入库价

由于当前仓储管理中不同仓库的设置,如联合库存管理(JMI)、供应商库存管理(VMI)等,所采购的物料在进行商流计算结账之时的单价并非完全等同于之前采购订单上的单价。主要原因是仓位的调拨时间延迟了商流的结算周期,使得采购物料的单价随着时间发生了变化,这种变化有时是上涨的,有时是下跌的。因此,衡量物料的出库价和入库价要立足于结算仓位进行考量,以结算仓位的出库和入库时间以及出库和入库数量为依据,计算某种物料的出库价和入库价。如果采购的品项非常多,库位又非常丰富,有时还出现入库和退库反复情形,企业通常按加权平均法结转存货出库成本。

(四)采购成本绩效核算

1.按基准价进行核算

按基准价进行核算有以下三种方式。

① (采购合同价-基准价)/基准价×100%。

② （采购入库价－基准价）/基准价×100％。
③ （采购出库价－基准价）/基准价×100％。

2. 按目标价进行核算

按目标价进行核算有以下几种方式。
① （采购合同价－目标价）/目标价×100％。
② （采购入库价－目标价）/目标价×100％。
③ （采购出库价－目标价）/目标价×100％。
④ 在考核供应商报价时也可使用，使用公式为：（供方报价－目标价）/目标价×100％。

3. 按标杆价进行核算

按标杆价进行核算有以下几种方式。
①采购合同价/标杆价的比值，是大于1、小于1，还是等于1。
②采购入库价/标杆价的比值，是大于1、小于1，还是等于1。
③采购出库价/标杆价的比值，是大于1、小于1，还是等于1。

4. 按市场价进行核算

通常，在企业内部核算时，会将市场价折算成一段时间内的历史价，历史价可以采用算术平均的方法，设历史价为LP，采购合同价为HP，采购合同的数量为Q，则采购历史价的计算公式为：$LP = \dfrac{\sum_{i=1}^{n} HP_i \times Q_i}{\sum_{i=1}^{n} Q_i}$。

需要特别说明的是，大量企业使用的是滑动平均价作为历史价的依据。大部分企业都会公平地对待不同时间段、不同批次的采购价格，也就是说，这种情况下各个阶段的权重值都是相等的；但有的企业又会根据采购物料所处的不同采购战略阶段，而对各个采购批次赋予不同的采购权重，相应地，每个批次的采购价格需要再乘以各时间段的权重值。

例如，对于N个非平稳采购价格$\{y_i\}$，视之为每m个相邻数据的小区间内是接近平稳的，即其均值接近为常量。于是可取每m个相邻采购价格的平均值来表示该m个采购价格中任一个的取值，并视其为抑制了随机误差的测量结果。通常用该均值来表示其中点价格数据或端点价格数据的测量结果。假设我们取$m=5$，并用均值代替这5个价格数据最中间的一个，就得到：

$y_3 = \dfrac{1}{5}(y_1 + y_2 + y_3 + y_4 + y_5)$，同理，$y_4 = \dfrac{1}{5}(y_2 + y_3 + y_4 + y_5 + y_6)$，以此类推，可以获得滑动平均价格的一般表达式：$y_k = \dfrac{1}{2n+1} \sum_{k=-n}^{n} y_{k+1}$，$k = n+1, n+2, \ldots, N-n$。

其中，$2n+1 = m$。显然，通过滑动平均所得到的历史价的随机波动情况被该平

均的作用消减了，采购历史价也就更加平滑了，所以被称为滑动平均价格。

5.企业自我核对的采购成本降幅

毫无疑问，在没有特殊原因的情况下，企业都希望采购成本/采购价格朝着越来越低的方向履行（当然要在采购成本的警戒线之上）。由此，企业测度采购人员绩效的一项重要指标就是采购成本降幅。采购成本降幅计算的具体立足点是某采购物料的历史采购价。

设历史采购价为 y，本次最新的采购价格为 p，由此，采购成本降幅（cost-down）计算如下：

$$\text{cost-down} = \frac{y-p}{p} \times 100\%。$$

需要特别说明的是，在采购人员的所有关键绩效考核指标中，采购成本降幅是最为重要的一个指标，需要认真学习、仔细核对。

6.采购绩效考核指标

采购绩效考核指标如表8-3所示。

表8-3 采购绩效考核指标

序号	KPI指标	考核周期	指标定义公式	资料来源
1	采购计划达成率	月/季/年度	实际采购金额或数量/计划采购金额或数量×100%	采购部
2	新商品引进率	月/季/年度	考核期内引进新商品数量/期末商品总数量×100%	采购部
3	采购及时率	月度	考核期内采购及时率达到100%	采购部
4	采购成本的降低	年度	计划采购成本－实际采购成本	财务部
5	采购质量合格率	月/季/年度	采购合格商品的次数或数量/全部采购商品的次数或数量×100%	营运部
6	毛利率	年度	毛利/营业额×100%	财务部
7	商品回转天数	年度	365/年周转次数，年周转次数＝年销售额/[（期初库存＋期末库存）/2]	采购部
8	商品周转率	月/季/年度	商品周转率＝平均销售额/平均存货额×100%，平均存货额＝（期初存货额＋期末存货额）/2	采购部
9	应付账款周转期间	月度	（应付账款＋应付票据）/进货净额×360	采购部
10	存货水平	月度	前置期的销售量＋安全存货量＋基础存货量	采购部
11	安全存量	月度	日均销量×紧急补货所需的时间	采购部

三、降低采购成本的措施

（一）从采购价格转向采购总成本

表 8-4 列出了部分类别产品和服务采购价值占商品销售成本的百分比。可以看出，在企业的生产类产品成本构成之中，采购的原料及零部件成本占企业商品销售成本的很大一部分，且该比例一直居高不下，不同的行业有不同的成本水平。

表8-4 部分类别产品和服务采购价值占商品销售成本的百分比

零售	计算机	汽车消费类	服务业	制药	电子产品
60%～85%	60%～80%	60%～80%	10%～40%	25%～50%	50%～70%

在采购上每节约1元就是为企业的营业利润增加1元。但在其他条件不变的情况下，企业若想通过增加销售量获取同样的利润，付出的代价可能远比采购节约1元要大，且其实现的可能性相对较低，因此，有实践者把采购工作称为"第三方利润源"。其中，企业采购是当前经济活动中最主流、最重要的一项采购。因此，企业提高利润有两个路径，即增加销售和降低成本，对于采购成本占比较高的行业，降低成本的利润贡献度更高。

采购的基本流程可以分为采购计划的制订、采购行为的发生、采购过程的监督、对厂家生产情况的跟踪、提货、验货、产品入库、仓储保管、出库配送、供销结算等。为了降低采购成本，需要培养采购总成本意识。采购总成本就是在上述采购流程中所支出的费用，其在本质上是一种生命周期成本。有些成本是看得见的，比较容易分析出来或者可以直接从财务报表中得出；有些成本是看不见的，较难分析或易被忽略。由此，可以将成本划分为显性成本和隐性成本。

显性成本和隐性成本的总和为所有权总成本。在进行采购业务时，我们要从所有权总成本出发，同时根据不同物料区分采购成本侧重点，分析影响采购成本的因素，制定有针对性的采购计划和策略，以此实现采购成本最低的目标。

1.显性成本

（1）采购计划编制成本

准确的采购计划能够精准地预测和反映企业的生产计划，可以使企业在满足产品生产需求的前提下，最大限度地降低采购资金的占用，同时还要对供应市场进行全面分析，调整订单计划，评估和选择供应商。采购计划的编制可以说是采购活动整个流程的首要环节，它的支出也被称为采购计划编制成本。

（2）购买成本

购买成本是指购进原材料、半成品或成品等的费用。影响所采购物资价格高低

的因素有很多，包括市场价格、商品质量、市场供求关系等。

（3）采购管理成本

采购业务行为过程中所发生的费用就是采购管理成本。它包括人力成本、招标成本、建设成本、招待费、办公费、差旅费等。

（4）运输成本

采购物资的运输是一定会发生费用的，这就是运输成本。选择科学、经济、合理的运输方式将为企业节约一大笔运输费用。具有一定规模和实力的企业更应重视运输环节，要实现采购流程的标准化、专业化，选择合适的运输工具，规划合理的运输路线，进而节省运费、降低采购成本。

（5）验收成本

采购回来的原材料、半成品或者产品都需要检验合格后才能入库。为防止不符合合同协定或质量不合格的原材料、半成品或者半成品入库，一定要严把物资入库检验这一关。如果入库后才发现产品质量不合格、破损、数量短缺甚至是产品品种出现差错，企业不仅要承担由于品种、质量、数量问题而需要退换货所发生的费用和时间成本，还可能由于原材料或者半成品缺货而造成生产线停止运作，增加缺货所带来的成本。

（6）仓储成本

仓储成本指的是物资在库存过程中所发生的费用。一方面，货品要存放得当，对货品进行分类管理，重点注意那些性质特殊的货品（如易破损的产品、易变质的产品）的存储环境；另一方面，要建立健全并妥善保管库存档案，及时对库存商品进行盘点，若是有库存的积压，也会增加仓储成本。所以科学、合理地进行仓储管理是降低采购供应成本的有效手段。

（7）品质成本

品质成本即与质量相关的内部损失与外部损失成本。

2.隐性成本

隐性成本是相对于显性成本而言的。隐性成本是不易在财务报表中体现出来、易被人忽视，但又非常重要的一部分成本。隐性成本包括以下几种。

（1）时间成本

时间成本是由于响应客户需求的时间过长而产生的。

（2）缺货成本

缺货成本是指由于存货耗尽或供货中断等不能满足企业正常生产经营需要所造成的损失。这一部分成本在财务报表中是体现不出来的，但是缺货一旦发生，不仅会带来很大的经济损失，还会对企业声誉造成很大的影响。

（3）库存积压成本

与缺货成本相对，库存积压成本则是库存产品过多导致积压带来的成本。库存积压使运输、仓储费用明显增加，还占用了企业的发展资金。同时，在仓库存储的过程中还会出现一些由于保管不当造成产品损坏所带来的损失。因此过多的库存一样不利于企业的发展。

（4）其他易被忽视的成本

其他易被忽视的成本还包括停滞资源成本、机制成本、会议成本、沟通成本、流程成本、信用成本等。

（二）降成本的主要对象

降成本的对象主要有固定成本和变动成本。其中，固定成本指一定周期内固定发生的费用，一般包含直接和间接人工成本、设备和厂房折旧费、各项摊销计提及维修费、各项保险、租税、利息及部分销售费用和管理费用（其中，销售费用是指与产品销售有关的广告、通信、差旅交通、薪资、奖金等费用，管理费用是指非制造单位的间接员工薪资、伙食、福利、利息、租税及杂项等费用）；变动成本是指随某项参数变动而变动的成本，典型的参数为数量、产能、良率等，一般包含原材料费、水电费、制造费、运费、包装费、外包费用等。一般来说，变动成本会随着产量的增加而减少，呈反比例的相关关系，如图8-5所示。降低固定成本时，主要对象是人工成本及其他费用；降低变动成本时，主要对象是原物料（直接材料费）或提升产品价值等。图8-6列举了降成本对象的分类与分支。

人们常说的生产成本等于制造费加上直接材料费用再加上直接人工费用的总和。在一般企业中，直接材料费用占生产总成本的50%~70%，在成本结构中所占的比例最大，成为降成本的第一大目标；直接人工费用占生产总成本的10%~20%，是削减成本的第二大目标。制造费所包含的内容较杂，主要有厂房、设备折旧（属于固定资产，投资是否合理将决定费用的多寡），水及电力费用（使用节电的设备或采取省电措施来降低费用），厂房、设备维修费用（厂房越大、设备越多、越精密、功能越多，维修的费用就越高），燃料费（设备的可动率、生产效率皆影响燃料费用的多寡）。

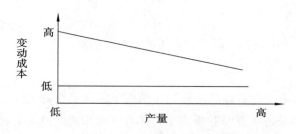

图8-5 变动成本与产量的关系

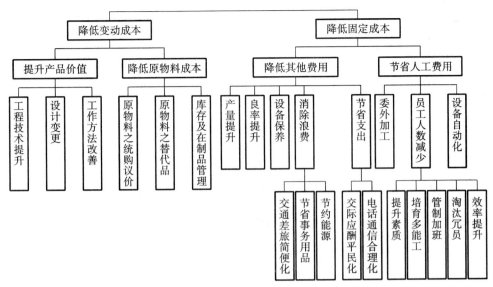

图 8-6　降成本对象的分类与分支

降低成本的对象可依据是否与制造发生直接关系而分为直接成本与间接成本。其中，直接成本是指与制造直接相关的成本，通常包含直接原材料、零件、外包、劳务等方面的成本；间接成本是与制造间接相关的成本，通常包含间接原材料、折旧、租赁、修缮、水电燃料、保险、福利、伙食等方面的成本。

（三）降成本的策略

1. 集中采购法

（1）集中采购的定义和内涵

有学者指出集中采购是进行统一集中的供应商管理与评估、采购价格管理、采购招投标管理，负责汇集分、子公司采购申请并进行调整汇总，形成集团采购计划，并进行货物的集中订购业务等。其实质是将采购业务归到一个部门来管理，因此可以消除多头指挥弊端，避免重复采购和重复库存，从而提升企业的整体购买力，降低企业的采购成本。集中采购的特点在于：采购量大，采购过程长，手续相对繁杂，采购标的物集中度较高，决策层次高，金额相对较大，支付条件相对宽松，优惠条件相对较多，采购的专业性强，责任也相对较大。本教材使用的集中采购定义跟上述所言基本一致。集中采购的管理模式如图 8-7 所示。

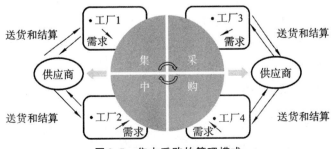

图 8-7　集中采购的管理模式

企业实施集中采购必须有章可循，一般成立集中采购领导小组并由企业领导挂帅，同时组织纪检、审计、财务、工程计划、物资等业务部门人员参加，并规定每次采购前都要根据采购任务抽调专业人员组成采购小组。采购小组具体负责市场调查、商务谈判、验收货物等事项。

分散采购是与集中采购相对的概念。顾名思义，分散采购是由企业下属各单位，如子公司、分厂、车间或分店实施的满足自身生产经营需要的采购。其特点如下：批量小、价格相对较高；决策层次低、采购流程简短；问题反馈快，针对性强，方便灵活；与采购需求结合较好。

关于集中采购和分散采购的决策如图8-8所示。

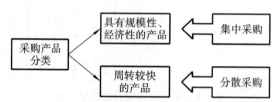

图8-8　关于集中采购和分散采购的决策

在企业实施集中采购管理模式后，先前由各分支机构或分公司独立采购、各自为政的分散采购管理模式被集中采购的管理模式替代：各分支机构或分公司的独立采购权限被收回，属于各分支机构的采购部门被取消，取而代之的是新成立的独立于各分支机构之外的集团采购部。除了正常的集中采购流程以外，对于紧急物料的采购，设置专门的紧急采购流程，以满足各分支机构的采购需求。

（2）集中采购需要考虑的因素

在集中采购决策中，需要考虑以下几个方面。

①需求物资的通用性。标准物料和功能通用的物资适合集中采购，以利用批量优势获得更好的价格和更大的优惠条件。而特殊定制品则更适合由需求部门自行采购，以确保产品符合品质和功能要求。

②采购的综合成本。集中采购虽能获得较好的价格，但未必是最低综合成本。例如，若各子公司附近有合适的供应商，考虑到物流和沟通等成本，分散采购可能更为经济。

③需求物资价格的透明性。对于单价高且成本解析困难的物资，集中采购更为适宜，尤其是在建设工程项目中，相关法律规定要求达到一定限额的采购应集中招标。

④采购过程的监督。集中采购可制定统一规范，建立完善的管理和监督体系，便于审计和监督。而分散采购则往往难以监管，因此需要根据物资性质和采购金额决定是否集中采购。

2. 采购成本控制ABC法

（1）ABC法的定义和内涵

ABC法是根据事物在技术或经济方面的主要特征，进行分类、排序，分清重点

和一般，以有区别地实施管理的一种分析方法。它以某一具体事项为对象进行数量分析，以该对象各个组成部分占总体的比例为依据，按占比排序，并根据一定的占比或累计占比标准，将各组成部分分为ABC三类。其中，A类是管理的重点，B类是次重点，C类是一般。

（2）采购成本控制ABC法的基本操作

对于A类项目，企业需建立完善的采购制度，以控制采购成本。由于采购工作涉及面广且需要与外界打交道，缺乏严格制度可能导致无章可依，增加暗箱操作的风险。

对于B类项目，企业应确定适宜的采购时机和合理的采购批量，以避免过早采购和过多库存导致的费用增加。同时，优化供应商结构，通过市场调研寻找新的供应商、进行招标采购、集中采购、减少原材料规格种类等方式来降低成本。

对于C类项目，需实施战略成本管理，以控制采购成本。了解供应商的成本结构是谈判的关键，通过加强沟通，制定合理的采购价格，实现双方共赢。

企业可将采购成本控制ABC法总结为"3A管理"，即管理好A类物料、A类供应商和A类库存。

3. 推行采购招标

招标投标是商品交易行为的两个方面，涉及货物、工程和服务的采购。招标人通过公布采购要求，吸引众多投标人公平竞争，经过专家评审，择优选定中标人。其核心在于以较低价格获得优质的产品或服务。

招标之所以能降低成本，就在于信息不对称和竞争环境。通过制定评标标准，招标方能够有效筛选出最佳投标者。这种方法适用于金额较大、采购频繁和周期较长的情形，在完全自由竞争的市场中，可以实现理想的降价效果。

（1）采购招标的定义和内涵

采购招标模式历史悠久，随着经济环境、思维模式和信息技术的发展而不断演变，广泛应用于提高市场效益。作为一种低成本、高竞争的经济手段，采购招标在很大程度上影响着供应链的水平、结构和优化效率。

采购招标也称逆向拍卖，属于一种逆向商流和物流过程。拍卖活动源于西方国家，通过竞价决定资源配置，涉及明确的规则和市场机制。在正向拍卖中，资源拥有者是招标商，而在逆向拍卖中，招标商与投标商的角色相反。

在市场交易中，存在这样一种情况，即买者从多个卖者处采购物品。例如，在供应链中，唯一的采购商通过招标从众多供应商中选择所需零部件。拍卖的经典模式包括英式拍卖、荷兰式拍卖、一次性暗标和维克里拍卖。招标模式还可分为单向和双向招标，以及单标的物招标和多标的物招标。

（2）典型的采购招标流程

招标的模式根据具体情况会有很大的区别，本教材抽取其中的一部分形成典型的公开招标工作流程，如图8-9所示。可以看出，一个招标流程主要由代理机构与采购人编制招标公告招标文

数字资源：
采购招标案例

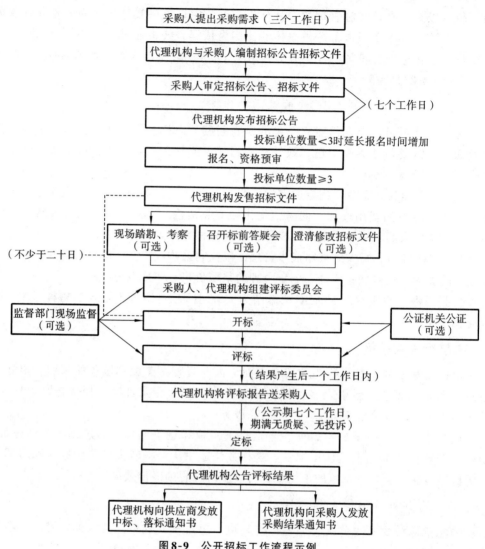

图 8-9 公开招标工作流程示例

件、代理机构发售招标文件、开标、评标、定标等步骤组成。

4.供应定位模型

供应定位模型是对所采购产品支出金额的多少和其对企业的影响、供应存在的风险和机会程度进行综合分析之后，为采购与供应的产品在需求的确定、供应商评价、获取与选择报价、谈判以及合同签署等活动中起指导作用的模型。每个采购项目的IOR水平可以划分为四个等级（H、M、L、N）。

供应定位模型将企业采购品项按两个维度分为四个象限，即常规型采购品项、杠杆型采购品项、瓶颈型采购品项和关键型采购品项。这部分内容在前文已有详细介绍，这里不再赘述。

供应定位模型中对采购降成本最为关注的两个采购品项分别是关键型采购品项和杠杆型采购品项。这两个采购品项的支出占整个采购支出的80%左右，是需要重

点关注的降成本品项。明确这一点之后，就需要通过较强的谈判能力、合理的招标模式和需求管理等对杠杆型采购品项采取强势降价措施；对于关键型采购品项，降成本时需要考察其所处的产品生命周期和供应中的主要矛盾风险，必须要在IOR问题解决的同时或者解决完毕后再进行降成本的工作，否则会导致IOR等级持续上升，最终影响供应活动。而对于采购支出很小的常规型采购品项和瓶颈型采购品项，降成本工作并未对其提出较高要求，持续保持较低的IOR等级是其主要目标。由此可以看出，要辩证识别降成本的采购品项，不能"眉毛胡子一把抓"，否则会适得其反。

5. VA/VE方法

（1）VA/VE定义

VA/VE（价值分析与价值工程）是有效的降本工具，能实现30%～60%的成本降低。VA/VE方法旨在在保持产品性能和质量的前提下，通过优化设计、材料变更、减少公差和简化工序等手段，以最低成本实现产品的必要功能，保证产品的品质。

企业在采购活动中可以运用VA/VE方法，系统审视产品或服务的功能、成本与价值，识别并消除不必要的成本，同时确保或提升所需功能，从而降低采购成本。

VE是一种跨学科的方法，其通过功能分析、成本评估和团队协作，全面优化产品或服务的设计、材料和工艺，以提高性能、质量和可靠性，降低总成本。它强调在满足用户需求的基础上，通过技术创新和资源合理配置消除不必要的成本。

VA则专注于对产品或服务的功能和成本进行深入分析，识别并剔除不必要的成本，同时保持或提升核心价值。它以用户需求为导向，审视产品生命周期，寻找潜在的节约点，通过改进设计、材料选择和生产工艺来降低成本。

如图8-10所示，VA/VE在不同的阶段发挥不同的作用。

图8-10　VA/VE在不同的阶段发挥作用

（2）VA/VE优化内容

企业可以按照"价值＝功能/成本"原则，对采购产品或服务的功能和成本进行价值对比分析，并进行优化调整，从而在满足产品或服务功能的前提下实现采购成本的有效降低，如表8-5所示。

以"功能＝基本功能＋附加功能"为基准，对采购产品或服务的功能进行分析调整，在满足产品或服务功能的前提下，实现采购成本的有效降低和产品功能的优

化，如图8-11所示。

表8-5 VA/VE采购降本优化分析

状况	功能	成本
1	提升	下降
2	提升	维持
3	维持	下降
4	大幅提升	提升
5	下降	大幅下降

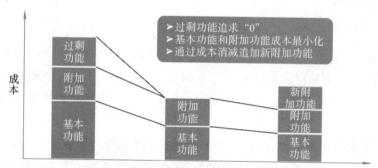

图8-11 VA/VE采购降本优化分析

在采购活动中，运用VA/VE方法对采购对象（包括原材料、零部件、设备或服务）进行分析并消除无效成本，可以提高采购效率，确保采购产品或服务在满足业务需求的前提下，实现成本效益最大化。

①需求分析与功能评价。明确采购产品或服务的核心功能需求，对各项功能的重要性进行评价，识别哪些功能对最终用户价值贡献最大，哪些可能存在冗余或过度设计。

②成本结构分析。详细分析采购产品或服务的成本构成，包括直接材料成本、直接人工费用、制造费用、运输成本、售后服务成本等，确定成本发生的维度。

③功能成本比对。将功能评价结果与成本结构对应，揭示功能成本与其实际贡献度的关系，找出成本与功能不匹配之处。

④创新与优化。基于VA/VE分析结果，提出改进或替代方案，如简化设计、采用更经济的材料、改进工艺流程、重新谈判采购条件、引入竞争性供应商等，以降低成本或提升功能，从而提高价值。

⑤实施与跟踪。制定详细的实施方案，包括时间表、责任人、资源分配等，并在实施过程中持续监控效果，根据实际情况调整策略，确保降本目标的实现。

VA/VE的技术差异点如图8-12所示。

（3）VA/VE实施步骤

通过深入理解和精准划分采购产品或服务的核心与非核心功能，可以有效降低成本，同时确保满足必要的性能、质量标准和业务需求。

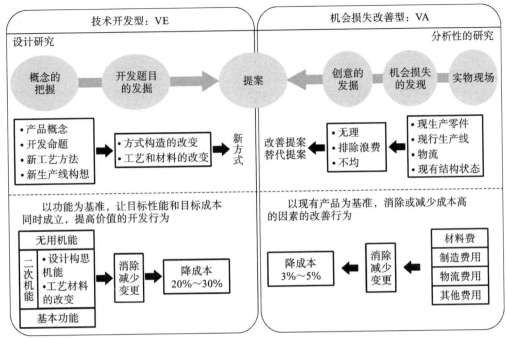

图 8-12　VA/VE 技术差异点

首先，功能识别与分类是关键。核心功能直接影响产品的基本性能、安全性和客户满意度，通常不可妥协；而非核心功能虽然对整体效果有贡献，但并非必需，且与成本直接相关，是降本策略的重点

其次，进行成本－功能关联分析，明确各功能的成本组成部分，如原材料、加工、物流和维护成本，量化分析各功能对总成本的影响，以识别成本密集型功能。

再次，功能优化与成本削减，包括功能简化、替代、整合和再设计。简化非核心功能、寻找更具性价比的替代方案、合并功能以减少组件数量，以及根据实际需求重新设计产品，都是降低成本的有效手段。

最后，持续监控与调整。跟踪实际成本变化、产品性能和客户反馈，定期复查功能需求与成本结构，以保持成本竞争优势。

（4）邀请供应商参与

不管是 VE 还是 VA，供应商的介入对降本最终效果的达成都非常有帮助。企业可以向有实力的供应商发出邀请，邀请对方参与降本活动。在开展相关活动时，可以使用如表 8-6 所示的价值分析供应商邀请讨论表。

表 8-6　价值分析供应商邀请讨论表

序号	问题	建议简单描述	建议节约估计
1	你拥有什么样的可以很好地替代现有的零件的标准项目？		
2	你建议什么样的能够降低这个项目成本的设计变更？		

续表

3	这个项目的哪些部分可以更加经济地通过铸造、挤压、机加工或其他工艺生产（考虑工具等）来完成？		
4	你建议采用什么原材料作为替代品？		
5	公差在多大范围的变动可以降低制造成本？		
6	什么样的成本要求可以被取消或者放宽？		
7	什么样的测试或者质量检验看起来是没有必要的？		
8	在重量减轻、零部件简化或者降低成本方面,你有什么建议？		
9	什么样的规格、测试或者相应的要求是太过严格的？		

如果有要求,你是否愿意参加会议讨论并表达你的想法？你是否有正式的价值分析过程？如果没有,你是否能够帮忙建立该过程？

公司：

地址：

签字：

职位：

日期：

项目任务
制定一次性牙具降本策略

任务描述

「任务情境」 某酒店在核算采购成本时发现一次性用品的成本较高,为此,计划推动酒店一次性用品降本项目。酒店设立了降本小组,并选择了一次性牙具作为试点项目。

「任务要求」 请学员分小组讨论，制定降本策略。

任务实施

「步骤1」 教师布置实训项目所需要完成的任务

「步骤2」 本着自愿原则，学生5～6人为一组，每组选出一名小组长，由组长进行任务分工、协调成员实训任务，并带领成员完成实训任务。

「步骤3」 分析物料构成。

分析物料组成如图8-13所示。

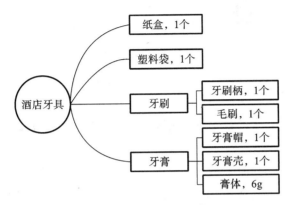

图8-13 分析物料组成

「步骤4」 分析成本构成。

从物料、人工、费用、利税等纬度分析成本构成。

「步骤5」 拟订降本策略。

综合使用集中采购、采购招标、标准化、与供应商谈判等策略推动降本。使用VA/VE方法降本。

「步骤6」 分享降本策略。

以小组为单位分享讨论结果。

任务评价

层级	评价内容	满分	得分	自我评价
1	分析物料构成	20		
2	分析成本构成	20		
3	拟订降本策略	30		
4	分享降本策略	30		

任务 2　提升准时交货率

任务目标

◆ **素养目标**
- 深化对准时交付的认知，提升社会责任意识与诚信经营理念水平，培养协同合作及共赢思想。
- 理解供应链协同合作的价值，树立团队合作精神和共赢理念。

◆ **知识目标**
- 掌握准时交货率的概念和计算方法。
- 了解交期的构成要素。
- 理解准时交货率在采购管理中的作用及其对企业运营效率的影响。
- 学习并掌握提升准时交货率的策略和方法。

◆ **能力目标**
- 熟练掌握准时交货率的计算公式，能够对供应商的交货表现进行量化分析。
- 培养分析影响准时交货率的因素并提出相应改进措施的能力。

一、准时交货率的含义

（一）交期与准时交货率

1. 交期

交期具有期限与期间两层意义。期限指的是约定交货的日期或生产计划设定完成的日期，即到期日。期间则指的是生产期间（自制造工令发出至完成该工令所定的数量为止的期间），或指接受订购期间（自接受订单至交货的期间），即前置时间。

2. 构成交期的基本要件

交期包含诸多时间要素，主要有行政作业的前置时间、采购原料的前置时间、生产制造的前置时间、运送的前置时间、验收与检验的前置时间，以及其他零星的前置时间。

影响交期的主要因素有需求与产能的关系、需求的形态、产品的复杂性、供应商本身的策略、运送的距离等。

3.准时交货率

准时交货率（on-time delivery, OTD）是指在一定时期内供应链各节点准时交货（或服务）次数占其总交货次数的百分比。准时交货率低，说明其协作配套的生产（服务）能力达不到要求，或对生产（服务）过程的组织管理能力跟不上供应链运行要求；反之，则说明供应链的生产（服务）能力强，生产管理水平高。

（二）准时交货率在采购中的重要性

准时交货率是供应商按合同约定时间和数量交付产品或服务的能力，在采购过程中具有重要意义。首先，高准时交货率能保证生产计划的顺利进行，避免因供应链中断导致生产延误，特别是对制造业而言，持续的原材料和零部件供应至关重要。其次，高准时交货率能提高客户满意度，客户更倾向于选择能够按时交货的供应商，以确保及时获得所需产品或服务。再次，高准时交货率有助于降低采购方的库存成本，减少资金占用和库存管理负担，因为按时交货使得不必积压过多的库存。同时，它提高了供应链的可靠性，确保整个供应链中各环节的稳定运行。最后，高准时交货率还降低了采购方的风险，减少了因供应中断导致生产停工和客户投诉等问题的可能。

二、准时交货率的计算

（一）计算公式

准时交货率的计算公式为：准时交货率＝（按时按量交货的实际批次/订单确认的交货总批次）×100%。

准时交货率用于衡量在约定的时间范围内交付给客户的订单的百分比，可以衡量供应商对客户的交付业绩水平。具体的计算方法主要有三种。这里举例说明。

假设供应商有三张订单，情况如表8-7所示。

表8-7 供应商三张订单情况

订单情况	订单1	订单2	订单3	总计
订单行数	10	20	30	60
订单数量	1	1	1	3
总交货数量	100	150	250	500

供应商实际交货情况如表8-8所示。

表8-8 供应商实际交货情况

准时交货	订单1	订单2	订单3
订单行数	10	18	25

续表

准时交货	订单1	订单2	订单3
订单数量	1	0	0
总交货数量	100	140	220

1. 订单行数统计法

这种计算方法是在完美订单履行的前提下，计算准确交货行数与要货订单上需求行数的比值。计算公式是：

$$供应商准时交货率 = \frac{完美订单交货行数}{交货订单总行数} \times 100\% = \frac{(10+18+25)}{60} \times 100\% = 88\%。$$

完美订单的意思就是交货的数量、时间、地点、相关文件资料都是正确的，不符合其中的任何一个交货条件就不能被统计在分子之中。在一张交货订单中包含1~n个订单行，我们可以统计某一张订单的准时交货率，也可以统计一段时间内供应商总的交货率。

2. 订单数量统计法

这种计算方法还是在完美订单履行的前提下，计算准确交货订单数量与要货总订单数量的比值。计算公式是：

$$供应商准时交货率 = \frac{完美订单数量}{交货订单总数} \times 100\% = \frac{1}{3} \times 100\% = 33\%。$$

由于订单2和订单3都没有满足整张订单的准确交货条件，因此不能被统计在分子之中。

3. 总交货数量统计法

这种计算方法还是在完美订单履行的前提下，计算准确交货的总数量与要货总订单中的总数量之比值。计算公式是：

$$供应商准时交货率 = \frac{完美订单交货总数}{交货总订单中的数量} \times 100\%$$
$$= \frac{(100+140+220)}{500} \times 100\%$$
$$= 92\%$$

在这三种计算方法中，订单行数统计法更能客观地展示供应商交货的整体表现水平。但是有些供应商会在三种计算方法中，选一个对自己最为有利的方式。作为供应商绩效表现的一部分，企业应在每个月公开各供应商的交付表现，对于没有达标的供应商，需要制订持续改进交付业绩计划，并跟踪其实施进展。

(二) 供应商交货表现改善指标

在采购交期管理中，衡量供应商交货表现的改善情况是确保供应链效率和供应商响应能力的关键。以下是几个常用的供应商交货表现改善指标。

1. 交货迟延率

这一指标反映了在一定时期内供应商迟延交货的订单占总交货订单的比例。交货迟延率＝每月（周）迟延总批数/每月（周）交货总批数×100％。

2. 重大交货迟延率

这一指标与交货迟延率相似，只是专注于那些迟延时间较长或对生产和客户满意度影响较大的订单。这个指标有助于识别需要特别关注的迟延情况。重大交货迟延率＝每月（周）重大迟延总批数/每月（周）交货总批数×100％。

3. 迟延件数率

这一指标从数量的角度出发，计算迟延交付的产品数量与总订购数量的比值，有助于了解迟延对库存和生产的影响。迟延件数率＝每月（周）迟延总件数/每月（周）订购件数×100％。

4. 迟延日数率

这一指标衡量了从订购日期到实际交货日期之间的天数与从订购日期到订单交期截止日期之间的天数的比值。它提供了迟延时间的量化测度，有助于分析迟延的严重程度。迟延日数率＝自订购日起至实际交货日止的天数/自订购日起至订单交期止的天数×100％。

综合这些指标，采购团队可以全面评估供应商交货表现，从而采取相应的改进措施。例如，如果交货迟延率较高，可能需要与供应商协商改进物流计划或增加缓冲库存。如果重大交货迟延率突出，可能需要制订应急计划以减少对关键订单的迟延影响。迟延件数率和迟延日数率则有助于在合同中设定具体的服务水平协议（SLA）和激励/惩罚机制。

（三）指标计算步骤

计算准时交货率可以采用订单统计、交期统计和准时交付三种不同的指标。其中，订单统计是指对采购订单的数量和状态进行分析和统计。通过这种方法，可以确定供应商计划交付的采购订单数量和实际交付的采购订单数量。通过订单统计、交期统计和准时交付这些统计方法，可以对生产订单的数量、交付日期和按时交付情况进行综合分析和评估，帮助采购方了解供应商订单执行情况，识别问题，并采取适当的措施来提高准时交货率。以采购订单准时交货率为例，其计算步骤如下。

1. 收集数据

需要收集计划交付的订单数量、实际收到的订单数量等相关数据。计划交付的订单数量是根据供应商生产计划系统或采购方系统中的数据得到的。每个订单都应该有一个预定的交付日期。实际收到的订单数量是根据供应商交付情况记录的数据得到的。

2. 计算准时交货率

根据上述数据计算采购订单准时交货率。

假设统计周期为一个月，某供应商的交付数据如表8-9所示。

表8-9 某供应商的交付数据

物料型号	要求交货数量	要求交货日期	实际交货数量	实际交货日期
A物料	100	2024-04-04	90	2024-04-04
B物料	100	2024-04-04	100	2024-04-05
C物料	100	2024-04-04	80	2024-04-04

这个例子中，计划交付的订单数量为3，准时交付订单数量为0，那么，准时交货率＝0÷3×100％＝0％。也就是说，该供应商这个月的生产订单准时交货率为0％。

交期统计是对采购订单的交付日期进行统计和分析。通过这种方法，可以确定实际交付日期与计划交付日期之间的差异，从而计算采购订单准时交货率。准时交货是指根据订单约定的交付日期，供应商将订单按时交付采购方。通过这种方法，可以确定实际按时交付的订单数量与总订单数量之间的比例。在上述例子中，如果按照交期统计，则该供应商这个月的生产订单准时交货率为66.7％（2÷3×100％）；如果按照准时交货数量统计，准时交付了270，总订购量为300，准时交货率为90％。

由上述案例可以看出，企业可以根据实际情况来选择合适的供应商准时交货率标准。像大宗农产品、煤炭类等初级加工产品选择按准时交付数量计算准时交货率比较合适，其对这类产品的计量要求相对宽松，不需要进行精细型量化统计。对于制造业电子和机加工行业而言，选择按准时交付订单数量计算准时交货率较为合适。制造业电子和机加工行业需要满足齐套率（齐套率是一个用于衡量物料或库存是否齐全以满足特定需求或出货需求的指标）。齐套率越高，准时交货率就越高，这样客户的齐套率也就越高，所以采用按准时交付订单数量计算准时交货率的方式，就意味着要求供应商有严格的物料管控机制，不断提升自身的运营管理能力。

（四）准时交货率标准

供应商准时交货率是采购供应链部门的核心绩效指标，也是评估供应商优劣的基础。按时将订单数量送达指定地点对企业供应链管理至关重要。影响准时交货率的因素主要包括产品质量不稳定和产能不足。通常，采购人员根据库存和消耗水平计算准时交货率，而非随意决定。

作为衡量供应商按时交付能力的重要指标，优秀的准时交货率反映了供应链的高效率和可靠性，进而影响客户满意度。高准时交货率表明供应商具备良好的供应链管理和执行能力，有助于企业降低库存成本、提升运营效率，并增强企业竞争力。不同领域和企业的准时交货率标准各异，通常以百分比表示。

1.优秀

准时交货率达到或超过95％。这意味着供应商在绝大多数情况下都能够按照承诺的交货日期（数量）完成交付，表现非常出色。

2.良好

准时交货率为85%~95%。供应商虽然有一定程度的交期迟延，但大部分订单能够按时交付。

3.一般

准时交货率为70%~85%。这意味着供应商交期迟延比较常见，需要进行改进，以提高准时交货率。

4.不良

准时交货率低于70%。这种情况下，供应商面临严重的交期迟延问题，需要进行紧急改进。

企业在制定准时交货率标准时，需要根据行业特征、客户需求、产品特性多维度进行综合考虑。

三、提升准时交货率

（一）影响准时交货率的因素

随着市场竞争加剧和全球化深入，时间成为企业竞争的重要资源，快速反应日益受到重视，而准时交货是缩短供应链响应周期和实现敏捷运作的关键。交期可以通过公式进行管理：交期＝行政作业时间＋原料采购时间＋生产制造时间＋运输与物流时间＋验收和检查时间＋其他预留时间。

准时交货率受多环节影响，从接单到原材料采购、生产安排、质量检验再到货物交付，任一环节的问题都可能影响交期。因此，供应商需在接受订单时明确采购需求，以避免货物品质不符等问题。生产部门应制订生产计划，采购人员根据计划进行采购。业务、采购、计划、生产和品质等因素对准时交货率的影响存在重叠和交叉。为便于分析，可以假设在分析某一因素对准时交货率的影响时，其他因素保持不变。尽管实际操作中可能有多个因素共同影响，但单独分析的结论仍适用于一般情况，综合考虑时可将其综合运用。

1.供应商采购因素

供应商采购环节出现问题，导致供应不及时进而影响生产和交付。

2.供应商计划因素

比如：供应商未根据自己企业的特点制订生产计划；计划出现错误因而更改生产计划，从而造成生产流程混乱；下单后未及时跟进生产进度；设备和产能没有做好配备工作，导致生产遇到瓶颈，或实际产能远远达不到设计产能造成迟延。

3.供应商生产因素

比如：供应商工艺流程或工序不合理，过程控制能力差；生产设备或检测设备不够；员工技能不足，培训不够；管理人员职责分工不明确；生产的半成品管理不善，经常找不到物料或用错材料；操作方法和管理方法不当，生产环境达不到要求。

在生产环节，首先，负责生产的管理人员要明确所生产的货物的品质要求，然后在开始生产之前需要向所有的生产人员讲清楚货物的品质要求和注意事项等，并制作"看板"，让员工对所要生产的货物品质有清晰的认识，以便各个工序之间互相监督，及早发现问题。其次，管理人员要对相关人员进行优化合理的分配，确保生产流程顺畅。生产管理人员应进行走动式管理，这样既能起到监督和督促作用，又能及早发现问题、解决问题。

4. 供应商品控因素

供应商的生产质量不达标，导致交货延误。例如，生产方法不当和检验人员未及时检验，造成大规模返工；检验标准不一致，导致货物不符合客户要求而返工；检验人员发现问题未及时沟通，耽误生产进程；疏忽大意未发现隐蔽质量问题，导致客户拒绝接货；品质不良或返工使合格品数量不足。

品质检验人员对货物品质的控制至关重要，检验标准需与客户一致，及时检验对生产进度影响显著。检验人员应在生产初期加强检验，及时发现并纠正品质问题，同时将潜在问题详细记录并告知生产人员，以降低不良率和返修率。

5. 物流交付因素

由于物流交付环节发生状况，导致交付迟延。如不可抗力等造成物流中断或延误，报关、船期、运输工具等造成延误等。

6. 采购方因素

交期的延误并不一定都是由供应商的过失造成，也有可能是由采购方的沟通协调和采购流程不当引发的，具体如表8-10所示。

表8-10 供应商的沟通协调和采购流程不当

沟通协调方面	采购流程方面
客户需求的时间太短	供应商的选择不当
临时紧急订购，紧急订单前置时间不足	订单寄发的失误
临时更改设计或规格，对新材料规格未对供应商做充分说明	采购价格过低
品质要求表述不清	付款条件、记录不好
对图、规格的了解不一致	对供应商产能、技术调查不足
生产计划不正确或变更，未能立即通知供应商	订单或要求事项不明确
单方面指定交期	对品质的要求不明确
双方没有定期审核进度	未经常掌握进度
不能及时提供外包所需的材料或模具	采购人员经验不足
技术转移或辅导不周全	频繁更换供应商

（二）提升准时交货率的关键路径

1.降低供应商的波动性

供应商的产能从短期来看是固定的，需求的变动会影响供应商的工作量，也直接影响交期，这在依订单生产的形态下尤其明显。

供应商面临的需求变动，实际是由客户下单的模式造成的，当客户（采购）更改数量、更改交货日期或频繁地更换供应商时，供应商所面临的需求也跟着变动。客户（采购）的下单模式，则与其主生产排程有极大的关系，因此，采购必须注重与供应商的沟通，了解供应商的产能分配状况，而供应商也要了解客户（采购）的实际需求，使自身产能的分配能适应实际客户需求的变动。

2.缩短整备时间

供应商整备时间的改善可以增强生产排程的弹性，并且缩短生产的时间，在准时制（JIT）的生产环境下，其影响尤其显著。缩短整备时间有以下几种方法：购买新机器设备，或机台重新设计变更；使用电动或气动辅助设备；安装快速夹持装置；通过工业工程，进行工作流程分析改善；使用标准零件与工具。

3.解决生产线上的瓶颈问题

在非连续性制程中，根据需求量平衡各工作站的可用产能非常困难，导致一些工作站忙不过来，而另一些则闲置。这种不平衡会造成生产瓶颈，进而影响产出和交期。

瓶颈问题的要点包括：非瓶颈工作站的利用受其他工作站限制，而非其产出量；非瓶颈工作站的使用并不保证百分之百的产出；生产线的产能主要由瓶颈工作站决定；非瓶颈工作站节省的时间对交期无益；需兼顾产能与需求优先级。

为解决瓶颈问题，可以采取以下措施：在瓶颈工作站前设置缓冲库存；控制材料进入瓶颈工作站的速度；缩短整备时间以提高产出；调整工作量分配；变更生产排程。

4.缩短运送时间

运送时间与供应商和客户之间的距离、交货频率以及运输模式有直接的关系。使用当地的供应商可大幅缩短运送时间，如果供应商位于海外，无论海运或空运，寻求一个信用良好、价格合理、效率高的货运承揽业者是非常必要的，如货物需要上栈板，货柜内的空间利用也要加以详细计算；若是货品不多，也可考虑用并货的方式节省出货成本及时间。

5.缩短行政作业时间

企业可以通过良好的沟通、准确的资料以及有效率的采购作业流程来缩短行政作业时间。采购作业在影响企业内部与各企业间信息的流通因素中占有相当大的比重。

快速的信息沟通可通过不同形态的工具来达成。利用电子资料交换、条形码、传真、电子邮件、电话或交互式多媒体，信息沟通可快速进行。此外，在主生产排程确定后，要避免紧急插单的情况发生，任何插单的行为都会引起生产排程的混乱，极易引起交期的延误。

6. 采用供应商管理库存方式

让供应商承担企业库存管理的责任，是新兴的做法，即供应商负责库存的计划与保持，库存的所有权在于供应商，直到原料被提领消耗或被转换为成品为止。寄货采购则是另一种供货商承担库存管理责任的采购交易方式，供应商于买方企业厂区库房内保持一定水准的存货数量，货品的所有权也属于供货商，企业在仓库提领货品使用时，才需要承担付款的责任。由于是供应商替企业来做库存管理，供应商必须保证供料的及时性和可靠性，如此可大幅缩短交期的时间。另外，供应商对企业的实际使用率及取货的模式有充分的了解，对供货商自己的生产排程也有帮助。

（三）交期改善

对供应商交期的追踪改善应从交期改善指标的建立以及了解问题发生的原因开始，逐步将实绩与计划目标比较，以寻求改善交期的方法。采购人员应时时秉持"预防优于治疗"的理念，在问题发生之前主动向供应商询问叮咛，并依下列步骤进行追踪改善，达到防微杜渐的效果。

第一步，为供应商确定交期改善的指标，并使其了解计算的基准，避免"各说各话"。

第二步，统计交期问题的形态并了解问题发生的原因，以及迟延交货与提前交货的比例，依照80/20的原则，进行重点项目管制。

第三步，定期向供应商公布交货绩效，发布准时交货率的统计记录，并与交货计划目标做比较。

第四步，与供应商一起制定提高准时交货率的行动方案与对策。

第五步，对供应商进行持续的追踪考核，直至其交期情况获得改善。

项目任务
新能源太阳能晶板采购策略制定

任务描述

「任务情境」 由中国物流与采购联合会采购与供应链管理专业委员会举办的第五届全国供应链大赛（企业团体赛）竞赛选用了"阳光智链（供应链实战沙盘）"。该沙盘是一款由中国物流与采购联合会和厦门易木科技有限公司共同开发的供应链实战沙盘模拟软件。"阳光智链（供应链实战沙盘）"以新能源太阳能晶板的生产销售为业务模型。太阳能晶板是一种将太阳能转化为电能的设备，广泛应用于各种领域。随着对可再生能源需求的增长，太阳能晶板产业链日益成熟，供应链的优化和管理变得非常重要。本案例是模拟运营管理一家太阳能晶板生产企业的供应链，完整模拟周期为一年，共分为规划、发展、扩张、竞争、守成五个阶段，在有限的市场中通过供应链管理运营优化来实现企业利益最大化。在模拟过程中，团队成员将分别扮演供应链总监、营销经理、采购经理、生产经理、物流经理等角色，通过市场需求分析、投标、供应商选择、采购计划编制、工厂选址建设、生产计划编制、物流

计划编制等一系列行为对企业供应链进行运营管理。

案例中将提供太阳能晶板的三种原材料——单晶硅片、钢化玻璃、铝合金条。三种产品及原料明细如图 8-14 所示。

名称	计量单位	BOM数量	容积	重量	参考价格	单位生产时间系数	单位生产成本系数
产品							
550W 光伏板	箱		0.2 立方米	0.055 吨	2000.00 元/箱	1	1
660W 光伏板	箱		0.25 立方米	0.065 吨	2500.00 元/箱	1.2	1.2
780W 光伏板	箱		0.3 立方米	0.080 吨	3300.00 元/箱	1.5	1.5
原料							
单晶硅片	箱	0.2 箱	0.3 立方米	0.018 吨	7000.00 元/箱		
钢化玻璃	件	0.064 件	0.65 立方米	0.750 吨	3800.00 元/件		
铝合金条	吨	0.004 吨	0.8 立方米	1.000 吨	32000.00 元/吨		

图 8-14 三种产品及原料明细

三种物料的供应商信息如图 8-15 所示。

供应商	城市	供货价格	最低供货价格	最低首付	欠款额度	当前产能	现货库存	库存范围	供货能力 最快响应时构	供货能力 合格率均值	合前率方差	履约能力
单晶硅片												
宜宾晶片厂	宜宾	6,800.00 元/箱	4,454.00 元/箱	20%	7435.80 万元	700 箱/天	18,851 箱	7,000-14,000 箱	2 天	97.62%	24%	★★★☆☆
无锡晶片厂	无锡	7,095.00 元/箱	4,540.80 元/箱	10%	7,758.40 万元	300 箱/天	14,131 箱	3,000-6,000 箱	1 天	98.41%	16%m	★★★★☆
湖州晶片厂	湖州	6,550.00 元/箱	4,224.75 元/箱	10%	7,074.00 万元	1,200 箱/天	24,685 箱	12,000-24,000 箱	1 天	96.94%	31%	★★★★★
泰州晶片厂	泰州	6,390.00 元/箱	4,217.40 元/箱	20%	7,073.70 万元	922 箱/天	52,337 箱	25,981-52,015 箱	1 天	96.51%	35%	★★★★☆
许昌晶片厂	许昌	7,390.00 元/箱	4,766.55 元/箱	10%	8,180.70 万元	300 箱/天	4,207 箱	3,000-6,000 箱	1 天	99.21%	8%m	★★★★☆
钢化玻璃												
深圳玻璃厂	深圳	4,117.00 元/件	2,696.64 元/件	15%	1511.80 万元	100 件/天	4,023 件	1,000-2,000 件	2 天	99.25%	8%	★★★☆☆
惠州玻璃厂	惠州	3,749.00 元/件	2,436.85 元/件	15%	1,646.60 万元	100 件/天	5,375 件	1,000-2,000 件	1 天	97.46%	25%	★★★☆★
渭南玻璃厂	渭南	3,775.00 元/件	2,585.58 元/件	20%	1,535.70 万元	400 件/天	7,149 件	4,000-8,000 件	2 天	97.59%	24%	★★★★☆
广州玻璃厂	广州	3,674.00 元/件	2,571.80 元/件	15%	1,309.40 万元	200 件/天	6,298 件	2,000-4,000 件	1 天	97.10%	29%	★★★★★
宁波玻璃厂	宁波	3,515.00 元/件	2,284.75 元/件	20%	1,581.80 万元	200 件/天	2,434 件	2,000-4,000 件	2 天	96.33%	37%	★★★★★
铝合金条												
佛山铝合金厂	佛山	2.67 万元/吨	1.75 万元/吨	10%	866.90 万元	155 吨/天	3.371	1,635-3,270 吨	2 天	95.17%	48%	★★★★☆
单庆铝合金厂	单庆	3.36 万元/吨	2.13 万元/吨	5%	867.90 万元	100 吨/天	1,115	1,000-2,000 吨	1 天	99.12%	9%	★★★★★
镇江铝合金厂	镇江	298 万元/吨	1.92 万元/吨	5%	806.20 万元	100 吨/天	1,112	1,000-2,000 吨	2 天	96.91%	31%	★★★★☆
成都铝合金厂	成都	3.19 万元/吨	2.14 万元/吨	5%	975.30 万元	100 吨/天	1.043	1,000-2,000 吨	2 天	98.15%	19%	★★★☆
合肥相合金厂	合肥	2.88 万元/吨	1.93 万元/吨	15%	962.90 万元	159 吨/天	3,469	1,682=3,365 吨	1 天	96.39%	36%	★★★★★

图 8-15 三种物料的供应商信息

在签订供应商协议时，协议有效期、是否独家供货、订单响应天数、订单首付比例、月最低采购量等都将影响到最终采购价格，如图 8-16 所示。其中订单响应天

数为供应商接受订单到发出货物时间加上运输时间，构成完整的交付周期。

协议有效期	第1季度	第2季度	第3季度	第4季度
	可以连续选取多个季度（不能跳选），采购协议时间越长，价格越低。			
是否独家供货	是（↓7.00%）		否（↓2.00%）	
	独家采购协议有较低的价格和最高发货优先级，但在协议期内不能再与其它供应商签订协议；否则可同时签定多家，以此降低缺货风险。			
订单响应天数	7天（↓4.00%）	5天（↓2.50%）	3天（↓0.50%）	2天（↑3.50%）
	最快多少天发货，响应天数短，可缩短订货提前期，但相应会提高供货单价。每逾期发货一天，扣除订单总额的0.2%作为违约金。			
订货首付比例	65%（↓7.00%）	55%（↓6.00%）	35%（↓4.00%）	20%（↓1.00%）
	首付比例越高，供货单价越低；如果供应商在向多个队伍供应时，你越不容易断货。			
月最低采购量	1,300箱（↑2.00%）	5,250箱（↑1.00%）	10,500箱（↓1.50%）	15,750箱（↓4.00%）
	每月最低采购量能保证供应商的最低产能，较高的采购量能降低采购价格。月最低采购量不足时，不足的部份会按协议价 * 15% 产生违约金，同时会影响后续发货优先级。			
供货量阶梯价格	超过38,880箱（↓0.50%）	超过77,760箱（↓3.00%）	超过116,640箱（↓5.00%）	超过155,520箱（↓7.00%）
协议总调价幅度	↓22.00%			
	调价幅度越大，发货优先级越高。			

图 8-16　不同因素对采购价格的影响

注：在案例中设置了两个特殊事件，分别是春节和国庆期间。

「任务要求」案例中，订单响应天数为供应商接到订单到发出货物的时间，从供应商到工厂的运输时间要另外计算。天气和交通等因素，会造成运输时间的延长（一般延长时间为50%）另外，当供应商订单较多、产能不足时，供应商将对独家供应客户优先发货。请以小组为单位，讨论上述因素对模拟企业的影响，讨论在特殊时期如何确保供应商按期交货，并给出签订供应商协议的建议。

任务实施

「步骤1」教师布置实训项目所需要完成的任务

「步骤2」本着自愿原则，学生5～6人为一组，每组选出一名小组长，由组长进行任务分工、协调成员实训任务，并带领成员完成实训任务。

「步骤3」制定模拟企业战略目标。

不同企业战略将直接影响采购战略，进而影响供应商选择和供应商协议。

「步骤4」分析各因素影响。

对供应商协议各因素进行全面分析，识别不同选择对企业的潜在影响。

「步骤5」制定采购策略。

制定供应商签约策略，给出应对交付延期的策略。

任务评价

层级	评价内容	满分	得分	自我评价
1	制定战略目标	30		
2	分析各因素影响	30		
3	制定采购策略	40		

任务3　提升库存周转率

任务目标

◆ **素养目标**
- 提升社会责任感与职业道德水平,明确采购对经济发展的关键影响。
- 提升成本效益与质量意识,明确采购在降本增效上的核心作用。
- 增强职业自豪感,理解采购与组织、供应链的互动增值。

◆ **知识目标**
- 理解库存周转率的含义及其在采购管理中的重要性。
- 掌握库存周转率的计算方法和影响因素。
- 了解不同库存策略对提升库存周转率的作用。

◆ **能力目标**
- 培养运用库存周转率进行量化分析的能力。
- 提升对于复杂问题的分析解决能力,优化库存管理策略。
- 加强自我学习与适应新技术的能力,培养识别及应对库存风险的敏锐性。

一、库存周转率的含义

(一) 库存与库存周转率

库存是指处于储存状态的商品,主要是作为今后按照预定目的使用而目前处于闲置或非生产状态的物料。

库存周转率（inventory turnover，ITO），是一种衡量材料在工厂或是整个价值链中流动快慢（销售或消耗速度）的标准。库存周转率表示企业在一年内销售或消耗其库存的次数，是衡量企业在一定时期内销售量和库存管理效率的财务指标，反映了库存的流动性和企业的库存管理能力，它与企业的运营效率和盈利能力息息相关。从一般意义上说，库存周转率越高，说明仓库的进销存管理越高效，企业的资金流转速度也越快。

（二）库存周转率在采购中的重要性

库存周转率是采购管理中的关键指标，直接影响企业的采购效率和成本控制。它反映了企业将原材料和商品转化为销售收入的速度。高库存周转率可以让企业在满足市场需求的同时，降低库存成本和资金占用。

采购部门通过精准的需求预测和供应商管理来控制库存水平，提升库存周转率。这需要关注长期供应规划和战略性采购，例如采用准时化采购策略，以减少库存积压，并与供应商保持紧密沟通，确保供应链的灵活性。

此外，价格谈判、交货周期和批量折扣等因素也会影响库存周转率。通过优化这些因素，采购部门可以节约成本并增强资金流动性。集中采购策略或长期合作协议也有助于提高库存周转率，从而让企业更好地应对市场波动和供应链风险，提高企业的响应能力。

（三）库存周转率对采购活动的影响

库存周转率对企业的现金流和利润有显著影响，直接关系到采购管理的效能。高库存周转率可以优化采购流程和策略，减少资金占用，提高现金使用效率。

在采购过程中，通过谈判获得更优惠的价格和支付条件可以影响企业的成本结构和现金流。例如，延长支付周期有助于保留现金，而批量采购可能节约成本但增加库存资金占用。采购部门需平衡这些因素以优化库存周转率。

与供应商建立紧密合作关系，共同开发成本效益方案，如供应商库存管理，也能提高库存周转率，减少库存成本，提升利润。此外，准确的市场需求预测要求采购团队具备优秀的市场洞察力和数据分析能力，以避免库存积压并降低持有成本。

总之，采购管理在提升库存周转率中至关重要，通过优化采购流程和策略，与供应商建议紧密合作关系，企业可以提高资金流动性，降低成本，实现利润增长。

二、库存周转率的计算

（一）计算方法

根据库存周转率的定义，其计算公式可以表述为：库存周转率＝（一定时间内销售或消耗的货物数量/同期内平均库存量）。其中，一定时间内销售或消耗的货物数量可以是月销售量或季销售量，也可以是年销售量。而同期内平均库存量则是指一定时期内所有货物的平均库存量。

库存周转率也可以使用金额计算，其计算公式为：库存周转率＝（一定时间内

的使用金额/同期内平均库存金额）。

无论是使用数量还是使用金额计算，都需要界定库存周转率的期限，当使用月为期限单位时，可以得出如下库存周转率计算公式：原材料库存周转率＝月内出库的原材料总成本/原材料平均库存金额；在制品库存周转率＝月内入库的成品物料成本/平均在制品库存金额；成品库存周转率＝月销售物料成本/成品在库平均库存金额。

在使用上述计算方法时，不同企业选择的金额和数量标准可能会有所差异。从销售视角分析，使用金额数据或物品数量数据代表了对库存周转率的不同分析观点，即不同的表达公式。使用金额数据时，如果更关注库存创造的销售价值或便于周转资金的计划，可以使用售价计算（销售额/平均库存额）；如果更关注销售额库存额和销售成本的比例，可以使用成本计算；如果用于订立有关商品的变动、置放商品的场所及销售作业人员计划，可以使用销售量计算。从采购视角分析，使用金额数据时更关注采购金额的周转速度，使用数量数据时更关注商品的数量周转速度。

一般来说，金额有时会随着单价改变而发生变化，从而影响库存周转率。从采购视角来看，将使用数量作为计算指标更为真实。但要注意的是，使用数量并不等于出库数量，因为出库数量包括一部分备用数量；使用金额也并不等于出库金额，要以实际数据为基础。

（二）示例与分析

1. 具体案例

A公司12月以市场价计算原材料进出库金额为1200万元，以采购价计算原材料进出库金额为1000万元，以数量计算进出库原材料数量为600单位；A公司在11月底进行月度盘点时，以采购价计算原材料库存金额为400万元，原材料数量为200单位；12月底盘点时，以采购价计算原材料库存金额为500万元，原材料数量为300单位。B公司12月以采购价计算原材料进出库金额为1000万元，以数量计算进出库原材料数量为15单位；在A公司11月底进行月度盘点时，以采购价计算原材料库存金额为800万，原材料数量为10单位；12月底进行月度盘点时，以采购价计算原材料库存金额为1000万元，原材料数量为15单位。请分别计算A公司和B公司12月份的原材料库存周转率，对比分析哪个公司表现更好。

2. 分析

首先根据公式分别以金额（采购价）和数量计算A公司库存周转率：

12月库存周转率＝$(2\times1000)/(400+500)=2.2$（次）

12月库存周转率＝$(2\times600)/(200+300)=2.4$（次）

B公司库存周转率为：

12月库存周转率＝$2\times1000/(800+1000)=1.1$（次）

12月库存周转率＝$2\times15/(10+15)=1.2$（次）

分析上述计算结果，可以有如下发现。

第一，两种计算方式得出的结果有差异，如果使用市场价计算的原材料进出库

金额可以得出第三个数据。那么，应该选择哪种计算方式？不同的计算方式又会产生什么问题呢？一方面，在不考虑其他因素的前提下，使用金额计算，由于不同周期价格波动，可能造成计算结果的差异；使用数量计算结果相对稳定。另一方面，这个计算结果将所有物料作为一个整体分析，没有考虑不同物料的差异性。如果以不同的物料作为研究对象，计算的结果可能存在很大的差异。在实际工作过程中，可以结合库存结构（使用库存天数指标）对不同物料的库存周转率进行分析。

第二，从库存周转率计算结果看，A公司指标是B公司指标的两倍，那是否意味着A公司的表现要优于B公司呢？在回答这个问题之前，首先要清楚，一般来说，周转率高是好现象，它表明公司原材料使用速度较快。但过高的周转率可能意味着即使是轻微的供应链迟延都可能导致缺货。在解读库存周转率时，要注意与行业、竞争者和目标受众联系起来。例如，一家豪华跑车经销商（生产成本高、日销量低、盈利所需的销量较少）的库存周转率明显低于快餐店（生产成本低、日销量高、盈利所需的销量很高）。同样的例子还有贵州茅台酒，这个商品是少有的不惧存货的，存放时间越长反而越值钱。

企业通常使用基准数值来衡量内外部的进展、竞争情况以及在全球同类型企业中的定位。基准数值越高越好，数值越高表明每单位或时间段内的销售量越好。每个企业都会根据所在行业和产品类别为每种类型的库存周转率制定特定的基准数值。同时也有一些适用于多数企业的标准基准，企业可以此为起点。

三、影响库存周转率的因素

（一）确定库存周转率目标的影响因素

1. 供应链管理因素

供应链管理是影响库存周转率的核心因素。采购部门需要与供应商建立紧密的合作关系，以确保供应链的稳定性和较快的响应速度。供应商的交货时间直接影响库存的补充速度，而供应链的稳定性则关系到库存的连续性和可靠性。采购批量和频率需要根据市场需求和库存策略来确定，以减少库存积压和缺货风险。此外，采用先进的库存策略可以提高库存周转率，降低库存成本。

2. 需求与市场因素

需求预测的准确性对于提升库存周转率至关重要。采购部门需要与销售和市场部门紧密合作，以准确预测市场需求。市场趋势的变化，如季节性波动或消费者偏好的转变，会影响库存周转率。产品在不同生命周期阶段的需求模式也不同，因此采购策略需要相应调整。客户服务水平是另一个关键因素，高服务水平要求有足够的库存来满足客户需求，但同时也要避免库存积压。

3. 成本与财务因素

库存成本包括采购成本、储存成本、保险和可能的折旧或报废成本。采购部门

需要通过谈判获得更优惠的采购价格，同时优化库存水平以减少储存成本。财务目标如现金流管理和利润率，也需要与库存周转率目标相协调。合同条款如价格、支付条件和交货期限，对采购成本和库存周转有直接影响。采购部门需要通过谈判获得更有利的合同条款，以提高库存周转率。

4.内部管理与技术因素

提升内部流程效率是提高库存周转率的关键。采购部门需要优化采购流程，减少不必要的步骤和延误。库存管理系统的效率对于库存数据的准确性和实时性至关重要。采用先进的库存管理技术和自动化工具可以提高库存管理的效率和准确性。政策法规遵从也需要考虑，因为它们可能限制采购决策和库存管理的灵活性。

5.风险与合规因素

库存风险管理是确保库存周转率目标实现的重要环节。采购部门需要评估库存积压和缺货风险，并制定相应的风险缓解策略。政策法规遵从也是风险管理的一部分，因为不遵守相关政策法规可能导致罚款或其他法律后果。

6.绩效与监控因素

绩效指标是监控库存周转率的关键工具。采购部门需要设定明确的绩效指标，并定期监控和评估库存周转率。客户反馈和市场响应也是重要的绩效指标，它们直接关系到库存管理的有效性。通过持续监控和评估，采购部门可以及时调整库存策略，以应对市场变化和内部挑战。

（二）提升库存周转率的影响因素

1.供应链管理

从采购视角看，供应链管理是提升库存周转率的关键。有效的供应链管理确保原材料和商品的及时供应，并降低库存成本与风险。供应商管理是核心，包括选择合适的供应商、协商交货时间和价格，以及建立长期合作关系。通过共享需求预测和库存信息，企业能实现更精准的库存管理，并快速响应市场变化。

2.采购策略与流程

采购策略与流程直接影响采购成本、质量和交货时间，进而影响库存周转率。经济订货批量（EOQ）分析可以帮助企业确定最优订货批量和频率，而准时化采购策略则能减少库存。合同条款也很重要，合理的付款条件和灵活的交货条款可以提高企业响应市场的能力。因此，优化采购流程、简化步骤和采用电子系统可以提高库存周转率。

3.库存控制与技术应用

库存控制与技术应用是提升库存周转率的重要手段。采购部门需精确进行需求预测并严格控制库存，采用ABC分类法优先管理高价值库存产品。先进的库存管理系统（如WMS和ERP）能提高库存记录的准确性。信息技术的应用，如自动化跟踪

和数据分析工具，可以提升库存管理水平和预测的准确性。

4.财务与绩效管理

财务与绩效管理是确保库存周转率目标实现的关键。采购部门需监控库存对现金流和盈利能力的影响，优化采购计划以减少资金占用。建立完善的绩效指标体系，可以监控库存周转率、订单满足率等关键指标，及时发现问题、改进问题。

5.市场与客户洞察

市场与客户洞察对制定库存策略至关重要。分析市场趋势和客户需求变化，有利于采购部门及时调整采购计划，并通过与销售和客户服务部门合作，获取客户反馈信息，优化库存结构，提高灵活性。

6.组织与人员发展

组织与人员发展是提升库存周转率的基础。要定期培训员工，提高员工在市场分析、供应链管理等方面的能力，并鼓励持续改进和开放沟通。此外，建立公平的绩效激励机制有助于提高员工的积极性和效率。

四、提升库存周转率的策略

从采购的视角出发，提升库存周转率是优化企业资源配置、降低成本、提高市场响应速度的关键。从库存周转率的定义和计算公式可以得知，在其他条件不变的情况下，提高周期出库量或者减少周期平均库存量都可以提升库存周转率。在企业实践中，由于不同企业采购对象性质不同，所以提升库存周转率的策略有所差异。提升库存周转率主要包括以下几种策略。

（一）实施合理的库存策略

实施合理的库存策略可以有效提高库存周转率。以下是一些实用的库存策略。

1.实施ABC分类法

将货物按照销售额、销售量等指标进行分类，针对不同类别的货物制定不同的库存策略。

2.定量订货法

根据库存水平确定订货数量和时间点，避免因订货不及时导致缺货或积压。

3.定期订货法

根据订货周期来安排订货数量和时间点。这种方法适用于销售比较稳定、季节性不强的货物。

4.缓冲库存法

将一部分库存作为缓冲区，用于应对突发需求或季节性变化，减少因需求波动带来的损失。

企业应针对不同的物料制定不同的采购计划与库存控制策略。比如：针对价值高、需求较平稳的物料，可以采用供应商库存管理模式；针对通用性较强、价值较高的物料，可以采取寄售采购模式；针对通用性强、价值很低的物料，可以采取"糖果人"采购模式（即双方均不设立库存，供应商与自己的上游企业建立联系，下游企业需要什么，上游企业就提供什么）；针对专用性强或体积大的物料，可以采取准时化采购模式或通知到货采购模式；针对战略性物料，可以适当增加储备量，使用一定的方法（如根据其历史用量和未来6个月需求量、ABC分类法等）对各种物料设定安全库存。

（二）提高预测和计划的准确性

预测和计划的准确性对库存的影响非常大，一方面要通过先进的计划方法及时准确地把握市场需求信息，提高计划的准确性，另一方面要增强计划的执行力度。因此要设定具有一定时间跨度的生产冻结期，在该冻结期内计划不允许变动，并定期审视计划的执行情况，后期及时调整计划。同时，要关注物料的齐套性。物料的齐套性是指生产半成品或成品时，其构成的所有物料全部到位，能够支持进行全部工序的生产。物料不齐套将造成生产停线待工，浪费机台、人力及管理成本，影响生产进度。齐套性管理主要包括预缺料管理、风险预警及升级机制等。

（三）严格控制物料到货

首先，加大对物料到货的进度与节奏的控制，维持进出平衡。控制物料到货主要是加大对例外信息的处理力度，控制不合理到料。为了提高对物料到货的控制力度，可以把例外信息处理的比例列入采购的考核指标（按金额），每周公布统计排名；列入供应商考核指标；列入计划的考核指标，要求每周分析不合理到货。例如，在通知到货模式中，如果物料库龄超过5天的物料或库存量超过未来2周的毛需求或呆滞物料还在到货等，需要进行分析并给出改善报告（战略物料除外）。此外，采用物料替代或降级使用、半成品或成品的改制消耗、物料的低价转卖或报废处理等方式及时处理呆滞物料。

（四）加强与供应商的合作与沟通

与供应商建立良好的合作关系，可以降低库存成本，提高库存周转率。通过与供应商建立信息共享机制，企业可以及时掌握供应商的库存情况，避免因信息不对称导致库存积压或缺货。同时，企业还可以与供应商协商，确定合理的供货计划和运输方案，以降低运输成本、缩短交货周期，提高整体运营效率。

（五）做好物流管理

1.合理规划仓库布局

不合理的仓库布局会浪费时间和人力，因此合理规划是提高库存周转率的基础。规划时应根据货物特性、运输方式和地理位置进行分类存储，尤其要将易损、易变质的货物放在靠近通道的位置，便于存取和检查。

2. 建立高效的库存管理系统

高效的库存管理系统是提升库存周转率的关键。系统应实时更新库存数据，支持多种预警模式以提醒补货或调整库存，自动化出入库管理以减少人工操作，并实现多平台、多店铺的库存共享，便于统一管理。

3. 定期进行库存盘点

库存盘点是确保数据准确的重要手段。定期盘点可及时发现和纠正数据错误，处理积压、滞销和残损货物，从而降低库存成本。企业应至少每月进行一次库存盘点，确保数据准确。

4. 优化运输和配送流程

优化运输和配送流程是提高仓库管理效率的关键。应选择合理的运输方式和路线以降低成本，建立多渠道配送体系提高效率，并加强与第三方物流的合作，利用其专业优势降低物流成本，提高服务质量。

项目任务
不同行业库存周转率调研

任务描述

「任务情境」 选取一个行业，查阅相关资料，选取行业中的上市公司。查阅所选公司连续三年的半年报和年报，检索与库存周转率相关的数据，统计并分析数据，选择合理的方式呈现分析结果。

「任务要求」 以小组为单位开展调研，撰写调研报告，制作 PPT 并在班级内分享。

任务实施

「步骤1」 教师布置实训项目所需要完成的任务。

「步骤2」 本着自愿原则，学生5~6人为一组，每组选出一名小组长，由组长进行任务分工、协调成员实训任务，并带领成员完成实训任务。

「步骤3」 选择行业。

建议从产业链视角出发，不同小组选择同一产业链上下游行业企业开展分析。

「步骤4」 选择企业。

选择不少于三家的上市公司作为研究对象。

「步骤5」 编制调研报告。

收集数据、分析调研数据、撰写调研报告。

「步骤6」 分享调研成果。

在班级内进行调研成果分享，并反馈给对应企业。

任务评价

层级	评价内容	满分	得分	自我评价
1	选择行业	10		
2	选择企业	10		
3	编制调研报告	50		
4	分享调研成果	30		

任务4 控制采购质量

任务目标

◆ 素养目标
- 增强社会责任感,加强职业道德修养,认识到采购质量的长远社会经济效益。
- 加深对国家质量标准相关法规的理解,提升法治意识及合规操作技能。
- 理解采购中质量控制的重要性,树立正确的质量观与成本效益观。
- 增强分析解决采购问题的能力,确保任务高效执行。
- 激发创新思维,培养持续改进意识,探索质量管理新途径。
- 提升自我学习能力,适应采购数字化转型需求。

◆ 知识目标
- 理解采购质量管理的含义。
- 掌握采购过程中质量控制的关键点和方法。
- 了解采购质量的度量与分析方法。

◆ 能力目标
- 能够运用采购质量各种指标的计算公式,对供应商质量表现进行量化分析。
- 能够运用质量管理工具和方法进行采购质量管理。

一、采购质量相关概念

（一）质量与采购质量管理

1. 质量

质量的内涵相当丰富，其随着社会经济和科学技术的发展而不断充实、完善和深化。同样，人们对质量的认识也经历了不断发展和深化的过程。

朱兰博士从用户的角度出发，提出了产品质量就是产品的适用性，即产品在使用时能成功地满足用户需要的程度。克劳斯比从生产者的角度出发，把质量概括为产品符合规定要求的程度；德鲁克则认为质量就是满足需要；菲根堡姆认为，产品或服务质量是营销、设计、制造、维修中各种特性的综合体。

国际标准化组织（ISO）2005年颁布的 ISO9000:2005《质量管理体系 基础和术语》中对质量的定义是：一组固有特性满足要求的程度。

2. 质量特性

质量特性是指产品、过程或体系与要求相关的固有特性，主要包括性能、寿命、可靠性、安全性、经济性和美观性。性能是产品满足使用目的的技术特性，寿命是正常使用的期限，可靠性是产品在规定条件下完成任务的能力，安全性是流通和使用过程中的安全保障程度，经济性涉及运营和维修费用，美观性则是产品在外观上符合审美需求的程度。

质量分为适用性和符合性两个层次。适用性是指产品满足规定或潜在需求，这些需求可能是明确的技术规范或用户在使用中实际存在的，具有动态变化的特征。符合性则以适用性为前提，涵盖产品特征和特性的总和。满足用户需求是质量的关键，应将其转化为可衡量的指标，如可用性、安全性和经济性等。

质量特性可分为三个层次：关键质量特性、重要质量特性和次要质量特性。关键质量特性是指超出规定值会直接影响安全性或功能丧失的特性；重要质量特性是指超出规定值会导致部分功能丧失的特性；次要质量特性则是指超出规定值暂不影响功能，但可能逐渐导致功能丧失的特性。

3. 采购质量管理

采购质量管理指的是在采购过程中，对供应商提供的产品或服务进行严格评估、选择、检验和监控，以确保其满足既定的质量标准和规格要求，从而保障企业整体产品或服务质量的管理和控制活动。

采购质量管理是确保企业整体质量管理体系有效性的关键环节，它要求采购部门不仅关注价格和交货时间，还重视供应商的质量控制能力和产品质量的一致性。

（二）采购质量的重要性

在采购管理中，质量至关重要，是企业成功的关键因素之一。

首先，高质量的采购不仅能够确保产品符合规格，还涉及供应链效率和长期发展，直接影响企业的盈利能力、市场地位和客户满意度。

其次，高质量的采购能显著降低企业的运营成本，减少返工、退货和维修现象，直接转化为利润。同时，优质原材料能够提高产品性能和可靠性，减轻售后服务压力，进一步提升客户满意度。

再次，采购质量还关系到企业的风险管理。供应链中断或产品召回可能导致经济损失和品牌声誉受损。与信誉良好的供应商合作并实施严格的质量控制，可以降低这些风险，确保供应链稳定和产品合规。

又次，采购质量对市场竞争力有重要影响。在竞争激烈的市场中，高质量产品可成为差异化因素，吸引更多客户并增加市场份额。同时，优质采购可以加快企业创新与研发，加速新产品上市。

最后，采购质量是企业可持续发展战略的重要组成部分。通过采购环保材料、使用可持续生产方法，企业可以减少环境影响，提升品牌形象，吸引关注可持续发展的消费者。采购部门应将质量管理作为核心职责，优化流程与提升质量意识，以支持企业实现战略目标和长期发展目标。

二、采购质量的度量与分析

（一）采购质量指标

1. 废品率

废品率由废品材料金额除以总生产成本或由废品总数量除以产品总生产数量得到。该指标可用作结果度量来确定是否按照规范化标准进行零件生产和装配。其中，废品总数量直接从企业的财务系统中得到，企业的财务系统要从劳动力和负担费用中分离出废品材料价值。废品率计算公式为：废品率=（废品材料金额/总生产成本）×100%或废品率=（废品总数量/产品总生产数量）×100%。其中，废品材料金额是废品所使用的材料的价值。总生产成本是劳动力、材料和工厂负担（水、电等）成本的总和。

2. 返工率

返工率指花费在返工活动中的时间比例，由返工工时除以总生产劳动工时或返工（返修）品的总数除以总的生产数量得到。其计算公式为：返工率=（返工工时/总生产劳动工时）×100%或返工率=（返工（返修）品的总数量/总的生产数量）×100%。其中，返工工时是指再次加工、分拣、修复那些将成为废品的工件所花费的时间。这些时间可以用在在制品、成品和外购部件或材料上。总生产劳动工时是生产劳动工人工作时间的总和（包括直接时间和加班时间中的直接时间部分）。

3. 产品入库检验合格率

产品入库检验合格率用产品入库检验合格数量除以入库检验总数量得到。该指标可用作过程度量，以衡量整个生产过程的质量水平。其计算公式为：产品入库检验合格率＝（产品入库检验合格数量/入库检验总数量）×100%。

4. 百万分之不合格品数

百万分之不合格品数指每百万件产品中客户退货/拒收的数量或不合格产品数量占全部发运数量或全部生产总数的比值。该指标可用作结果度量，以全面展示产品不满意造成的影响。其计算公式为：百万分之不合格品数＝（不合格总数×1000000）/产品总数量。

5. 质量事故

该指标指每年由于产品不合格引起的生产停顿次数。停顿导致企业停止发货、停止生产或者将已制造的产品进行修正。该指标可用作整体结果度量，以反映由质量事故引起的产品不满意程度。其计算公式为：质量事故＝每年企业定义的质量事故造成的工厂生产停顿次数。

6. 零件加工不良率

零件加工不良率由零件不合格数量除以零件生产投入数量得到。该指标可用作过程度量，以确定生产工序的质量水平。其计算公式为：零件加工不良率＝（零件不合格数量/零件生产投入数量）×100%。

7. 客户验货一次通过率

客户验货一次通过率用交付的产品一次通过客户验货合格接收的数量除以交付产品的总数量得到。该指标可用作结果度量，以衡量出库成品的质量水平。其计算公式为：客户验货一次通过率＝（一次通过客户验货合格接收的数量/交付产品的总数量）×100%。

8. 进料检验合格率

进料检验合格率是用一定时间内的进料检验合格数量除以进料检验总数量得到的。该指标可用作结果度量，以监控供应商供货质量水平。其计算公式为：进料检验合格率＝（进料检验合格数量/进料检验总数量）×100%。

9. 质量成本

质量成本可简单定义为一定时期内的故障（损失）成本。该指标可用作结果度量，以反映企业质量管理体系运行有效性的综合成果。其计算公式为：质量成本＝内部故障（损失）成本＋外部故障（损失）成本；内部故障（损失）成本＝报废损失费＋返工或返修损失费；外部故障（损失）成本＝客户退货损失费＋产品责任费＋投诉费；质量成本占销售额的比例＝质量成本/销售额×100%。

其中，内部故障（损失）成本是指产品在交付前不能满足质量要求所造成的损失；外部故障（损失）成本是指产品在交付后不能满足质量要求所造成的损失；报

废损失费是指因成品、半成品、在制品达不到质量要求且无法修复或在经济上不值得修复造成报废所支出的费用；返工或返修损失费是指为修复不合格品使之达到质量要求或预期使用要求而支付的费用；客户退货损失费是指客户退货的废品损失费用；产品责任费是指因产品质量故障而支出的相关赔偿损失费用；投诉费是指对客户投诉有质量问题的产品的修理或更换等所支出的费用。

10. 批量不合格率

批量不合格率是指在一定时期内，在所有的检验批中，因检验判定不合格导致整个检验批需要返工（或返修或报废）的批数占总的检验批数的比例。检验批是提交进行检验的一批产品，也是作为检验对象而汇集起来的一批产品。通常检验批应由同型号、同等级和同种类（尺寸、特性、成分等），且生产条件和生产时间基本相同的单位产品组成。该指标可用作结果度量，以监控过程整体质量水平。其计算公式为：批量不合格率=不合格批数/总的检验批数×100%。

11. 质量损失率

质量损失率是一定时期内企业内部和企业外部质量损失成本之和占同期工业总产值的比重。其计算公式为：$F = \dfrac{C_i + C_e}{P_o} \times 100\%$。

其中，F是质量损失率；C_i是内部质量损失成本，它由报废损失、返修、降级损失、产品质量事故处理等费用组成；C_e是外部质量损失成本，它由索赔费、退货损失费、折价损失费、保修费等组成；P_o是工业总产值（均为现行价）。

12. 错检率

错检率是错检数量和检验总数量的比值。这一概念涉及将不合格品错误地检验为合格品以及将合格品错误地检验为不合格品的情况。这种错误可能导致不合格品的非预期使用和交付，或者增加不必要的成本。其计算公式为：错检率=$(k+b)/(n-d-b+k) \times 100\%$。其中，$k$为在不合格品中检出的合格品数，$b$为在合格品中检出的不合格品数，$n$为抽样数量，$d$为检出不合格品数。

13. 漏检率

漏检率指的是在检验过程中未被发现的不合格品占当次检验批次总数量的百分比。其计算公式为：漏检率=$\dfrac{b}{(n-d-b+k)} \times 100\%$。其中，$k$为在不合格品中检出的合格品数，$n$为抽样数量；$d$为检出不合格品数；$b$为在合格品中检出的不合格品数。

14. 降低质量损失率

降低质量损失率是通过优化生产流程、加强质量控制和提高员工技能，减少因质量缺陷而导致的产品报废、返工和客户投诉等损失，从而提高生产效率和产品价值，增强企业竞争力的过程。其计算公式为：

$$降低质量损失率 = \left(1 - \dfrac{质量损失金额}{上一年同期质量实施金额}\right) \times 100\%$$

15. 成品项目检测合格率

成品项目检测合格率是衡量产品质量和生产过程控制水平的关键指标，它表示在成品检验过程中符合质量标准的产品数量占总检测产品数量的百分比。这个指标不仅反映了产品的整体质量水平，还能评估生产过程的稳定性和质量管理体系的有效性。其计算公式为：成品项目检测合格率 $= \dfrac{检测成品合格项目数量}{同期检测成品项目总数} \times 100\%$。

16. 不合格材料（公司内）退货率

不合格材料（公司内）退货率是指在公司内部生产过程中，因不符合质量标准而被退回或拒收的原材料或半成品占总接收材料的比例。这一指标反映了公司内部质量控制和供应链管理的有效性。其计算公式为：不合格材料（公司内）退货率 $= \dfrac{车间退货总量}{同期检验总数} \times 100\%$。

（二）质量指标分析

1. 建立分析框架

企业应从战略层面确保采购活动与整体目标和质量标准一致。

首先，确立采购质量的关键目标，如提升供应链可靠性、降低缺陷产品和退货情况出现率、优化成本结构及增强客户满意度，这将指导采购团队选择高标准的供应商。

其次，通过定期进行供应商绩效评估，监控准时交货率、产品质量合格率及市场响应能力。同时，实施内部质量控制，如统计过程控制（SPC）和全面质量管理（TQM），确保采购产品符合预定质量标准。

再次，企业应关注客户反馈和市场动态，通过满意度调查和趋势分析收集质量信息，以识别潜在问题和改进机会。建立跨部门沟通机制，确保采购、生产、销售和质量管理部门协同工作，采取有效措施快速解决质量问题。

最后，利用信息技术，如ERP系统和质量管理软件，实现数据收集和分析自动化，提高效率和准确性。这将帮助企业快速识别问题、评估改进效果并做出基于数据的决策。有效的采购质量指标分析框架应涵盖目标设定、供应商管理、内部质量控制、客户反馈、跨部门协作和信息技术应用，以确保采购活动持续满足质量要求和市场期望。

2. 数据来源与处理

在采购质量分析中，数据的价值在于提供及时、准确、可执行的业务洞察。企业可通过数据监测质量变化，提高风险管理能力，优化供应商选择，突出战略合作重点。随着数字化能力的提升，采购部门可以利用数字化采购系统收集、整理和分析数据，支持策略制定，从而实现过程监督与改进。

企业内部和外部数据源均可提供有用信息。企业内部数据源包括办公自动化系统（office automation，OA）、企业资源计划（enterprise resource planning，ERP）、客

户管理系统（customer relationship management，CRM）、合同管理系统（contract management system，CMS）、柔性制造系统（flexible manufacturing system，FMS）、制造执行系统（manufacturing execution system，MES）等；外部数据源则包括阿里巴巴、亚马逊、公共资源交易平台、政府采购平台等。企业也可以通过第三方数据平台（如天眼查和企查查）获取供应商信息、信用评级和风险状态。尽管采购质量指标主要依赖于企业内部数据源，但外部数据源的使用机会正在增加。

不同企业在收集和整理采购物料的质量和交付数据时侧重点各异，有的关注合格率，有的关注供应质量的稳定性。企业应对质量数据进行计算，得出具体的指标数据，以便更好地评估和管理采购质量。

 三、质量管理工具与方法

（一）质量管理工具

1.APQP

APQP（advanced product quality planning）即产品质量先期策划，其采用一种结构化方法，来确定让某产品使客户满意所需的步骤。产品质量先期策划的目标是促进企业与所涉及的每个人的联系，以确保所要求的步骤按时完成。有效的产品质量先期策划依赖于企业高层管理者对努力达到使客户满意这一宗旨的承诺。

2.SPC

SPC（statistical process control）即统计过程控制，主要是指应用统计分析技术对生产过程进行适时监控，科学区分生产过程中产品质量的随机波动与异常波动，从而对生产过程的异常趋势做出预警，以便生产管理人员及时采取措施、消除异常、恢复过程的稳定，从而达到控制和提高质量的目的。

SPC非常适用于重复性生产过程，它能够帮助企业对生产过程做出可靠的评估，确定生产过程的统计控制界限，判断过程是否失控和过程是否有能力；它还能为生产过程提供一个早期预警系统，及时监控过程的情况，防止废品产生，减少对常规检验的依赖，定期以观察和系统的测量方法替代大量检测和验证工作。

3.FMEA

FMEA（failure mode and effects analysis）即失效模式及效果分析，是在产品或服务的策划设计阶段，对构成产品或服务的各子系统、零部件，以及构成过程、服务的各个程序逐一进行分析，找出潜在的失效模式，分析其可能的后果，评估其风险，从而预先采取措施，降低失效模式的严重程度，降低其可能发生的概率，以有效地提高质量与可靠性，确保客户满意。

4.MSA

MSA（measurement system analysis）即测量系统分析，它使用数理统计和图表

的方法对测量系统的误差进行分析，以评估测量系统对于被测量的参数来说是否合适，并确定造成测量系统误差的主要因素。

5.PPAP

PPAP（production part approval process）即生产件批准程序，它是对生产件的控制程序，也是质量管理的一种方法。PPAP零件提交保证书主要包括生产件尺寸检验报告、外观检验报告、功能检验报告、材料检验报告。此外，还包括一些零件控制方法和供应商控制方法。企业可以要求供应商在提交产品时提供PPAP文件，只有当PPAP文件全部合格后才开始生产。

（二）质量管理方法

1.检查表法

检查表法就是将需要检查的内容或项目一一列出，然后定期或不定期地逐项检查，并将问题点记录下来。使用该方法时可以运用的表很多，如点检表、诊断表、工作改善检查表、满意度调查表、考核表、审核表、"5S"活动检查表、工程异常分析表等。

2.层别法

层别法就是将大量有关某一特定主题的观点按组分类，将收集到的大量数据或资料按相互关系进行分组，划分为不同的层次，逐层进行检查和评估，以实现质量控制的目的。层别法一般和柏拉图法、直方图法等结合使用，也可单独使用，如抽样统计表、不良类别统计表、排行榜等。

3.柏拉图法

柏拉图法的使用要以层别法为前提，其将层别法已确定的项目从大到小进行排列，再加上累积值的图形。它可以帮助我们找出关键的问题，抓住重要的少数及有用的多数，适用于数值统计。因为柏拉图法的排序是从大到小的，故又称排列图法。

4.因果图法

因果图法主要用于分析品质特性与影响品质特性的可能原因之间的因果关系，通过把握现状、分析原因、寻找措施来促进问题的解决，是一种用于分析品质特性（结果）与可能影响特性的因素（原因）的一种工具。

5.散布图法

将因果关系所对应变化的数据分别描绘在坐标系上，以掌握两个变量之间是否相关及相关的程度，这种图形就叫作散布图，也称"相关图"。

6.直方图法

直方图法是针对某产品或过程的特性值，利用常态分布（也叫正态分布）的原理，把50个以上的数据进行分组，并算出每组出现的次数，再用类似的直方图形描绘在横轴上。

7.控制图法

控制图又称管理图,是一种带控制界限的质量管理图表。运用控制图的目的之一就是通过观察控制图上产品质量特性值的分布状况,分析和判断生产过程是否出现了异常,一旦发现异常情况就要及时采取必要的措施加以消除,使生产过程恢复稳定状态,也可以应用控制图法来使生产过程达到统计控制的状态。

四、提升采购质量的策略

(一)建立采购质量保障体系

采购质量保障体系是指企业为保证和提高采购质量,运用系统的原理和方法,设置统一协调的组织机构,把采购部门、采购环节的质量管理活动严密地组织起来,形成一个有明确任务职责和权限的互助协作的质量管理有机体系。要建立一个完善的高效的采购质量保障体系,必须做到以下几点。

1.确定明确的质量目标

质量目标是采购部门进行采购活动所遵从的行动指南。质量目标确定后,要层层下达,以保证其实施。表8-11是某企业在其质量管理手册中确定的采购部的质量目标。

表8-11 某企业在其质量管理手册中确定的采购部的质量目标

序号	质量目标	计算方法	测量频次
1	原材料一次验收合格率≥96%	一次验收通过原材料数÷验收总数	次/月
2	原材料准时交付率≥98%	准时交付批次数÷总交付批次数	次/月
3	材料价格≤99%×材料市场同期价格	采购材料性价比优势是企业创造利润的重要组成部分	次/月
4	采购文件管理准确率=100%	现有采购文件数量÷应有的采购文件数量	次/月
5	物料库存数量100%符合物料安全库存标准	同期(物料实际库存数量÷核定的物料安全库存数量)=1	次/月
6	不合格材料退货及时率≥99.5%	采购部应全力做好对内、对外的服务工作,确保不合格材料存退料仓时间不超过2日(但有周期性规定的除外)	次/月
7	合格供应商开发数≥8	开发部的核心工作是不断开发符合公司要求的合格供应商,开拓富有竞争力的原材料供给渠道,从而确保公司的持续竞争力	次/月

续表

序号	质量目标	计算方法	测量频次
8	供应商开发程序执行有效率＝100%	程序执行有效是规避企业内外部风险的基本要求，从而可建立系统的采购渠道开发流程	次/月
9	材料价格≤99%×材料市场同期价格	采购材料性价比优势是企业创造利润的重要组成部分	次/月
10	供应商开发资料完整率＝100%	现有供应商开发资料数量÷应有的供应商开发资料数量	次/月

2. 建立健全采购质量管理机构和制度

采购质量管理机构应能起到协调技术部门、使用部门、采购部门与供应商的作用。由于企业生产类型、规模、工艺性质、生产技术特点、生产组织形式等不同，采购质量管理机构在各个企业的设置也不一样。一般来说，可以成立由采购副总经理领导下的采购质量管理小组（或委员会）；或者由采购部门设立一个单独的采购质量管理机构，将其作为企业领导履行采购质量管理职能的参谋。

企业要建立采购质量管理制度，使采购质量管理工作事事有人管、人人有专职、办事有依据、考核有标准，使所有参与人员为保证和提高采购质量而认真工作。因此各个企业根据自己的情况所规定的质量管理制度的内容也有所不同。在此简单介绍几种，具体如表8-12所示。

表8-12 几种质量管理制度

序号	制度	内容要求
1	进货检验控制制度	该制度应对进货的验收、隔离、标示、结果处理，进货检验或试验的方法及判断依据，所使用的工具量具、仪器仪表和设备的维护与使用，检验人员、试验人员的技能要求等方面做出规定
2	供应商选择评估制度（程序）	该制度应就供应商选择、评估、体系的审核等确定明确的权责人员、作业程序及结果处理办法等
3	采购质量记录管理制度	可按照ISO9000质量管理体系的要求对采购质量的记录进行控制。采购质量记录包括两方面：一是与接收产品有关部门的记录，如验收记录、进货检验与试验报告、不合格反馈单、供应商处的验证报告等；二是与可追溯性有关的质量记录，如验收记录、发货记录、检验报告、使用记录（出入库单）等。以上采购记录一定要按相关制度的规定进行填写、传递、保管

3. 建立健全采购质量标准化体系

采购标准包括国际标准、国家标准、行业标准和企业标准。采购质量标准化意味着可以简化采购工作量，采供双方在达成协议时有明确的尺寸、质量和规格。因

此，通过加强采购质量标准化工作，可以保证质量，减少采购品种、降低库存，从而降低最终产品的成本。

4. 加强质量教育，强化质量意识

在企业中加强质量教育，形成一种强化质量意识的文化氛围，在工作中把质量教育作为采购质量管理的第一道工序来抓。

5. 提高采购人员的素质

高素质的采购团队能使供应管理更高效，并能在追求成本降低的同时，科学地判断和预防采购质量风险。

（二）加强供应商质量管理

1. 执行供应商认证程序

对潜在供应商进行审核与认证是全面了解供应商能力的有效手段。通过对供应商进行现场审核，企业可以全面了解供应商的生产运营状况、技术水平、研发能力、管理体系及信息化程度，为避免采购风险的发生奠定基础。审核的内容包括质量认证体系、设备与工艺能力、研发能力、生产流程及过程控制、生产能力及生产饱和度、财务状况、订单管理、客户管理及客户服务、原材料管理、员工素质和环保措施等。

2. 定期评估供应商的绩效

对供应商进行定期评估可以使采购方及时了解供应商各方面的变化，以便随时对其技术能力、管理能力、供应能力及各种风险做出科学的判断。对供应商的质量指标进行定期排序，评估供应商的质量及综合能力，可以为是否保留、更换供应商提供决策依据。

3. 为供应商提供清晰的质量标准

清晰明确地表达需求是与供应商沟通过程中的关键。很多时候，质量标准不清晰是物料质量问题出现的主要原因，造成了修改或更新费用的增加及交货期迟延。

4. 加强过程质量监管

企业应根据实际情况定期或不定期派遣技术人员或专家对供应商进行监督检查，以全面了解其综合能力，及时发现并要求改进薄弱环节，从而保障产品质量。检查主要关注买卖合同的执行情况和拟购产品的质量，包括原材料、外购件、半成品及成品的质量检验，关键工序要重点监督。

当供应商的内外部环境发生变化时，其生产状况也会受到影响。企业要及时掌握这些变化，要求供应商主动报告重大变化，如产品设计、制造工艺或检验设备的变动。企业在接到报告后应认真分析，并在必要时实地了解情况，明确这些变化对其产品质量的影响。通常情况下，供应商的变更是为了提高产品质量和生产效率，有助于保证产品质量。

5. 帮助供应商运用新的质量体系和管理方法

为了有效控制产品质量，企业应引导供应商运用自己多年总结出的先进质量管理手段和技术方法，主动地帮助、指导供应商在短时间内极大地提升质量管理水平和技术水平，增强质量保证能力。企业给予供应商一定的帮助，主要目的不是增强其生产能力而是提高其产品质量。以提高质量为中心，企业可帮助供应商组织有关人员的技术培训，进行设备的技术改造，实现检验和试验的标准化、规范化。企业对供应商的帮助重点是加强产品质量的薄弱环节，解决影响产品质量的关键问题。

（三）提升供应商质量管理水平

1. 建立质量监督考核体制

供应商管理层对质量管理体系的认知和态度是其有效运行的关键。只有具备客户导向理念的管理层，才能营造关注客户的氛围，设定质量目标，优化资源配置，并将质量目标逐层分解到各部门和个人，从而形成质量意识和监督制度。

2. 完善质量管理体系文件及培训

一些中小型供应商缺乏人力和质量思维，客户的采购和质量人员应协助其制定符合产品质量要求的管理体系文件，并指导其有效运行，使文件成为质量评估和改进的依据。即使已获得某些质量认证，供应商仍需不断完善其质量管理体系文件。

3. 培养事前预防的质量意识

供应商应具备预防不合格现象的能力，以确保产品质量。企业应通过质量培训提升供应商员工素质，加强"三不"意识教育，帮助供应商接受这些理念，从而有效运行质量管理体系，降低不良率和制造成本。

4. 辅导内审和管理评审

企业应定期与供应商开展质量管理体系审核和管理评审，协助其进行质量管理体系的符合性、适应性和有效性审核，及时发现问题并解决问题。在评审中，相关人员应客观评价质量目标和方针的实现情况，确保质量管理体系的持续改进与变更。

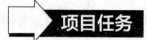

不同竞争战略下的供应商选择

📋 任务描述

「任务情境」 任务情境与本项目任务2的相同。

「任务要求」 不同供应商的合格率均值不同、方差不同。竞赛平台规定，供应商交付原料不合格将影响实际产出（实际产出＝额定产出×原材料批次合格率），供应商交付的不合格产品将在月底集中退回，供应商须支付采购单价的120%作为补偿。

请以小组为单位,假设小组所模拟的企业的竞争策略分别是成本领先和敏捷交付,说明你们将如何选择供应商,并阐述理由。

任务实施

「步骤1」 教师布置实训项目所需要完成的任务。

「步骤2」 本着自愿原则,学生5~6人为一组,每组选出一名小组长,由组长进行任务分工、协调成员实训任务,并带领成员完成实训任务。

「步骤3」 分析采购目标。

采用不同的竞争战略分析采购目标:成本领先将优先考虑低成本供应商,但也要考虑质量成本(产能损失等);敏捷交付将优先考虑反应速度快、质量高的供应商,但成本较高。

「步骤4」 分析供应商。

对每种物料的三个供应商指标进行综合分析。

「步骤5」 制定采购策略。

制定采购策略并选择供应商。

任务评价

层级	评价内容	满分	得分	自我评价
1	分析采购目标	30		
2	分析供应商	30		
3	制定采购策略	40		

任务5 提升供应商服务水平

任务目标

◆ 素养目标

· 培养社会责任感,提升职业道德,公平公正地对待供应商,树立正面商业伦理观。

· 理解与供应商合作的重要性,培养互利共赢的合作观念。

- 提升沟通效率，强化团队合作，确保与供应商顺畅交流。
- 增强自我学习动力，提升技术适应性，紧跟采购数字化趋势。

◆ 知识目标
- 了解供应商服务水平的含义。
- 理解服务水平指标及其在供应链管理中的作用。
- 掌握供应商服务的度量方法。

◆ 能力目标
- 能够识别和评估供应商服务水平。
- 能够制定提升供应商服务水平的策略，使其能够有效地完成采购工作。

一、供应商服务水平的含义

（一）供应商服务水平

供应商服务水平是评估供应商服务质量的关键因素，提供了明确、可量化的供应商服务标准。这些标准通常在合同中予以规定，以确保供应商的服务满足采购方的期望。

供应商服务水平指标应基于企业运营需求和对市场条件的深入理解。例如，快速补货的零售商可能关注交货准时率，而高科技制造商则更重视产品质量和技术支持的响应时间。这些指标不仅帮助企业评估供应商表现，还激励其提升服务质量。通过定期评估和调整指标，企业可确保供应链的灵活性和响应能力。

设定供应商服务水平指标时，企业应考虑供应商的能力，并与之充分沟通，确保其能达到要求。同时，企业应提供必要支持，如市场信息和技术支持，以帮助供应商提高服务水平。因此，供应商服务水平指标是供应链管理的重要组成部分，有助于提升供应商服务质量、密切与企业的合作关系，从而增强企业的整体竞争力。

（二）供应商服务水平的重要性

1.供应商服务水平对企业运营的影响

供应商服务水平的提升对企业生产流程和运营效率至关重要。供应商不仅提供原材料，还可能提供技术支持和物流服务，其服务质量和响应速度直接影响交货时间、生产成本和市场响应能力。快速响应和及时的技术支持能缩短生产停工时间和产品上市周期，因此企业应重视与供应商的长期合作关系，共同提升供应商服务水平，实现高效运作。

2.供应商服务水平在市场竞争中的作用

在激烈的市场竞争中，供应商的高服务水平是企业获得竞争优势的重要手段，能够让企业更好地满足客户需求，提升客户忠诚度，从而提升市场竞争力。优秀的供应商能够提供灵活的服务方案，帮助企业快速应对市场变化，提升品牌价值和形象，赢得更多市场机会。

3.供应商服务水平与客户满意度的关系

供应商的服务水平与客户满意度密切相关。高质量的服务水平能够提升客户购买体验，增加重复购买率和吸引新客户，扩大市场份额。反之，服务水平低下会导致交货迟延和质量问题，严重影响客户满意度和企业市场表现。因此，企业必须关注供应商的服务水平，并将其作为评估和选择供应商的重要标准。

二、供应商服务的度量

(一) 供应商服务的种类

1.基于合同的服务

基于合同的服务是供应商与采购方在合同中明确规定的基本服务条款，包括产品供应、物流配送、质量保证、售后服务、价格条款、合规性支持和订单处理等。这些服务确保供应商按时、按规格提供产品，并保障货物安全及时送达。同时，质量保证和售后服务保证产品的正常运行，价格条款明确交易细节，合规性支持降低法律风险。基于合同的服务为采购方提供明确的预期和执行标准，有助于建立稳定的供应链关系，是评估供应商表现和合同履行的基础。

2.定制化或增值服务

定制化或增值服务是供应商根据采购方特定需求提供的超出基本合同义务的服务，包括定制产品开发、技术解决方案、个性化物流、培训支持和风险管理等。这些服务展示了供应商的灵活性和创新能力，能够帮助采购方获得竞争优势，降低运营成本，增强产品独特性。例如，定制化产品可以满足特定市场需求，风险管理服务帮助预测和缓解潜在风险。定制化服务为采购方带来额外价值，增强双方合作关系，并帮助供应商在竞争中突出差异化服务能力，从而建立长期合作关系。

(二) 供应商服务测量指标

考核供应商在支持、配合与服务方面的表现通常是定性考核，相关指标有沟通手段、反馈信息、合作态度、共同改进、售后服务以及其他因素。

1.沟通手段

这一指标主要包括供应商是否有合适的人员与采购方沟通、沟通手段是否符合采购方的要求（电话、传真、电子邮件以及文件书写所用软件与采购方的匹配程度等）。

2.反馈信息

这一指标主要包括供应商对订单、交货、质量投诉等反应是否及时、迅速，答复是否完整，对退货等情况是否及时处理。

3.合作态度

这一指标主要包括供应商是否将采购方看成是重要客户，供应商高层领导或关

键人物是否重视采购方的要求，供应商内部是否顺畅沟通协作（如市场、生产、计划、工程、质量等部门）、工作人员能否整体理解并满足采购方的要求。

4. 共同改进

这一指标主要包括供应商是否积极参与采购方的质量、供应、成本等改进项目的活动，或推行新的管理做法等，是否积极组织参与采购方召开的供应商改进会议，是否配合采购方开展质量管理体系审核工作等。

5. 售后服务

这一指标主要包括供应商是否主动征询采购方意见、主动解决问题或预防问题出现。

6. 其他因素

其他因素主要包括供应商资金资源、承诺、所体现出的能力等是否与采购方提出的要求一致，是否积极提供采购方要求的新产品报价与式样，是否妥善保存与采购方的交易记录。

三、提升供应商服务水平的策略

（一）提升采购方吸引力

提升采购方吸引力对于提高供应商服务水平来说至关重要，因为它直接影响到供应商与采购方合作的积极性和投入度。当采购方展现出强大的吸引力时，供应商更倾向于提供更优质的服务来维持和加强这种合作关系。

采购方可以使用供应商感知模型分析自己在供应商心目中的位置。如果说供应定位模型是采购方根据采购产品的支出大小、IOR等级进行的主观定位，是"知己"的过程，那么供应商感知模型就是从供应商的角度来看待采购方所采购的产品，或者说是对供应商进行该项业务积极性的判定，是换位思考和"知彼"的过程。

供应商感知模型也是以矩阵的方式来表示的：其横轴为业务价值大小，业务价值是指采购方采购额占供应商销售总额的百分比，一般大于15%为高（H），5%～15%为中高（M），0.8%～5%为低（L），低于0.8%为可忽略（N）；其纵轴为吸引力水平的高低，吸引力是指那些非货币因素，包括战略一致性、往来便利性、财务稳定性、间接利益的获得性以及未来业务发展的可能性等。

供应商据此可以把采购方分成四类：一是维持类，即低业务价值和低吸引力水平；二是盘剥类，即高业务价值和低吸引力水平；三是发展类，即低业务价值和高吸引力水平；四是核心类，即高业务价值和高吸引力水平。

根据不同的分类，供应商会采取不同的态度对待采购方。

以下是提升采购方吸引力水平的几个关键因素。

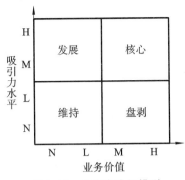

图 8-15 供应商感知模型

1. 稳定的业务合作

采购方吸引力的一个重要方面是能够提供稳定的订单和长期合作的承诺,这为供应商带来了可预测的收入和市场保障,从而激励他们投资于服务质量的提升。

2. 公平合理的交易条件

采购方提供的公平价格和良好的付款条件能够确保供应商获得合理的利润,这是他们能够持续提供优质服务的财务基础。

3. 技术支持和培训

通过提供技术支持和培训,采购方可以帮助供应商提高生产效率和产品质量,这不仅增强了供应商的竞争力,也提高了其服务的专业性。

4. 信息共享与市场洞察

采购方与供应商共享市场信息和预测数据,可以帮助供应商更好地理解市场需求,从而提供更加精准和个性化的服务。

5. 认可和奖励机制

采购方对供应商的优秀表现给予认可和奖励,不仅提升了供应商的声誉,也是对他们努力的肯定,这种正面激励能够激发供应商持续提升服务水平。

6. 合作参与改进

采购方参与供应商的持续改进过程,可以确保供应商的服务改进与采购方的需求紧密对接,从而使供应商提供更加贴合采购方需求的服务。

7. 风险共担

采购方通过建立风险共担机制,可以减轻供应商在市场波动中的经营压力,增强他们应对市场变化的能力,从而使其在服务上更加灵活和高效。

综上所述,采购方的吸引力能够激发供应商的合作热情,促使双方建立更紧密的合作关系,这对于提升供应商的服务水平具有决定性的作用。通过这些策略,采购方不仅能吸引和保留优秀的供应商,还能推动整个供应链的服务质量提升,实现供应链的长期稳定和高效运作。

（二）提升供应商服务水平

1. 明确服务标准

采购方需要与供应商共同明确服务水平协议（SLA）中的服务标准，包括交货时间、订单处理和产品维护等具体指标，如订单响应时间不超过24小时、年平均准时交货率达98%以上。这些量化指标可以帮助采购方评估供应商表现，且应定期回顾和更新以适应市场变化。

2. 供应商选择与评估

在选择供应商时，采购方需要全面考虑生产能力、技术专长、财务状况和服务质量等因素，采用定性与定量方法进行评估；还要建立持续的供应商绩效监控系统，定期分析供应商的准时交货率、退货率和客户满意度，以优化供应链。

3. 建立长期合作关系

与供应商建立长期合作关系能提升服务水平，减少交易成本。采购方应通过长期合同、信息共享和联合研发等方式，与供应商建立信任关系，倾听供应商意见，并提供公平的价格与支付条件，激励供应商提升服务质量。

4. 建立激励与反馈机制

采购方应设立公正的激励机制，根据供应商表现来提供奖励，如价格折扣和优先订单处理。同时，建立有效的反馈机制，定期向供应商提供性能反馈，促进其改进服务。

5. 建立质量管理体系

采购方应要求供应商通过ISO 9001等标准认证，确保服务和产品质量。定期审核供应商的质量管理体系，关注其质量控制流程和员工培训，以保证其持续提供高质量服务。

6. 加强技术支持与创新

采购方应鼓励供应商进行技术创新，并在新产品开发中紧密合作，为供应商提供技术支持和相关培训，帮助其提升产品性能和服务质量。

7. 加强风险管理

采购方与供应商共同评估潜在风险，并制订风险缓解计划，建立多元供应商网络，确保供应链稳定性。

8. 加强沟通与协调

良好的沟通渠道能确保双方及时的信息交流，采购方应与供应商密切沟通，定期召开会议讨论问题与改进措施，提升供应链效率。

9. 加强合同管理

采购方需在合同中明确服务水平和违约责任，定期审查和更新合同条款，监督

供应商履约，确保供应商服务水平达到预期标准。

10. 性能监控与改进

通过关键绩效指标（KPI）监控供应商服务水平，定期分析数据以识别改进机会，与供应商合作优化流程，提升供应商服务水平。

11. 推动客户参与

内部客户应参与供应商评估，收集反馈以引导改进，确保供应商服务满足内部需求。

12. 提供技术支持与服务

供应商需提供充分的技术支持，包括安装、培训和故障排除，并建立快速响应机制，以提升客户满意度和整体供应链竞争力。

供应商服务水平测评与优化

任务描述

「任务情境」 选取校企合作企业开展调研：采购方希望供应商提供的服务及做出的承诺；供应商希望采购方提供的支持；现行采购合同；采购方对供应商服务水平测评标准及结果反馈。

「任务要求」 以小组为单位开展调研，掌握现状、发现问题、分析问题，并给出对策建议。

任务实施

「步骤1」 教师布置实训项目所需要完成的任务

「步骤2」 本着自愿原则，学生5~6人为一组，每组选出一名小组长，由组长进行任务分工、协调成员实训任务，并带领成员完成实训任务。

「步骤3」 选择企业。

建议优先选择校企合作企业。

「步骤4」 制订并执行调研计划。

针对采购方与供应方制订调研计划，获取支持开展调研。

「步骤5」 编制调研报告。

分析调研数据，撰写调研报告。

「步骤6」 分享调研成果。

在班级内进行调研成果分享，并反馈给对应企业。

任务评价

层级	评价内容	满分	得分	自我评价
1	分析采购目标	10		
2	分析供应商	30		
3	编制调研报告	30		
4	分享调研成果	30		

参考文献

[1] 国际贸易中心.如何明确需求与规划供应[M].中国物流与采购联合会,译.北京:中国物资出版社,2005.

[2] 英国皇家采购与供应学会(CIPS).采购与供应的组织环境[M].北京中交协物流人力资源培训中心组织翻译.北京:机械工业出版社,2014.

[3] 英国皇家采购与供应学会(CIPS).采购与供应策略[M].北京中交协物流人力资源培训中心组织翻译.北京:机械工业出版社,2014.

[4] 英国皇家采购与供应学会(CIPS).采购与供应关系[M].北京中交协物流人力资源培训中心组织翻译.北京:机械工业出版社,2014.

[5] 赵艳俐.采购与供应管理实务[M].2版.北京:人民交通出版社,2014.

[6] 曾益坤.采购管理[M].北京:中国人民大学出版社,2013.

[7] 郑时勇.采购成本控制与供应商管理[M].北京:化学工业出版社,2015.

[8] 乔骏,崔发强.采购管理实务[M].北京:北京出版社,2014.

[9] 杨军,赵继新.采购管理[M].2版.北京:高等教育出版社,2010.

[10] 彼得·斯皮勒,尼古拉斯·赖内克,德鲁·昂格曼,等.麦肯锡采购指南[M].周云,译.北京:机械工业出版社,2016.

[11] 刘宝红.采购与供应链管理:一个实践者的角度[M].2版.北京:机械工业出版社,2015.

[12] 周云.采购成本控制与供应商管理[M].2版.北京:机械工业出版社,2014.

[13] 赵永秀.海外业务国内采购指南[M].北京:人民邮电出版社,2015.

[14] 肖书和等.采购管理业务规范化操作全案[M].北京:机械工业出版社,2015.

[15] 英国皇家物流与供应学会.采购与供应运作概论[M].北京中交协物流人力资源培训中心组织翻译.北京:机械工业出版社,2014.

[16]　杨华.精益采购管理实战手册（图解精华版）[M].北京：化学工业出版社，2018.

[17]　姜宏锋.采购4.0：采购系统升级、降本、增效实用指南[M].北京：机械工业出版社，2016.